Puntos de Vista

Lectura

Genre-based Reading in Spanish

Susan G. Polansky
Carnegie Mellon University

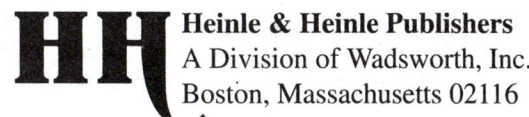

The publication of *Puntos de vista: Lectura* was directed by the members of the Heinle & Heinle College Spanish and Italian Publishing Team:

Carlos Davis, *Editorial Director*
Patrice Titterington, *Production Editor*
Cheryl Carlson, *Marketing Manager*

Also participating in the publication of this program were:

Publisher: Stanley J. Galek
Managing Developmental Editor: Beth Kramer
Developmental Editor: Nancy Siddens
Editorial Production Manager: Elizabeth Holthaus
Manufacturing Coordinator: Jerry Christopher
Project Management/Composition: HISPANEX
Text Design: DECODE, Inc.
Cover Design: Caryl Hull Design Group
Illustrators: Anne Carter, Valerie Spain
BTG Series Logo Design: Duvoisin Design Associates
Photo Research: Judy Mason

Library of Congress Cataloging-in-Publication Data

Polansky, Susan G.
    Puntos de vista en la lectura : genre-based reading in Spanish / Susan G. Polansky.
      p.   cm.—(Bridging the gap)
    Spanish and English.
    ISBN 0-8384-4665-5
      1. Spanish language—Readers. 2. Spanish Language—Textbooks for foreign speakers—English. I. Title. II. Series: Bridging the gap (Boston, Mass.)
PC4117.P675   1994
468.6'421—dc20   93-43918
                                                                                 CIP

Copyright © 1994 by Heinle & Heinle Publishers, Inc.
All rights reserved. No part of this publication may be reproduced or transmitted in any form or by any means, electronic or mechanical, including photocopy, recording, or any information storage and retrieval system, without permission in writing from the publisher.

Manufactured in the United States of America

ISBN 0–8384–4665–5

10 9 8 7 6 5 4 3 2 1

Heinle & Heinle Publishers is a division of Wadsworth, Inc.

Table of Contents

INTRODUCTION TO THE *BRIDGING THE GAP* SERIES *VII*

USING THE COMPLETE *PUNTOS DE VISTA* PROGRAM *XI*

PREFACE *XIII*

ACKNOWLEDGEMENTS *XIX*

UNIDAD 1

PERSPECTIVAS DE LA MUJER Y DEL HOMBRE

CAPÍTULO 1   RETRATO *2*

LECTURA A "No moleste, calle y pague, señora"
         por *Lidia Falcón* *3*

LECTURA B "El padre"   por *José Ruibal* *25*

LECTURA C "Cela mi padre"   por *Camilo José Cela Conde* *36*

CAPÍTULO 2   ENTREVISTA *51*

LECTURA A "Entrevista con Elena Poniatowska"
         por *Beth Miller* *52*

LECTURA B "Monserrat Caballé… sobre sí misma y su arte"
         por *Ana Diosdado* *63*

LECTURA C "El académico de la fotografía"
         por *José Luis de Vilallonga* *75*

UNIDAD 2

PERSPECTIVAS DEL OCIO Y DEL TRABAJO

CAPÍTULO 3   DESCRIPCIÓN DE LUGAR   88

LECTURA A   "Arráncame la vida" (selecciones)
   por *Ángeles Mastretta*   89

LECTURA B   "El hombre que se comieron los papeles"
   por *Roberto Castillo*   100

CAPÍTULO 4   CÓMO DAR INSTRUCCIONES   113

LECTURA A   "Papiroflexia: El arte de hacer figuras de papel"
   por *Javier Tapia Rodríguez*   114

LECTURA B   "Todo sobre la bici"   tomado de *Natura*   138

LECTURA C   "El Botones Sacarino"   por *F. Ibáñez*   152

UNIDAD 3

PERSPECTIVAS DE LA CULPA Y DE LA INOCENCIA

CAPÍTULO 5   PERIODISMO   164

LECTURA A   "Una banda roba 760 millones en el aeropuerto de Ibiza"
   tomado de *El País*   165
   "La herencia"   por *Margarita Landi*   165

LECTURA B   "La misión de Jaime Jaramillo"
   por *Gustavo Gorriti*   175

Capítulo 6   Narración *191*

Lectura A   "El muchacho y el abuelito" *193*
"El que se llevó el venado" *193*

Lectura B   "Fin"   por *Édgar Neville* *201*

UNIDAD 4

Perspectivas del arte y de la ciencia

Capítulo 7   El lenguaje del corazón *219*

Lectura A   "Ritos"   por *Nicanor Parra* *220*
"Cosas inolvidables"   por *Carlos Sahagún* *220*

Lectura B   "Mozart, K 124 para flauta y orquesta"
por *Jorge Ferrer-Vidal* *229*

Lectura C   "Vida interminable"   por *Isabel Allende* *239*

Capítulo 8   Publicidad *261*

Anuncio A   "Un problema que no puede dejarnos fríos" *268*

Anuncio B   "Pocket Modem/Fax: A la medida de los portátiles" *269*

Anuncio C   "Archivar imágenes con Addivisión" *270*

Anuncio CH   "Conocer" *271*

Anuncio D   "Oriente en *El Corte Inglés*" *272*

Table of Contents   **V**

UNIDAD 5

PERSPECTIVAS DE LA MODERNIZACIÓN Y DE LA TRADICIÓN

CAPÍTULO 9   PRESENTACIÓN OBJETIVA *281*

LECTURA A   "Los niños influyen cada día más en los gastos y decisiones de sus padres"   por *Alvaro Rivas*   *282*

LECTURA B   "Aspirina: todo un invento"   tomado de *Telva*   *293*

CAPÍTULO 10   ENSAYO *309*

LECTURA A   "Qué nos hace perezosos"   por *Gonzalo Casino*   *311*

LECTURA B   "De verdad, ¿estamos adaptados a esta vida de locos?"   por *Elvira F. Martín*   *323*

CREDITS *339*

Introduction to the *Bridging the Gap* Series
JoAnn Hammadou

The main purpose of the *Bridging the Gap* series is to provide a link between basic language work, much of it required, conducted during the first two years of university foreign language study and the increasingly diversified advanced work that language students choose to pursue.

The courses at this level usually bear some sort of composition and/or conversation label, but their curricular content may vary according to the interests of the current instructor. The curricula are often pushed and pulled among focuses on language learning, literary study, or cultural studies. Many times the pushing and pulling among these forces is worse than members of the teaching profession would ever like to admit.

The *Bridging the Gap* series is a sequence of texts in French, Spanish, and German designed to create a common ground for all of the varying agendas that compete for students' attention after the intermediate stage of language learning. There are, in fact, many areas of study in which the different perspectives on language learning intersect and can be used profitably by students at this stage. There is no need to continue divisive debates over the role of these courses when there is the option of finding what elements all three perspectives (language, literature, culture) share and providing students with more integrated programs as a result.

Organizing Principle: Genre

Students of a foreign language have or seek to have meaningful purposes for their foreign language. They want to know what they can *do* with the language skills that they have. Mastery of a given genre provides students with a concrete accomplishment in an otherwise abstract discipline.

The concept of genre is used as the point of departure for organizing one level of the series. A genre is a class of communicative events that share communicative purpose(s). Expert authors of a given genre agree on its communicative purpose, and this rationale shapes its structure, style, and choice of content. The choice of genre as organizing principle reflects the growing diversity of interests of students continuing their language studies; genre, therefore, is not used exclusively in a literary sense.

The *Bridging the Gap* genre-based level has three components:

1. A **composition** text organized by genres
2. A **reader** containing additional and/or lengthier examples of the genres
3. A **conversation** text focusing on language functions within each genre

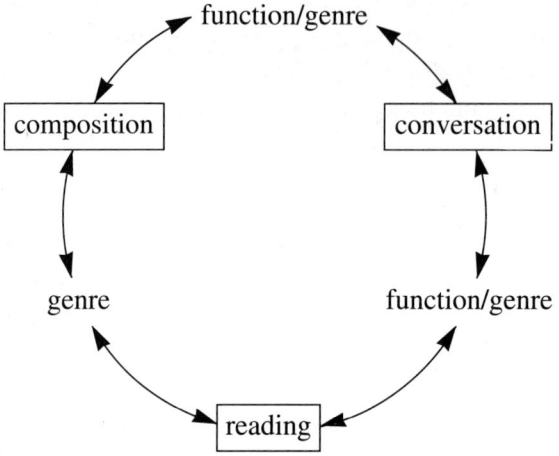

The texts can be used either concurrently or in sequence during a two-semester (third year) program. The series is flexible both in how the texts can be mixed and matched and in how materials can be used within each text. The sections within the texts are not presented in a lockstep sequence, and the order of chapters may be rearranged without difficulty and without loss of continuity.

THE COMPOSITION COMPONENT

This text gives long overdue recognition to the use of writing to foster students' understanding of the varied communicative functions of language. No longer is the sole purpose of writing merely to practice sentence-level structures and/or to support the skill of speaking or reading. When written language is used solely to provide support for the other language skills of speaking and reading, students rightly ask why they should write at all. In the *Bridging the Gap* composition text the focus is on the true purpose of writing: expressing one's own ideas as convincingly as possible.

The pedagogical approach throughout the text emphasizes the process through which a writer creates and produces a written work. Students are guided through the writing of several drafts of each paper, starting with invention and other pre-writing activities. An understanding of the form, content, style, and purpose of a given genre are delineated for the student writer. The aim, however, is not slavish attention to a model or a "write by the numbers" approach by learners. Rather, the goal is a more sophisticated understanding of content, style, audience, and organization than is usually applied to foreign language writing.

THE READER

The reader mirrors the composition text by providing lengthier examples of each genre. For each genre in the composition text, the reader provides at least two different samples. Generally, the differences will be due to the type of source of the sample (for example, a portrait from a newspaper article and a literary portrait).

The reader's samples of each genre are linked by theme. In other words, both the newspaper portrait and the literary portrait might be about "outsiders" to the target culture. In this way, the reader serves the important function of providing the theme of a course if an instructor does not want to use the genre template in conjunction with another course. The exercises and information given to students have as their purpose to enhance (1) word recognition, (2) global comprehension, and (3) understanding of cultural referents.

The reader is linked to the composition book by genres and to the conversation text by language functions as well as genres. This linkage provides an important sense of unity when the components are used simultaneously or of continuity when they are used in sequence.

THE CONVERSATION COMPONENT

It is communicative purpose as well as genre that links the conversation and composition texts. In foreign language studies communicative purposes are defined by discourse functions. And for speaking and writing alike, discourse functions at this level reflect more sophisticated goals, including sensitivity to audience, context, and, above all, content.

A guiding principle of the conversation book is that post-intermediate students should be expressing their growing awareness of social interests and issues. Their use of language should reflect not only the development of linguistic skills, but also the development of knowledge and the ability to think critically about information and ideas. To this end, activities within each chapter of the conversation book are sequenced to provide students an opportunity to sound their knowledge and opinions and to share their ideas as they learn from their peers in nonthreatening, small-group discussions.

To support the goal of having students express critical awareness of the subjects treated, a substantial selection of culturally authentic materials has been included. These materials offer a variety of information, insights, and language, and reflect the universality of ideas.

The activities in the conversation book lay the foundation for writing by offering students an opportunity to develop and test their ideas in interactive oral discourse. The reader, in turn, offers additional sources of information and language, along with activities to promote the sort of critical reflection that is the central goal of the series.

The *Bridging the Gap* approach reaches out to a student body that is increasingly diversified by blending diverse topics and styles throughout the program. All three components of the genre-based level require students to interact cooperatively, not competitively, to establish relationships, and to be participatory decision makers.

GENRE-BASED SPANISH: *PUNTOS DE VISTA*

The books at this level each have ten chapters. Each of the ten chapters focuses on a distinctive category of communication definable as a genre. In a few chapters, the focus of one of the books differs from the other two in order to illustrate communication especially useful for that particular skill. For example, because group discussion is an important part of oral communication, it is presented in Chapter 7 of the conversation book. However, this genre is not a natural one in reading and writing, so the other texts focus on heartfelt expression, a genre that students may not feel at ease with in a conversation class.

GENRES

Chapters	Redacción	Conversación	Lectura
1	portrait	portrait	portrait
2	interview	interview	interview
3	place description	place description	place description
4	investigative reporting	instructive communication	instructive communication
5	reporting a news event	reporting a news event	reporting a news event
6	narrative: folktale	narrative: accident report	narrative: story/folktale
7	heartfelt expression	group discussion	heartfelt expression
8	advertisement	advertisement	advertisement
9	reporting on factual data	reporting on factual data	reporting on factual data
10	expressing personal ideas	expressing personal ideas	expressing personal ideas

Using the Complete *Puntos de vista* Program

Instructors may design a two-semester or term sequence with two or more texts from the **Puntos de vista** program. Each component features ten chapters based on genre that correlate with the chapters of each of the other books. Each book develops its emphasized skill area through a highly interactive process approach.

Using All Three Texts

A two-semester or term sequence into which instructors incorporate all three texts may be designed by devoting alternate weeks to corresponding chapters or parts of chapters of the books. For example, to cover a genre, instructors could implement a pattern such as the following:

Week 1   **Puntos de vista: Lectura**

Introduction to the genre plus one or two of the readings, depending upon length. Focus on student text as well as pair and group interaction and upon building reading skills and strategies.

Week 2   **Puntos de vista: Conversación**

The corresponding chapter in this text. Focus especially on listening and conversation activities and upon oral communication functions.

Week 3   **Puntos de vista: Redacción**

The corresponding chapter in this text. Focus on one or two of the shorter models and upon strategies for writing and editing.

Instructors will find among the chapters much complementary material that builds and reinforces the skills developed and the content presented in the individual components. Utilizing this plan, instructors should be able to deal with the ten genres over the course of two, fifteen-week semesters. Those instructors who wish to complete all the material of corresponding chapters or who teach shorter terms may select the genres they prefer to emphasize.

Using the Reader and Composition Text

Instructors of post-intermediate courses may wish to use these texts together to provide students with integrated models of authentic writing, reading practice, and vocabulary development while having students work through the writing process of a specific genre. Chapter 1 in each textbook, for example, examines the portrait genre. The four very brief reading selections in the composition text are supplemented by three longer portrait models in the reader. Students are thereby given many more resources on which to base their own writing.

The composition text and the reader also complement each other in other ways. Chapter 2 of the reader presents an interview with Elena Poniatowska, an author whose work is later featured in the composition text in Chapter 7, which focuses on heartfelt expression. The reader's *Diario de lector* provides students with additional, ungraded writing practice, as they express their personal reactions to the readings. The reader may also ultimately provide students with additional ideas for their final writing projects in each chapter.

USING THE READER AND CONVERSATION TEXT

The conversation text is designed to expand on the genres of the reader. In Chapter 1 of the reader, for example, the focus is on portrait. Two dramatic texts are provided, as well as a portrait of the elder Cela by his son. The conversation text expands on the portrait genre with a focus on autobiography. The expansion is accomplished in two primary ways:

- Learners are asked to focus on language functions within a given genre. For example, in an autobiography, students are given opportunities to practice anecdotes, comparison and contrast, selection of details, asking questions, summarizing, recommending, and describing.

- Learners are asked to consider sociolinguistic variables such as how context and audience affect the functions and strategies used.

The conversation text thus develops the student's interactional ability by providing him or her with strategies for generating the functions and genres examined in the reader.

The conversation text also adapts the *Diario de lector* practice of the reader, focusing on the development of a portfolio of sources that students can use to generate ideas, structures, and vocabulary for chapter conversation activities. In many cases, the texts presented in the reader can themselves be used to generate this material. For example, themes from one chapter of the reader can provide ideas for activities in other chapters of the conversation text. For example, the readings **"El padre"** and **"Cela, mi padre"** in Chapter 1 of the reader can be drawn on to discuss "los padres modernos," which can then be taken into consideration when discussing the roles of modern men and women in Chapter 2 of the conversation text.

By using the conversation text in conjunction with the reader, a greater integration of both processes is achieved than would be possible using each book in isolation.

Preface

General Description of the Text

Puntos de vista: Lectura is the genre-based reader for Heinle & Heinle's five-component **Bridging the Gap** Spanish series. It is intended for use by students who have already completed an intermediate course in Spanish. Like the other components of the series, it is designed to bridge the gap between basic language work and upper-level work that continuing students of Spanish choose to pursue. *Puntos de vista: Lectura* addresses the need for articulation between intermediate language study, the skills of composition and conversation, and the higher-level language study, which deals more exclusively with literature, civilization, or other specialized material.

The fundamental goal of *Puntos de vista: Lectura* is to make students active readers while exposing them to a large cross-section of written communication from the Spanish-speaking world. Students' experience with many styles and modes of writing is promoted through the following features:

- All-Spanish presentation
- Broad-based thematic organization
- Guiding principle of **genre**
- Interactive approach to reading

The Unit Structure: A Multifaceted Presentation of Complementary Themes

Each of the five units presents multiple perspectives on a pair of complementary themes:

Unit 1: Perspectivas de la mujer y del hombre

Unit 2: Perspectivas del ocio y del trabajo

Unit 3: Perspectivas de la culpa y de la inocencia

Unit 4: Perspectivas del arte y de la ciencia

Unit 5: Perspectivas de la modernización y de la tradición

The readings of the two chapters of each unit offer different views of these topics. The selections represent the cultural and geographical diversity of Spanish-speaking peoples. There is a wide range of both literary and non-literary readings. Literary readings include drama, short story, an excerpt from a novel, poetry, and essay-style writing. The nonliterary readings encompass articles and realia from a wide variety of magazines and newspapers in the Spanish language. Through involvement with these authentic sources, students build a basis for future study of Hispanic literature as well as other content areas in Spanish.

THE CHAPTER STRUCTURE

GENRE AS THE BASIS

Each of the ten chapters focuses on a distinctive category of communication definable as a **genre:**

Chapter 1	Retrato
Chapter 2	Entrevista
Chapter 3	Descripción de lugar
Chapter 4	Las instrucciones
Chapter 5	Periodismo
Chapter 6	Narrativa
Chapter 7	El lenguaje del corazón
Chapter 8	Publicidad
Chapter 9	Presentación objetiva
Chapter 10	Ensayo

The initial activity of every chapter defines the genre. Subsequent activities build upon this introduction, prepare students for the readings, which constitute examples of the genre, and encourage appreciation of both general and specific aspects of the models. To present multiple visions of the genre and complementary themes, the number of selections per chapter varies from two to five. All readings are presented within a progression of 12 activities.

PRE-READING, READING, AND POST-READING ACTIVITIES

THE READER AS ACTIVE PARTICIPANT

The activities of *Puntos de vista: Lectura* foster engagement in reading as an ***active,*** and, also, an ***interactive*** process. They are sequenced in a logical progression and aim toward the development of better readers with improved communicative skills. Though emphasis is on the development of reading skills, the large variety of activities not only urges dialogue between student and text, but also shapes pair and group interaction. For each example of a genre, students participate in activities organized into four main sections:

1. A PRIMERA VISTA: FIVE PRE-READING ACTIVITIES

These activities build familiarity with the genre, preview the structure of the work, and suggest a coding of vocabulary, text, and context. Also, they introduce key features of the reading such as characters, setting, vocabulary, and tone, and encourage problem-solving attitudes.

2. EN PLENA VISTA: THE READING, ACCOMPANIED BY FOCUSED STRATEGIES

This section contains:

Sobre el autor/la obra, a brief portrait of the author and the work.

El proceso de la lectura, a specific reading strategy which directs the student's attention to the process of reading, or to special linguistic or structural features of the text. This part not only promotes the student's success with the reading which follows, but also offers a technique to apply productively to subsequent readings.

La selección, the reading, with glosses in Spanish of unfamiliar vocabulary or vocabulary not already previewed or practiced in earlier activities.

Actividad 6: La primera vez... con pocos detalles... and

Actividad 7: La segunda vez... con más detalles, activities that carry forth the accompanying strategies to build comprehension and reading for meaning.

3. PUNTO DE MIRA: LA LECTURA — A READING JOURNAL AND POST-READING COMPREHENSION ACTIVITIES

These activities further interactive and analytical reading by seeking dialogue between student and text, and by directing students to synthesize text-based comprehension and personal perspectives. **Actividad 8** introduces students to the keeping of a reading journal (see section below, entitled A Key Feature of *Puntos de vista: Lectura:* **El diario de lector**).

4. UNA MIRADA ALREDEDOR: FURTHER POST-READING ACTIVITIES AND EXPANSION OF COMMUNICATIVE PROFICIENCY

These activities expand the reader's vista and encourage bidirectional reading: the focus on relationships between the student's native language experience and the reading and vice versa. Students have the opportunity to work toward a synthesis of details and explore some creative interpretation.

Actividad 11: ¿Qué piensa usted?, presents topics for group discussion or individual writing.

Actividad 12: Taller de teatro, invites students' participation in dramatic situations related to the genre and theme of the reading.

TIPS FOR USING THIS TEXT

PACING

Instructors may elect to use this reader independently in one of the semesters or terms of a third year or advanced intermediate college course. Depending upon the length of a selection and the number of activities covered during class time, two to four days could be devoted to a reading. For example:

Students prepare for Day 1: **A primera vista** (Pre-reading activities)

Students prepare for Day 2: **En plena vista / Punto de mira: La lectura** (The reading and focused strategies/Students write in their reading journals)

Students prepare for Day 3: **Punto de mira: La lectura / Una mirada alrededor** (Continuation of post-reading activities)

See *Instructor's Manual* for specific suggestions.

FLEXIBILITY

Instructors may cover units or chapters in any order. Since the readings are designed with their own sets of activities, the selections of a chapter may be read in any order. After completing the introductory material of a chapter which defines the genre, the instructor may opt to use only certain examples. Though the first reading in Chapter 1 of Unit 1 includes explanations of the "Leer dos veces" reading strategy, the reading journal, and **Actividades 11** and **12**—information not in other chapters—this material is included as well in the Unit Notes for instructors who choose not to begin with Unit 1.

INSTRUCTOR SUPPORT

The Unit Notes, which appear in the *Instructor's Manual* for *Puntos de vista* also contain notations to indicate the relative difficulty of the readings, answers to selected activities, suggestions about teaching specific readings, and possible supplementary activities.

A Key Feature of *Puntos de vista: Lectura*

El diario de lector

Puntos de vista: Lectura introduces the student to the keeping of a reading journal. In accordance with the goal of developing **active readers,** the *Diario de lector* provides instructors a structure through which to encourage students to become involved with the readings.

Instructors should stress to students that in the keeping of a reading journal, they should:

- connect their personal interests and experiences to elements of the reading
- respond freely
- not worry about grammar and vocabulary errors
- ask questions
- enter into a "dialogue" with the reading
- enter into a dialogue with others who may be responding to parts of the journal
- concentrate upon expressing their ideas
- seek to improve their comprehension
- keep a personal vocabulary list

For practical purposes, instructors should direct students to:

- purchase a one-subject notebook
- date each entry
- indicate the reading about which they are writing
- write on only one side of a page so that others can respond alongside some of their comments
- number their entries according to the suggested categories of response (1 through 9)
- begin their entries with the suggested Spanish openers or headings

The journal format in Spanish appears in Chapter 1 and also in the **Instructor's Manual,** along with additional suggestions for implementation. It may be copied or adapted as the instructor sees fit.

ACKNOWLEDGEMENTS

Writing a textbook is a project that requires help and support from many individuals. I gratefully acknowledge the contributions of all who have assisted me throughout the process.

The following colleagues deserve thanks for evaluating sample chapters and offering useful suggestions during the development of the manuscript: Gene S. Kupferschmid, *Boston College;* Isolina Ballesteros, *Harvard University;* Alan Bell, *University of Maryland–Baltimore County;* Frank Casa, *University of Michigan;* Joan K. Hall, *University of Georgia;* Jennifer Rae Krato, *University of Alabama;* Keith Mason, *University of Virginia;* Federico Pérez Pineda, *University of South Alabama;* Steve Sadow, *Northeastern University;* Leslie Schrier, *University of Iowa;* and Elvira Swender, *Syracuse University.*

I would also like to express my appreciation to Nancy Siddens, Developmental Editor, Carlos Davis, Editorial Director, and Patrice Titterington, Production Editor, of Heinle & Heinle for their invaluable guidance and efforts in bringing this work to fruition. Thanks are due as well to José Blanco, Susana Thomson, Silvina Magda and Carlos Calvo of Hispanex for their careful attention and technical support during the copyediting and production stages. Finally, special thanks to Ron, Lisa, and Alan for their constant encouragement, and to my many students at Carnegie Mellon University for their role in inspiring my work.

Susan G. Polansky

UNIDAD 1

PERSPECTIVAS DE LA MUJER Y DEL HOMBRE

ESTA UNIDAD PRESENTA DIVERSAS PERSPECTIVAS DE LA MUJER Y DEL HOMBRE EN EL MUNDO ACTUAL. ¿QUÉ SIGNIFICA SER MUJER EN EL MUNDO DE HOY DÍA? ¿QUÉ SIGNIFICA SER HOMBRE EN EL MUNDO ACTUAL?

¿Qué características y situaciones se podrían incluir en una descripción de la mujer y en una descripción del hombre?
   Escriba algunos ejemplos.

LA MUJER MODERNA

Características	Situaciones
_____	_____
_____	_____
_____	_____
_____	_____

EL HOMBRE MODERNO

Características	Situaciones
_____	_____
_____	_____
_____	_____
_____	_____

¿Qué tienen en común las dos descripciones? ¿Qué diferencias hay entre ambas? Compare sus respuestas con las de sus compañeros.
   Comprueben si lo que han anotado coincide con las perspectivas de la mujer y del hombre en el Capítulo 1 y el Capítulo 2.

CAPÍTULO 1

RETRATO

LECTURA A *No molesta, calle y pague, señora* por Lidia Falcón

LECTURA B *El padre* por José Ruibal

LECTURA C *Cela, mi padre* por Camilo José Cela Conde

Esta fotografía nos permite hacer un retrato con características físicas y culturales de la mujer que observamos.

¿QUÉ ES UN RETRATO?

Un retrato es una descripción de una persona; puede incluir aspectos físicos, sociales (relacionados con el carácter y las costumbres), y psicológicos.

En la actividad introductoria a la Unidad 1, realizó una breve descripción de la mujer y del hombre modernos.

Seleccione uno de los retratos.

Indique cuál ha escogido: La mujer _____   El hombre _____
¿Incluye el retrato aspectos físicos?   Sí _____   No _____
¿Incluye aspectos sociales?   Sí _____   No _____
¿Incluye aspectos psicológicos?   Sí _____   No _____

Escriba algunos detalles más para ampliar el retrato.

¿Ha ampliado el retrato con…

…descripciones físicas?   Sí _____   No _____
…indicaciones del carácter   Sí _____   No _____
o de las costumbres?
…descripciones psicológicas?   Sí _____   No _____

En las tres lecturas de este capítulo, preste atención a cómo están retratados las mujeres y los hombres. Trate de determinar si predominan los elementos físicos, sociales o psicológicos.

LECTURA A

No moleste, calle y pague, señora   por Lidia Falcón

A PRIMERA VISTA

ACTIVIDAD A1   TRES PROFESIONALES.   Imagínese que tiene una cita con un(a) policía, un(a) abogado(a), y un(a) psiquiatra. ¿Cómo los podría retratar? Para cada uno, elabore un retrato físico, social, y psicológico. ¿Cómo son? ¿Cómo hablan? ¿Cómo se portan? En las columnas indicadas, escriba las características sobresalientes de los personajes. ¡Use la imaginación!

	Aspectos físicos	Aspectos sociales	Aspectos psicológicos
El inspector / la inspectora de policía			
El abogado / la abogada			
El psiquiatra / la psiquiatra			

ACTIVIDAD A2   CONVERSEMOS.   Con otra persona de la clase, prepare dos conversaciones cortas. En la primera conversación, represente el papel de uno de los personajes caracterizados en la Actividad A1. Su compañero(a) lo(la) visita para contarle un problema. Después, intercambien papeles: usted será la persona con problemas en la segunda conversación.

ACTIVIDAD A3   EN CONTEXTO.   En el título de la obra de Falcón, *No moleste, calle, y pague, señora,* se expresan tres mandatos. Describa dos situaciones en que se emplearía esta frase.

	Situación 1	Situación 2
¿Quién la diría?		
¿A quién?		
¿Dónde se emplearía?		
¿Cuándo se emplearía?		

Indique también la hora, la fecha, o la circunstancia.

ACTIVIDAD A4 EL ASPECTO FÍSICO. Lea las siguientes descripciones físicas de las tres mujeres y los dos hombres que aparecen en la obra. ¿Qué detalles le llaman más la atención?

En cada retrato:

- Trate de comprender por el contexto las palabras desconocidas, sin ayuda del diccionario.
- Subraye las palabras que hacen más expresiva la descripción.
- Piense en las cualidades del personaje que más le llaman la atención.

Después de leer cada retrato:

- Describa al personaje en el cuadro que aparece al final de esta actividad. En la columna **Hipótesis,** indique por qué cree que el personaje tiene ese aspecto físico.

1. Magda es una mujer de media edad; vestida con traje feo y anticuado, zapatos bajos, peinado de peluquería barata; manos de fregar; lleva un ojo morado, arañazos[1] en la cara y un brazo en cabestrillo[2]. Está muy desconcertada e insegura, pero saca valor. Sale llorando apretándose el brazo.

2. Margarita tiene que sentarse con las piernas encogidas delante de una mesa muy bajita. Es una mujer joven, bien vestida, con alguna joya; discretamente maquillada y pintada; lleva las uñas pintadas, pero con signos de fregar; un poco asustada, carraspea y habla en voz baja.

3. María, apariencia juvenil, va vestida con tejanos y suéter; lleva el pelo con permanente, sin pintar. Vacila al ver la cabina, pero luego descubre el timbre y el contestador y llama. María saca el dinero del bolso y mete los billetes en el buzón. Habla con la boca pegada a la rejilla. Después de haber estado hablando durante una hora, está muy incómoda y tiene las piernas cansadas de estar en puntillas.

4. El señor Otero va vestido tradicionalmente; traje, camisa y corbata; el pelo corto; un sello de oro en la mano y las uñas de los meñiques[3] muy largas; fuma un puro[4]. El suelo está sucio. Hay colillas[5] por el suelo y en los ceniceros. De repente, el señor Otero está rojo de ira. Bufa, se retuerce en el asiento y se mesa los cabellos.

---

1. señal en la piel 2. venda para sujetar el brazo herido 3. dedo más pequeño
4. cigarro 5. puntas de cigarrillos

5. Un hombre joven, vestido con toga y birrete; debajo de la toga se ve un traje negro, camisa blanca y corbata negra. Sonríe comprensivo pero engallado[6], con acento de superioridad que no abandona nunca. Continúa hablando con gran prosopopeya[7]. Momentáneamente parece ceñudo[8] y enfadado, pero pronto se siente tranquilo y seguro nuevamente.

	Rasgos físicos notables	**Muestras de dolor o violencia**	**Hipótesis: ¿Por qué tiene ese aspecto?**
Magda			
Margarita			
María			
El señor Otero			
El hombre joven			

ACTIVIDAD A5 EL MUNDO DE LA POLICÍA, EL MUNDO DE LOS ABOGADOS.

A continuación se presentan dos breves pasajes. Uno tiene que ver con el mundo de la policía y el otro tiene que ver con el mundo de los abogados. Identifique una familia de palabras para cada uno.

Subraye todos los sustantivos que se refieren a personas:

SUBINSPECTOR: ¡Inspector! ¡Han atracado el Banco Central! ¡Los atracadores están dentro! Han herido al cajero y tienen veinte rehenes...

INSPECTOR: ¡Maldita sea! ¡Malditos sean todos los terroristas, masones, mafiosos, comunistas, etarras[9], macarras[10], maricones[11], chorizos[12]!

Subraye los sustantivos que están relacionados con el proceso de obtener un divorcio:

"Adulterii probatum debem esse." El adulterio "comprobatum est" siempre que un testigo presencial preste testimonio, bajo juramento indubitado. Es preciso, antes de iniciar un procedimiento de disolución de matrimonio, proceder a tramitar un expediente de separación, y solamente después del transcurso de un año desde el momento de iniciado puede solicitarse el divorcio.

Compare las selecciones con las de sus compañeros.

---

6. orgulloso   7. afectación   8. con cara de enojo   9. terroristas vascos   10. rufianes
11. homosexuales (despectivo)   12. ladrones

En plena vista

No moleste, calle y pague, señora
Lidia Falcón
Abogada, escritora, y feminista española, Lidia Falcón se ha dedicado a definir el papel de las mujeres en la época contemporánea.
No moleste, calle y pague, señora, un breve drama en tres escenas, retrata a tres mujeres. Se encuentran en situaciones problemáticas que son a la vez distintas y paralelas.

El proceso de la lectura: Leer dos veces

Se recomienda que siga la estrategia de leer la obra dos veces para todas las selecciones de este libro. Siempre habrá una actividad para acompañar la primera lectura de la selección y otra actividad para la segunda lectura. Siga las siguientes recomendaciones para lograr una comprensión inicial, y después una comprensión mayor.

La primera vez

- Lea la Actividad A6 para tener una idea de lo que debe buscar.
- Lea toda la selección y busque las ideas principales.
- Use solamente las glosas del margen derecho de la lectura.
- No interrumpa mucho la lectura para buscar palabras en el diccionario.
- Al terminar la primera lectura, realice la Actividad A6.

La segunda vez

- Lea la Actividad A7 para tener una idea de lo que debe buscar.
- Lea la selección un poco más despacio para comprender el desarrollo de las ideas principales.
- Después de leer cada sección, indique las nuevas ideas que ha comprendido en esta segunda lectura.
- Piense en algunos detalles o palabras específicas que reflejen la idea principal y escríbalos en la Actividad A7.

Lidia Falcón
No moleste, calle y pague, señora

El inspector levanta la vista, y mira con sorpresa y desconfianza a la mujer.

Cuadro I

Comisaría[1] de policía. Un estrado[2] muy alto, exageradamente alto, donde se halla la mesa del inspector de policía. Una barandilla[3] separa el estrado del resto de la habitación. Mesa, silla, máquina de escribir con su silla, y mesa. Un cristo encima de la mesa. Retratos de Alfonso XIII, Primo de Rivera, Franco y Juan Carlos en las paredes. Papeles encima de la mesa pero pocos y en blanco. El suelo sucio. Colillas por el suelo y en los ceniceros. Nada más.

El inspector, de media edad, va vestido tradicionalmente; traje, camisa y corbata; el pelo corto; fuma un puro; un sello de oro en la mano y las uñas de los meñiques muy largas.

---

1. oficina   2. plataforma   3. barra para apoyarse

Magda es una mujer de media edad; vestida con un traje feo y anticuado, zapatos bajos, peinado de peluquería barata; manos de fregar; lleva un ojo morado, arañazos en la cara y un brazo en cabestrillo; se expresa mal y siempre está a punto de llorar.

El subinspector, más joven que el inspector, va vestido igual que éste; si puede ser, el mismo traje y el mismo color; camisa y corbata idénticas.

Escena I

Se levanta el telón y el inspector está sentado en el estrado. Una radio de transistores que tiene encima de la mesa retransmite un partido de fútbol. Fuma el puro y se limpia las uñas con un palillo.

Magda entra en la habitación. Está muy asustada y vacila antes de hablar. No se atreve a levantar la voz y se acerca a trompicones[4] hasta el estrado. Éste, con la mesa, le queda casi a la altura de la cara.

MAGDA: *(Muy asustada)* Buenos días...

El inspector no la oye. Se transmite en ese momento un gol; el inspector ríe y se frota las manos; aplaude entusiasmado. Después, sigue limpiándose las uñas con satisfacción.

MAGDA: *(Un poco más alto)* Buenos...buenos días...

El inspector levanta la vista, y mira con sorpresa y desconfianza a la mujer.

INSPECTOR: ¿Qué hace usted aquí?

MAGDA: El...el policía de la puerta me dijo que pasara...

INSPECTOR: *(Cada vez más irritado)* ¿Para qué?

MAGDA: Para presentar una denuncia[5]...

INSPECTOR: *(Entre sorprendido y colérico)* ¿Una denuncia? ¿Aquí? ¿Hoy?

MAGDA: *(Asiente con la cabeza cada vez más insegura)* Sí...

INSPECTOR: *(Ahora realmente sorprendido)* Pero, ¿por qué?

MAGDA: *(Balbuceando[6])* Usted...¿usted es policía?

INSPECTOR: ¡Naturalmente! ¿Qué cree que hago aquí si no?

El inspector vuelve a olvidar a Magda. Se limpia las uñas satisfecho, prestando toda su atención al programa de radio.

---

4. tropezando, caminando con dificultad   5. acusación   6. hablando dificultosamente

MAGDA: *(Da un paso hacia la mesa, mira hacia arriba para llamar la atención del policía. No sabe qué hacer. Por fin, como el inspector no se da por aludido, insiste)* Mi marido me ha pegado[7]...

El inspector la mira con asombro. Deja el palillo y se inclina sobre la mesa para mirarla mejor.

INSPECTOR: Y a mí, ¿qué?

MAGDA: Quería presentar denuncia...

INSPECTOR: *(Colérico)* ¡Denuncia! ¿Será posible? ¿No tiene usted nada mejor que hacer que venir aquí a prestar denuncia porque su marido la ha pegado un domingo por la tarde, mientras retransmiten el partido de fútbol?

MAGDA: *(Está muy desconcertada e insegura, pero saca valor e insiste)* Me ha hecho mucho daño... Me ha roto el brazo...Y me ha echado[8] de casa. Dice que no me volverá a dejar entrar. Dice que va a meter a los niños en un asilo para que no le molesten más...

El inspector la mira ahora con sorpresa y distracción, como si escuchara un cuento. Hasta parece interesado por el relato. Baja un momento el tono de la radio.

INSPECTOR: ¿Por qué?

MAGDA: *(Más valiente al ver el interés del policía)* Dice que ya no me quiere, que no le gusto. Dice que los niños y yo le molestamos, que hacemos mucho ruido y que no le dejamos oír el partido...

El inspector da un respingo[9] al oír esto y pone una expresión feroz.

INSPECTOR: *(Enfadado)* ¿Y eso es verdad?

Magda lo mira asustada nuevamente y sin comprender responde...

MAGDA: Bue...bueno, a veces sí, claro...los niños son pequeños... Juegan y chillan[10] y yo no puedo...

El resto de la frase se pierde. Magda sigue hablando sin que se la oiga. La radio está más fuerte, se oyen los gritos del campo de fútbol.

INSPECTOR: *(A gritos y muy enfadado)* ¡Y todavía querrá denunciarlo! ¡Un pobre hombre, cansado de trabajar, que regresa a su casa para disfrutar con el inocente recreo de escuchar un

---

7. golpeado   8. me ha hecho salir   9. movimiento de sorpresa   10. gritan

Capítulo 1

partido de fútbol, y final de Copa, además, y competición contra el Madrid en su propio campo! ¡Y se encuentra con una mujer llorona[11] y unos niños gritones que no le dejan oír con tranquilidad!...¡Pero si es para matarlos a todos! ¡Poco le ha hecho!

Magda se echa a llorar bajito.

...¡Y se encuentra con una mujer llorona y unos niños gritones que no le dejan oír con tranquilidad!...¡Pero si es para matarlos a todos!...

Escena II

Entra el subinspector alterado.

SUBINSPECTOR: ¡Inspector! ¡Han atracado el Banco Requejo! ¡Aquí mismo! ¡Los atracadores están dentro! Han herido al cajero y tienen veinte rehenes...

El inspector baja nuevamente el tono de la radio, mientras bufa, se retuerce en el asiento y se mesa los cabellos.

INSPECTOR: ¡Maldita sea! ¡Malditos sean todos los terroristas, masones, mafiosos, comunistas, etarras, macarras, maricones, chorizos!

La radio grita en ese momento otro gol. El inspector está rojo de ira. Grita inarticuladamente sin pronunciar palabras. Magda llora. El subinspector asiente con la cabeza, comprensivo de la actitud de su superior.

INSPECTOR: *(Aullando)* ¡Que vayan, que vayan todos! ¡Números, inspector, subinspectores, oficiales!

SUBINSPECTOR: No tenemos más que dos números y están de guardia en la comisaría.

---

11. que llora

INSPECTOR: Pues llama a los Geos[12] que apenas tienen trabajo! ¡A ver si se ganan los emolumentos[13] extras que cobran! ¡Y yo aquí, rendido de trabajar, y solo, sin ayuda, y sin pagas extras!

El subinspector asiente y sale corriendo por el lateral izquierdo por donde ha entrado. Al pasar le da un golpe a Magda en el brazo herido.

Escena III

Magda da un grito de dolor. El inspector la mira nuevamente porque no se acordaba de ella.

INSPECTOR: *(Indignado)* ¡Vaya por Dios! ¿Todavía sigue usted aquí? ¿No se ha dado cuenta de los graves problemas que tenemos? ¡La seguridad de la patria está en peligro y usted llorando por un bofetón[14] más o menos! Nosotros arriesgándonos[15] la vida por usted, y otros como usted, para defenderlos de criminales, terroristas, chorizos, maricas y demás ralea[16]! ¡Y su pobre marido, reventado[17] de trabajar, sin poder disfrutar[18] del partido!... *(Hace un ademán con la mano de perdón y olvido, mientras le señala la puerta)* ¡Ande, váyase! ¡Váyase de una vez, y por ésta se lo perdono...! ¡Pero que no se repita!

Magda sale llorando apretándose[19] el brazo por el lateral izquierdo, por donde ha entrado y salido el inspector.

Escena IV

El inspector sube el tono de la radio. Enciende otro puro. Y vuelve a limpiarse las uñas con sonrisa de satisfacción. Se oyen los gritos del campo al marcar otro gol.

Un minuto después, entra Margarita que casi ha tropezado[20] con Magda cuando ésta salía. Se miran y se saludan tímidamente. Margarita entra decidida.

MARGARITA: Buenos días...

Cae telón rápido.

---

12. Cuerpo especial de policía 13. dinero 14. golpe en el rostro 15. poniendo en peligro 16. clase baja 17. cansadísimo 18. gozar 19. sujetándose 20. chocado

Cuadro II

Despacho[21] del abogado. La mesa es muy alta. Se procurará poner un escalón detrás para que se siente el abogado. Un sillón delante de la mesa que quedará muy bajito. El sillón es pequeño también, de modo que Margarita tiene que sentarse con las piernas encogidas. Un Cristo colgado detrás de la mesa. Un retrato de San Raimundo de Penyafort en la pared. Nada más.

El abogado es un hombre joven, vestido con toga y birrete; debajo de la toga se ve un traje negro, camisa blanca y corbata negra. Margarita: una mujer joven, bien vestida con alguna joya; discretamente maquillada y pintada; lleva las uñas pintadas pero con signos de fregar; es decidida y aparenta tener carácter.

Escena I

ABOGADO: ¿Dice usted que quiere divorciarse? ¿Y puede saberse por qué? *(El tono del abogado indica, educadamente, que le parece una pretensión inaceptable)*

MARGARITA: Mi marido se ha ido de casa con su secretaria. ¿Le parece poco?

ABOGADO: *(Juega entrelazando[22] y separando los dedos continuamente. Sonría comprensivo con acento de superioridad que no abandona nunca)* Veamos...veamos. Puede ser mucho y puede ser poco. ¿Adónde se han ido?

MARGARITA: A Mallorca. A pasar unos días de vacaciones. Se hospedan[23] en el Hotel Central. Tengo el número de la habitación y el del teléfono. *(Rebusca en su bolso hasta que encuentra unos papeles que le alarga[24] al abogado. Éste ni los mira ni los coge.)*

ABOGADO: Bueno, bueno. No es mucho, bien mirado. ¿Y hacen vida marital? ¿Están inscritos en el registro del hotel como marido y mujer?

MARGARITA: *(Niega con la cabeza y se guarda el papel)* No. Se hospedan en habitaciones separadas con sus propios nombres. Fingen que sólo son jefe y secretaria.

---

21. oficina 22. cruzando 23. alojan 24. da

ABOGADO: *(Sonríe triunfalmente)* ¡Uy! Malo, muy malo. No existen pruebas fehacientes[25] de adulterio. *(Fraseando despacio)* "Adulterii probatum debem esse", ¿comprende? Antes *(Margarita intenta interrumpirle pero él hace un gesto con la mano para detenerla y continúa hablando con la misma prosopopeya)* en tiempos de Alfonso X el Sabio, el gran jurista, las pruebas del fuego y del agua y las ordalías[26] del aceite hirviendo[27] probaban el pecado. Sistemas poco democráticos, es cierto, pero eficaces a veces. A partir del Código Napoleónico, el adulterio "comprobatum est" siempre que un testigo presencial preste testimonio en tal

...el ayuntamiento que se precisa para la existencia de un cierto y probado adulterio es el coito perfecto...

sentido, bajo juramento indubitado, de que haya habido ayuntamiento[28] carnal. Pero entendamos...*(nuevo gesto para detener a Margarita que quiere hablar)* el ayuntamiento que se precisa para la existencia de un cierto y probado adulterio es el coito perfecto: es decir la introducción del pene en la vagina con emisión del esperma en una eyaculación completa y perfecta. Entendamos que la comprobación de tal emisión no se precisa presenciarla inmediata y ocularmente, bastando los signos externos suficientes, como la sábana[29] recién manchada[30] o la inspección médica de la vagina de la mujer, si se ha encontrado en la cama a la pareja, desnudos y abrazados eróticamente. Pero dígame, ¿cómo puede usted presentar semejantes pruebas, ni aún indicios de tal cosa?

---

25. irrefutables   26. juicios de Dios   27. agitándose porque está caliente
28. unión   29. tela de la cama   30. sucia

Capítulo 1

MARGARITA: *(Vacila, ha perdido parte de su seguridad. Parece hacerse más pequeña a medida que transcurre la escena. Carraspea[31] y dice con voz más baja)* Por supuesto eso es imposible. Pero mi marido sale con esa señorita desde hace dos años. Van a todas partes juntos, cogidos del brazo. Le ha regalado incluso el anillo de brillantes de pedida, que me regalaron sus padres antes de casarnos, que me ha quitado del joyero[32] sin darme explicaciones, y he visto las facturas[33] de los hoteles y de los restaurantes donde van, que se las paga la empresa como gastos de trabajo. También tiene alquilado un apartamento donde van juntos al terminar el trabajo y los vecinos los han visto entrar y salir...

ABOGADO: *(Más seguro que nunca)* Indicios, suposiciones... ¡Ta, ta, ta! Ello hubiese bastado en el Tribunal Eclesiástico para tramitar una separación por sospechas de adulterio, pero hoy, querida señora, en que se ha despreciado ingratamente a la jurisdicción eclesiástica y hemos tenido que caer en el juzgado civil, donde no se tienen en cuenta los sentimientos humanos, ni la moral cristiana, solamente podemos aportar pruebas, ¡pru–e–bas! fehacientes, indubitadas, para poder proceder a una separación.

MARGARITA: *(Que empieza a desesperarse)* ¡Además se ha ido de casa con ella! No piensa volver en un mes que se ha tomado de vacaciones y me ha dejado sola con los niños en el piso de Barcelona y sin un duro[34]. Ayer me cortaron la luz[35] por falta de pago. ¡Eso es abandono de familia, y además malicioso.

ABOGADO: *(La mira con una expresión severa, inclinándose por encima de la mesa)* Y usted, ¿cómo sabe cuál es el abandono malicioso del hogar?

MARGARITA: *(Un poco asustada)* Lo he mirado en el código penal. Me compré uno...

---

31. hace ruido con la garganta   32. caja para joyas   33. cuentas   34. sin dinero
35. me quitaron la electricidad

ABOGADO: *(Ceñudo y enfadado)* Usted quiere saber mucho, ¿eh? Entonces ¿para qué viene a molestar a un profesional, que conoce mucho mejor que usted los matices[36], los detalles jurídicos, que forman el perfecto entramado[37] de los cuerpos legales que rigen[38] el "status" civil de los ciudadanos? ¡Usted se compra un código penal y cree que ya sabe leyes! ¿Por qué no cuelga entonces la placa en la puerta[39] y se pone a dar consejos a los demás? ¡Será posible! ¡Usted quiere saber las leyes que la afectan! ¿Verdad? Y entonces, ¿para qué estamos los abogados? Deberían prohibir vender códigos a los profanos. ¿Usted no sabe tampoco que no

Deberían prohibir vender códigos a los profanos.

puede pedirse el divorcio así como así? *(Margarita hace un gesto de duda, ignorancia y disculpa a la vez. El abogado continúa cada vez más engallado.)* Claro, claro, pero se compra un código y ya lo sabe todo. Pues no, señora, es preciso, antes de iniciar un procedimiento de disolución del matrimonio —que así se llama en términos exactos el divorcio— proceder a tramitar un expediente de separación, y solamente después del transcurso de un año desde el momento de iniciado puede solicitarse el divorcio. Y ahora, dígame, querida señora: ¿qué más sabe usted del abandono malicioso del hogar como causa de separación?, ¿sabe que ha de probarse fehacientemente tal cosa?, ¿que debe denunciarse previamente a la presentación de la demanda de separación?

MARGARITA: *(Derrotada)* Ya lo sé. Ya lo he intentado. Estuve esta mañana en la comisaría...

---

36. detalles sutiles   37. estructura   38. regulan   39. se hace abogada

ABOGADO: *(Frunciendo el ceño y levemente preocupado)* ¿Y qué pasó?

MARGARITA: *(Casi sin voz)* No me quisieron tomar la denuncia. El comisario dijo que era una tontería, que ya regresaría mi marido, que mientras tanto aprovechara para limpiar la casa y hacerle una buena comida, que volvería muy cansado...

ABOGADO: *(Con un suspiro de alivio. Se siente tranquilo y seguro nuevamente)* Acertado consejo. Las penas delante de un buen estofado[40] siempre son menos, y si usted atiende su casa con devoción y se dedica a reconquistar a su esposo, no dude que él volverá a usted, como debe...

Margarita se ha levantado, y sigilosamente, en puntillas y procurando no levantar la cabeza para que el abogado no la vea, se dirige a la salida.

Esas relaciones irregulares demuestran que usted es una mujer inmadura...

ABOGADO: *(Casi sin moverse)* A la salida no se olvide de pagar a mi secretaria la visita.

Margarita se queda inmóvil en la misma postura.
Telón rápido.

Cuadro III

En escena un telón que tiene dibujada una puerta practicable. Al abrirse ésta da paso a una cabina semejante a una telefónica. Dentro de la cabina un auricular de teléfono, un timbre con un interfono y una rejilla como el contestador automático de las porterías. La cabina es transparente y la actriz se ve dentro. Sólo tiene tres paredes para que se la oiga mejor desde el patio de butacas. Un buzón a mano derecha bien visible. Nada más.

---

40. comida con carne y otros ingredientes

Escena I

A telón corrido.

María, apariencia juvenil, va vestida con tejanos y suéter; lleva el pelo con permanente, sin pintar. Sale a escena por el lateral izquierdo, se dirige a la puerta del telón y llama al timbre. La puerta se abre sola. María vacila al ver la cabina pero luego descubre el timbre y el contestador y llama.

VOZ: *(De hombre, dentro)* ¿Quién es?
MARÍA: *(Con la boca pegada a la rejilla)* Soy María Sánchez. Tengo hora con el psiquiatra.
VOZ: Un momento.

Un segundo después.

VOZ: Deposite cinco mil pesetas en el buzón.

María saca el dinero del bolso y mete los billetes en el buzón. Estos son aspirados como por una aspiradora[41] y la tapa del buzón cae.

VOZ: Está bien. Descuelgue[42] el teléfono y marque el número 3.

María vacila primero; después obedece. Descuelga el auricular y luego marca el número tres. El teléfono está muy alto, tiene que ponerse en puntillas para llegar.

VOZ: *(Por el teléfono)* Diga.
MARÍA: Soy María Sánchez. Tengo hora con el psiquiatra...
VOZ: *(Impersonal y siempre con el mismo tono, sin sorpresa ni alteración alguna)* Bien, dígame.

María está cada vez más desconcertada. Mira el auricular intentando encontrarle alguna cualidad invisible.

VOZ: *(Repite)* Dígame.
MARÍA: *(Se decide por fin)* Necesito una entrevista. Me siento muy deprimida...
VOZ: ¿Por qué?
MARÍA: *(Ahora está a punto de llorar)* Mi amante me ha abandonado.
VOZ: ¿Su amante o su marido?
MARÍA: Mi amante. El está casado.
VOZ: Esas relaciones irregulares demuestran que usted es una mujer inmadura, que no ha superado aún la fase[43] oral.
MARÍA: El me dijo que se separaría y se iría a vivir conmigo.

---

41. aparato eléctrico para limpiar   42. tome   43. etapa

VOZ: Usted necesita protección. Ha identificado a ese hombre en la figura de su padre. Está usted fijada en la fase infantil. No ha superado el complejo de Edipo y busca realizar el amor hacia su padre en la persona de su amante.

MARÍA: *(Vacila)* No, no sé... Él siempre estaba quejándose de que su mujer no le comprendía. Yo lo cuidaba y lo mimaba[44], porque siempre decía que le hacía falta cariño, que nadie lo atendía como yo...

VOZ: Complejo de Yocasta. Instinto materno no satisfecho. Usted desea tener hijos.

MARÍA: Ahora no porque él tiene varios y tiene que mantener a su esposa y a ellos. Siempre estaba escaso de dinero[45]. Yo tenía que pagarme mi parte de los gastos...

VOZ: ¿Por qué la ha dejado?

María está muy incómoda. No llega al teléfono y tiene las piernas cansadas de estar en puntillas.

MARÍA: No me ha dado ninguna explicación... *(Se baja y ya no llega al teléfono. Sigue hablando sin acercarse al auricular. Está ensimismada en sus recuerdos.)* Creo que sale con otra. Me despidió con una carta breve y se llevó el anillo de brillantes que me había regalado. Me di cuenta cuando se había ido; me lo quitó del joyero...y las llaves del apartamento que me sacó del bolso, sin que me diera cuenta tampoco...No hubiera podido creerlo nunca. Y en la carta me dice que deje el apartamento igual que lo encontré...sin más explicación...

VOZ: Pero ¿por qué la dejo?

MARÍA: *(Subiéndose nuevamente en puntillas y alcanzando el auricular)* ¡No lo sé! ¡Me ha abandonado! *(Grita para hacerse oír)*

VOZ: Tiene usted un carácter dominante. Para él se ha convertido en otra Medea. Usted quiere ser su madre y dominarle; tragarle de nuevo para que vuelva al útero materno.

---

44. cuidaba con cariño   45. pobre

MARÍA: *(Desconcertada)* No, yo...
  Se oye la señal de terminar la comunicación en el teléfono.
VOZ: Se terminó el tiempo. Vuelva el jueves que viene.
  María mira el teléfono sin comprender nada. Lo cuelga y da un paso hacia la puerta de la cabina[46].

Escena II
En este momento llega Magda. Se miran las dos y María la deja entrar en la cabina. Magda llama al timbre y se oye la voz primera, ¿Diga?
  El telón cae rápidamente y deja a María en el proscenio; se dirige lentamente hacia el lateral izquierdo y sale.

Escena III
Entra en escena Margarita que se dirige a la puerta y llama. Telón rápido.

FIN

---

46. recinto para el teléfono público

ACTIVIDAD A6 LA PRIMERA VEZ, CON POCOS DETALLES. Después de leer la obra por primera vez, revise los retratos de cada cuadro y describa qué tienen en común. Es suficiente escribir palabras sueltas o frases breves.

Retrato de las tres mujeres:

Retrato de los tres profesionales:

Retrato de la relación mujer–hombre:

Ahora, lea la Actividad A7, y después, lea el drama por segunda vez.

ACTIVIDAD A7 LA SEGUNDA VEZ, CON MÁS DETALLES. Lea la obra por segunda vez; en esta ocasión lea más despacio para comprender el desarrollo de las ideas principales. Repase los cuadros que elaboró en las actividades anteriores. Después, empleando palabras de la lectura, indique cuál es:

	El estado de la mujer	**La actitud del profesional**
Cuadro I		
Cuadro II		
Cuadro III		

PUNTO DE MIRA: LA LECTURA

ACTIVIDAD A8 EL DIARIO DEL LECTOR. En el diario tendrá la oportunidad de escribir sus comentarios sobre las lecturas del texto. Las metas de esta actividad son aumentar:

- Su comprensión del español escrito.
- Su capacidad de observación y análisis.
- Su interés en los temas presentados en la lectura.
- El diálogo con sus compañeros.
- El diálogo con su profesor(a).
- Su "diálogo" con el texto.
- Su capacidad para buscar tópicos para ensayos más formales.

En el diario no se preocupe mucho por los errores de gramática o vocabulario. ¡Lo más importante del diario personal es conseguir comunicar sus ideas! En otras actividades, podrá concentrarse más en los elementos formales. Es posible que su profesor(a) le proponga hacer algunas de las siguientes actividades:

- Indicar su impresión general de la lectura.
- Indicar lo que le ha gustado o impresionado de la lectura.
- Defender su desacuerdo con algo expresado en la lectura.
- Relacionar elementos de la lectura con su propia experiencia.
- Indicar sus dudas.

Retrato

- Hacer preguntas.
- Comentar ideas específicas de la lectura.
- Comentar el lenguaje utilizado.
- Anotar vocabulario y estructuras problemáticos.

Es posible que su profesor(a) le pida que le entregue el diario de vez en cuando para hacer comentarios sobre sus anotaciones en él; también puede proponerle que intercambie su diario con los de sus compañeros de clase para compartir ideas. El diario debe reflejar su exploración de la lectura y lo que usted quiera comunicar. A continuación se propone un esquema para organizar su diario de lector. Usted y su profesor(a) podrán adaptarlo a sus necesidades.

CÓMO ORGANIZAR EL DIARIO

Sus comentarios sobre cada selección pueden entrar dentro de nueve categorías. Es preferible que escriba sólo en un lado de las páginas del cuaderno para dejar espacio para escribir los comentarios de sus compañeros y su profesor(a). No es necesario escribir algo en cada categoría. Persiga sus propios intereses y considere las sugerencias de su profesor(a). ¡Lo más importante es ser un lector activo! Para comenzar el diario del lector, puede copiar en su cuaderno el siguiente bosquejo.

Cada vez que escriba en su diario, debe apuntar:

- La fecha
- El título de la selección
- Comentarios. (Será más fácil mantenerlo organizado si comienza sus comentarios en cada categoría con las frases propuestas.)

    _____ (fecha)

    _____ (título y autor de la selección)

1. Mi impresión general de la lectura es...
2. Me impresionó mucho...
3. No estoy de acuerdo con...
4. Hay algo de la lectura que me ha recordado...
5. Lo que no comprendo es...
6. Mis preguntas específicas son...
7. Las ideas específicas de la lectura en que quiero pensar más son...

8. Lo que he notado sobre el uso del lenguaje, el estilo, o la forma de la lectura es...

9. El vocabulario / las estructuras problemáticas que quiero repasar son...

ACTIVIDAD A9 RETRATO DE TRES MUJERES. Trabaje individualmente o en grupo para recoger la descripción de las tres mujeres de la pieza de teatro. Complete los siguientes retratos con elementos de la lectura. Describa a cada mujer desde dos perspectivas: la de ella misma y la del profesional que la atiende.

1. Retrato de Magda

    Magda se ve a sí misma como víctima

    Las evidencias físicas:

    Las referencias de Magda a su esposo:

    Los insultos del Inspector:

    El Inspector no ve a Magda como víctima

    Las referencias al fútbol:

    Las referencias al trabajo de su esposo:

    Las referencias a los crímenes más importantes:

2. Retrato de Margarita

    Margarita se ve a sí misma como víctima

    Las referencias al adulterio de su esposo:

    Las referencias a sus dificultades económicas:

    Los insultos del abogado:

    El abogado no ve a Margarita como víctima

    La interpretación de la evidencia por el abogado:

    Las referencias a la Iglesia:

    Las referencias a la lectura de Margarita del código penal:

3. Retrato de María

   María se ve a sí misma como víctima

   Las referencias a su debilidad o falta de confianza:

   Las referencias de Margarita a su amante:

   Las referencias a la actitud distante del psiquiatra:

   El psiquiatra no ve a María como víctima

   Las referencias a los complejos psicológicos:

ACTIVIDAD A 10 RETRATO FINAL DE UNA MUJER. Comente las siguientes cuestiones en un grupo de tres o cuatro estudiantes.

1. Al final de la obra aparecen las tres mujeres. ¿Dónde están? ¿Por qué?

2. ¿Se puede ver a las tres mujeres como una sola mujer? ¿O bien como parte de una progresión histórica o cronológica? Examínelas en términos de los rasgos físicos, sociales, y psicológicos.

3. ¿Qué respuestas a sus problemas encuentran las mujeres? ¿Hay una respuesta implícita en el hecho de que las tres mujeres aparezcan como una sola mujer al final de la obra?

4. ¿Qué caracteriza a *No moleste, calle y pague, señora* como una obra feminista? ¿Qué significa el título?

UNA MIRADA ALREDEDOR

ACTIVIDAD A 11 ¿QUÉ PIENSA USTED? Comenten en grupo los siguientes temas o escriban sobre ellos. Su profesor(a) puede proponerles:

- Escoger algunas preguntas y escribir las respuestas en el diario del lector.

- Escoger una pregunta y escribir un párrafo o un ensayo corto.

- Escoger en clase una pregunta para comentarla en un grupo de dos, tres o cuatro estudiantes.

- Preparar breves respuestas para todas las preguntas, para después poder comentarlas en clase.

1. ¿Conoce situaciones de la vida real semejantes a las presentadas por Lidia Falcón?

2. ¿Son los tres campos profesionales (la policía, los abogados y los psiquiatras) ejemplos representativos de instituciones del poder masculino? ¿Puede pensar en otros ejemplos? ¿Hay campos profesionales representativos del poder femenino?

3. ¿Son exageradas las situaciones que se presentan en la obra de Falcón? Razone su respuesta.

4. ¿Ve rasgos universales en los retratos de las mujeres? ¿Ve rasgos particulares, que se puedan asociar con lo hispano? ¿Hay alguna evidencia de que la obra haya sido escrita por una mujer española?

ACTIVIDAD A 12 TALLER DE TEATRO. Representen individualmente o en grupo las siguientes situaciones. ¿Cómo se portarían? ¿Qué harían?

1. **Una perspectiva idealizada:** En un mundo ideal, ¿en qué serían diferentes las experiencias de las tres mujeres retratadas por Falcón?

2. **Un mundo de mujeres:** La inspectora, la abogada, la psiquiatra... ¿Qué situaciones se crearían si Magda, Margarita y María les presentaran sus denuncias a mujeres en vez de hombres?

3. **Vamos a lo fundamental:** ¿Qué experiencias habrían tenido las tres mujeres antes de visitar a un profesional? ¿Qué conversaciones habrían mantenido con sus esposos o amantes?

Su profesor(a) puede proponer una de las siguientes actividades:

- Una improvisación: Cada estudiante escoge el papel de una de las tres mujeres o uno de los hombres. Toman 10 minutos de la clase para preparar una dramatización improvisada, y luego, la representan.

- Una dramatización preparada como tarea de clase: El(la) profesor(a) le pide a un grupo que prepare una representación dramática basada en uno de los temas propuestos. Cada estudiante escoge el papel de uno de los personajes indicados, y el grupo ensaya la obra para representarla en clase.

LECTURA B

El padre por José Ruibal

A PRIMERA VISTA

ACTIVIDAD B1 QUERIDO PADRE. La palabra padre suele emplearse para designar al padre biológico; pero también es posible emplearla de una manera figurada, para referirse a hombres que han desempeñado un papel importante en la fundación de una organización representativa de una familia. ¿Puede pensar en algunos de ellos? Indique los "padres", las "familias", y describa con unas breves frases cómo han influido sobre su "familia" y sobre otras personas. Piense en modelos positivos y negativos.

El padre	La familia	Influencia sobre su familia	Influencia fuera de la familia
_____	_____	_____	_____
_____	_____	_____	_____
_____	_____	_____	_____

Capítulo 1

ACTIVIDAD B2 CONVERSACIÓN EN FAMILIA. Con otra persona de la clase, prepare una breve conversación entre un padre y su hijo(a). Puede ser un diálogo entre un padre y su hijo biológico; es decir, tomando el sentido literal de la relación entre padre e hijo(a); o puede ser un diálogo entre uno de los "padres" y miembros de las "familias" de la actividad anterior. ¿Qué dice el padre? ¿Cómo responde su hijo(a)? Presenten los diálogos en clase.

ACTIVIDAD B3 DE TAL PALO, TAL ASTILLA. Después de escuchar los diálogos presentados por sus compañeros de clase, comente el comportamiento de los padres y las reacciones de los hijos. ¿En qué se asemejan y en qué son diferentes? Haga una lista de palabras que identifiquen a padres e hijos de forma colectiva e individual.

Los padres:

Aspectos en común   Aspectos individuales

Los hijos:

Aspectos en común   Aspectos individuales

ACTIVIDAD B4 LA VIDA Y SUS ALTIBAJOS. En las frases siguientes aparecen sinónimos o explicaciones de algunas expresiones. Para mostrar que comprende las expresiones en cursiva, utilícelas en un contexto específico.

Modelo: Expresión: *La familia va tirando* (la familia funciona, sale adelante), a pesar de que...

   Expresión en contexto: *La familia va tirando* a pesar de que el padre ha sufrido un accidente y no puede trabajar.

1. *La familia va tirando* (la familia funciona), aunque... no tienen mucho dinero
2. Sí, *yo las he pasado negras* (he sufrido humillaciones; he tenido mala suerte) cuando... tienen un accidente con el coche.

3. Siempre otros más fuertes que él *lo han echado a la cuneta* (lo han abandonado en malas circunstancias) después de... la familia no tiene mucho dinero

4. Ese joven *no se dejó pisar* (no permitió que nadie abusara de él) cuando... el no trabaja mucho

5. *Tampoco se dejó pisotear* (no toleró ni abuso ni humillación) cuando... no hace buena en sus estudios

6. La mujer *soltó una estrepitosa carcajada* (se rió ruidosamente) después de... oye ~~algo~~ algo divertido.

7. Los criminales decidieron *vengarse* (tomar revancha, causar daño como respuesta a un agravio) de... los personas que hurto ellos.

8. La familia ha elaborado un *presupuesto* (cálculo anticipado de los gastos) para... la comida, la ropa y la coche

ACTIVIDAD B5 UN NIÑO MIMADO. Lea la siguiente descripción de un niño que lo tiene todo. Trate de comprender por el contexto las palabras en cursiva. Después de cada oración, explique con sus propias palabras cuál es la idea central de la frase en cursiva. No es preciso usar oraciones completas.

1. Los padres de Miguelito lo adoran y *complacen todos sus gustos,* dándole regalos, dulces, ¡todo lo que les pida!

2. Pero ¡qué difícil es Miguelito! Está contento por un instante con un juguete, pero pronto lo *descarta* y pide otro.

3. Miguelito *se regocija al recibir tanta atención,* pero cuando nadie juega con él, se pone furioso y llora mucho.

4. Cuando era bebé, los padres *podían amainarlo* poniéndole el chupete en la boca o sonajero en la mano.

5. Pero ahora Miguelito es mayor y *es difícil aguantar sus arranques de cólera.*

6. Miguelito tiene dificultades con sus amiguitos porque es muy egoísta y *no cede nada a nadie.*

7. Cuando ellos tratan de criticarlo, Miguelito los provoca, hablando de una manera *desafiante* y a veces violenta.

8. *Todo esto no les halaga a los padres* de Miguelito, pero no saben qué hacer con él; su disciplina no es fuerte sino muy floja.

9. Los padres no pueden controlar *los desplantes de Miguelito,* tan irrespetuosos y rudos.

10. Aunque Miguelito *no carece de cosas materiales,* le falta algo esencial: la buena educación.

En plena vista

El Padre
José Ruibal

El padre, por el dramaturgo español José Ruibal, es una de sus seis piezas de café-teatro, obras teatrales muy cortas escritas entre 1968 y 1969. Se considera una obra de teatro experimental, debe ser representada en un café entre los espectadores y no frente a ellos. Los protagonistas de *El padre* son un padre y su hijo. Este drama, aparentemente realista, está plagado de símbolos. La obra puede leerse interpretándola literalmente, pero también se puede interpretar como una alegoría. Cuando lea la obra, piense en lo que pueden simbolizar el padre y el hijo.

El proceso de la lectura: El orden cronológico

En una obra literaria, se encuentran con frecuencia hechos que suceden en orden cronológico. Por ejemplo, una presentación cronológica de la vida de una persona podría incluir las siguientes etapas:

1. Bebé
2. Niño
3. Adolescente
4. Joven
5. Adulto
6. Anciano

En la pieza teatral *El padre,* el personaje del hijo se transforma a medida que transcurre el tiempo. Identifique las etapas por las que atraviesa este personaje prestando atención a las acotaciones del autor (las indicaciones entre paréntesis). Esto le ayudará a usted a comprender cómo se desarrolla el carácter del hijo y su actitud hacia su padre. No olvide emplear la estrategia de leer la obra dos veces para lograr una comprensión inicial, y después una comprensión mayor.

La primera vez

- Lea brevemente la Actividad B6 para tener una idea de lo que debe buscar.

- Lea toda la selección y busque las ideas principales.

- Use solamente las glosas del margen derecho de la lectura.

- No interrumpa mucho la lectura para buscar palabras en el diccionario.

- Al terminar la primera lectura, realice la Actividad B6.

La segunda vez

- Lea la Actividad B7 para obtener una idea de lo que debe buscar.

- Lea la selección un poco más despacio para comprobar el desarrollo de las ideas principales.

- Después de leer cada sección, indique las nuevas ideas que ha comprendido en esta segunda lectura.

- Piense en algunos detalles o palabras específicas que reflejen la idea principal y escríbalos en la Actividad B7.

José Ruibal
El Padre

Padre e Hijo. *Éste va creciendo como un hongo[1]. Es siempre el mismo personaje. Al principio sólo se ve su cabezota[2] dentro de una cuna[3] o de un cochecito para bebés. Tiene un chupete en la boca y se ve que juega con un sonajero o un muñeco de goma o de plástico.*

PADRE: *(Al Hijo en la cuna)* Sí, serás feliz. Tendrás que serlo. Así mi sacrificio no será en vano. Por ahora no comprendes lo que es la vida, ni las humillaciones por las que tiene que pasar un padre para sacar los suyos adelante[4]. Pero no importa. Al final veré en ti lo que yo no he podido ser. ¡Lo que no me han dejado ser!... Sí, yo las he pasado negras, todavía las estoy pasando. Pero tendré la recompensa[5] algún día. Tú serás mi sueño, mi inalcanzable[6] sueño hecho realidad en ti... Serás mi prolongación ideal. Yo no he podido ser lo que he querido, sino lo que me han dejado ser. Para mí fueron los restos[7], los desperdicios[8] de la vida. ¡Un asco[9]! Bueno, de todos modos he llegado a ser alguien. Otros son todavía menos que yo, pese a que tu madre no lo quiere reconocer. Ella dice que soy un fracasado[10]. Dice que la cacé[11] dormida. Que ella no se ha separado de mí por compasión. Constantemente me dice que no me quiere. Que yo soy un peso muerto en su vida. Cuando se pone a decir esas cosas me dan ganas de matarla, pero pienso en ti, hijo mío. Si ella no te cuida mientras voy al trabajo, ¿quién va a cuidarte? Yo, pese a mis esfuerzos, gano escasamente lo indispensable para ir tirando. No he tenido suerte. Siempre otros más fuertes que yo me han echado a la cuneta. ¡Así! *(Hace un gesto y se cae, pero no quiere enterarse que se ha caído)* No he tenido suerte. ¡La suerte no se puede fabricar! Tu madre dice que soy tonto. Yo no digo tanto. Simplemente *(Justificándose)* creo que soy demasiado bueno. Eso debió ser. Un hombre demasiado bueno que se ha dejado pisar. Te pisan una vez y después ya se establece la costumbre. Te usan de estribo[12] o de peldaño[13] para otros trepar[14]. Eso es lo que pasa. Cuando te das cuenta y quieres reaccionar, ya es tarde. *(Como guiando al Hijo)* ¡Cuidado! ¡No te dejes pisotear! ¡Dale, dale un codazo[15]! ¡Que se te adelanta aquel otro! ¡Venga, hazle la zancadilla[16]! ¿Es que no me oyes? ¡Eso, eso! ¡Muy bien! *(Estrepitosas carcajadas)* Ser bueno es peligroso. Tu madre hubiera preferido que yo fuera un caníbal, pero que supiera buscarme la suerte. Yo tengo que callarme cuando ella me dice esas

---

1. seta 2. cabeza grande 3. cama de los bebés 4. alimentar a su familia 5. premio 6. imposible
7. parte que queda 8. basura 9. ¡Qué fastidio! 10. persona sin éxito 11. atrapé 12. objeto para poner los pies 13. grada de una escalera 14. escalar 15. golpe con el codo 16. acción hábil, pero deshonesta

cosas. Pienso en ti y me río por dentro. Algún día sé que vengarás las ofensas y las humillaciones que tu padre ha sufrido para sacarte adelante. Por ahora eres muy pequeño y de todo esto que te digo no comprendes ni una palabra.

(Le da un beso. Oscuro. El Hijo, visible hasta debajo de los brazos, de unos cinco o seis años, juega violentamente con sus juguetes.) Cuida los juguetes, querido. Le han costado mucho sudor[17] a tu padre. Y sinsabores[18] también. ¡No se los dejes a nadie! No va a vivir esclavizado tu padre para que otros se diviertan con su sudor. Mira este cochecito. *(Coge un cochecito)* Tú no le das ninguna importancia. Para ti no tiene historia. Pero yo recuerdo perfectamente cuando te lo compré; tuve que pasar sin fumar unos días para equilibrar el presupuesto. Esta pelota te la compré con...una propina[19] que me dieron. ¡Qué horror si lo sabe tu madre! Alargué la mano y tomé el dinero porque en aquel momento me acordé de que no tenías pelota. Y así todo lo demás, incluido el triciclo que te echaron los Reyes[20]... Todavía lo estoy pagando. Es de los caros. Les dije que eras un chico muy fuerte y me recomendaron ése. Los baratos se rompen en seguida.

¡Son para chicos flojos! *(Se regocija)* Es curioso, juegos para ti; sudores y sacrificios para mí. No. No te lo estoy echando en cara. Filosofo nada más. Algo que tú no comprendes por ahora. Tú, pese a lo que dice tu madre, ves en mí a un padre poderoso que complace tus gustos. Eso me halaga. Sin duda, todo lo que te regalo me supone un gran sacrificio, ¡pero me alegra tanto verte contento cuando te lo doy! Siento que me admiras, además de quererme. Y tú me pagas con besos; es tu moneda inmediata. Pero yo, como pienso constantemente en ti, pienso en tu futuro. *(Hace como si nadase adelantando a otros)* Te veo mayor, desafiante, ganándole la partida a los demás. ¡Llegas a la meta y me parece que soy yo quien llega! ¡Qué hermoso es el triunfo! *(Brutal)* ¡Cuida tus juguetes! ¡Son gotas[21] de mi sudor! No se los dejes a los otros niños. ¡Que se espabilen[22] sus padres!

(Amontona los juguetes con el pie. El Hijo le mira sin comprender nada. Oscuro. El Hijo, de unos quince o dieciséis años, estudia y come a la vez. Se levanta y hace operaciones en una pizarra. Se sienta) Me gusta verte estudiar y comer. Veo cómo crece tu cuerpo y tu inteligencia. Todo debe crecer a la par. Así todos te respetarán:

> ...Te veo mayor, desafiante, ganándole la partida a los demás. ¡Llegas a la meta y me parece que soy yo quien llega!...

---

17. transpiración   18. disgustos   19. dinero o recompensa por un servicio   20. Día de los Reyes
21. partículas de agua   22. se despierten

Capítulo 1

unos, por tu fuerza; otros, por tu inteligencia. Serás invencible. Me gustaría sentirme en tu propio pellejo[23] para gozar mejor de tu fuerza y de tu inteligencia. No puedo quejarme. Mis desvelos[24] están a punto de fructificar. Estarás dotado[25] para la vida. Nadie osará[26] echarte a la cuneta. De todos modos, debes reforzar tu carácter. Sigue el ejemplo de tu madre. Ella es una mujer con arranque. Es difícil de pelar[27]. Yo la he tenido que aguantar sin rechistar[28], casi sin levantar cabeza, para que amainase lo antes posible, Pero tú no tendrás que aguantar a nadie. *(Se hincha y toma actitud de fortaleza)* Le pararás el carro a quien sea. Si alguien se pone delante, aplastas[29]. Debes ser como una apisonadora[30], ¡como un tanque! Tu padre te lo manda. Él te ha criado sin que te faltase nada, para que no soportes nada de lo que él tuvo que soportar. Hijo mío, eres como una venganza para mí. Yo me reiré al verte triunfar, al verte arrasar[31] con lo que sea, a no pararte en barras[32] para lograr una posición honrosa en la vida. Yo no he podido dártela. Tendrás que conquistarla. Por eso me he sacrificado. Al imaginarme cómo serás, todas las humillaciones sufridas me parecen insignificantes. ¿Quieres que te diga una cosa? Casi estoy dispuesto a olvidar los gritos y los desplantes de tu madre. Ella, a fin de cuentas, también se ha desvivido por ti. Ha contribuido a que tú crecieses lleno de energía. *(Oscuro. El Hijo, inmenso se dispone a salir. Entra el Padre con un rifle)* Toma. Es mi regalo de fin de carrera. Es de segunda mano. Me gustaría regalarte uno nuevo, pero este está casi nuevo. *(El Hijo toma el rifle y lo maneja con soltura[33])* Sabía que te iba a gustar. Yo siempre soñé con un rifle, pero nunca he podido darme el gusto. Sin embargo, tú tienes un rifle. Se lo compré a un borracho; poco dinero. Para un padre que lo ha sacrificado todo por su hijo, eso es una satisfacción muy grande. Así podrás ir de caza con tus amigos los fines de semana. Te has quedado muchas veces en casa por no tener un rifle. Ahora vas a comenzar una nueva vida, pero no te será difícil triunfar. Desde pequeño te he preparado para ese gran día. Eres inteligente, fuerte, tienes carácter. Nada te hará retroceder. ¡Retroceder[34]! Borra[35] esa palabra del mapa. Los retrocesos son interpretados siempre como cosa de apocados[36]. Yo he tenido que hacerlo y sé lo que es eso. Realmente, he andado más para atrás que para delante. Me faltaron apoyos[37]. A veces, yo quería volar, pero tu madre ha sido un lastre[38] para mí. Entre la realidad y el sueño,

> **...Lo primero que debes descartar es esa novia que te has echado.**

---

23. piel, "persona" 24. cuidados 25. preparado 26. se atreverá 27. no se deja humillar 28. protestar
29. destruyes 30. vehículo pesado 31. devastar 32. no detenerte ante nada 33. agilidad 34. retirarse
35. quita 36. débiles 37. ayudas 38. peso

por prometedor que fuera, siempre me ha obligado a lo inmediato. Ella carece de fantasía. Sin duda no es su culpa, la naturaleza la hizo así. Tú naciste para triunfar. Digo naciste. Pero no: te he fabricado yo para el éxito. Si desde el principio no cedes terreno, te respetarán. Si la gente sabe cómo te las gastas, nadie se atreverá a cruzarse en tu camino. Te temerán[39] y se apartarán despejándotelo[40]. ¡Nadie querrá verse arrollado[41] por un triunfador como tú, hijo mío. *(El Hijo cuelga el rifle y se dispone a irse. El Padre cambia de actitud)* Pero ahora no debes salir. Descansa. Mañana comenzarás una nueva vida. Esta noche, al dormir, debes borrar todas las imágenes del pasado. Así, mañana serás un hombre nuevo. Lo primero que debes descartar es esa novia que te has echado. No es serio. Eso estaba bien cuando eras un simple estudiante. No es un amor práctico para ti. Fíjate cómo será la cosa, que en eso hasta tu madre está de acuerdo conmigo. Hace casi veinte años que no coincidimos en nada, pero en eso sí. Y no vas a dudar de nuestro desinterés para contigo. *(El Hijo ya va a salir. Para dominar la situación mejor, puede caminar por una plataforma algo más alta)* ¡Te digo que no salgas! ¡Es por tu bien! ¡No! ¡No saldrás! *(El Padre, muy excitado, se pone de espaldas a la puerta cerrándole el paso)* ¡No saldrás! *(El Hijo coge el rifle y dispara. El Padre se desploma[42])*

---

39. tendrán miedo 40. quitando obstáculos 41. dominado 42. cae muerto

ACTIVIDAD B6 LA PRIMERA VEZ, CON POCOS DETALLES.

Después de leer la obra por primera vez, identifique las tres etapas de la vida del hijo que aparecen en el drama. Apunte también el mensaje general que le comunica el padre a su hijo a través de la obra. Es suficiente escribir palabras sueltas o frases breves.

1. las tres etapas de la vida del hijo:
2. mensaje general del padre al hijo:

ACTIVIDAD B7 LA SEGUNDA VEZ, CON MÁS DETALLES. Lea la obra por segunda vez; en esta ocasión lea más despacio para captar más detalles. El padre habla con su hijo mientras éste va creciendo. En cada una de las etapas de la vida del hijo, escriba, empleando palabras de la lectura:

	Algo que el padre le pide al hijo	**Un sacrificio que el padre dice haber hecho por su hijo**
Etapa 1	Sea a su madre.	No mato la madre por ¿quien va a cuidarte?
Etapa 2	Cuida a sus cosas y cuidate	El pague para el triciclo
Etapa 3	Quiere que el estudie y el es inteligente.	compro un rifle

PUNTO DE MIRA: LA LECTURA

ACTIVIDAD B8 EL DIARIO DEL LECTOR. Ahora le toca a usted escribir sus comentarios sobre la lectura, con la ayuda de su profesor(a) y la guía presentada en el Capítulo 1, Actividad A8.

ACTIVIDAD B9 ¿CÓMO ES LA MADRE? Trabaje individualmente o en grupo para elaborar un retrato de la madre.

¿Qué elementos de la lectura pueden ayudar a que nos formemos una idea de cómo es? Sólo la conocemos de oídas, a través de los comentarios del padre. Según éste, ¿cuáles son los puntos de vista de la madre? Anote dos opiniones de la madre que el padre comenta en cada etapa. Después, describa a la madre resumiendo en dos o tres oraciones la información recogida.

Opiniones de la madre:

Etapa 1:

Etapa 2:

Etapa 3:

Retrato de la madre:

ACTIVIDAD B10 ¡MIRA QUIÉN HABLA! Comente el siguiente tema en un grupo de tres o cuatro estudiantes.

El hijo es el participante silencioso de la obra, pero si pudiera hablar, ¿qué diría? En cada etapa de su vida, escriba un consejo que le da el padre al hijo y la posible respuesta de éste.

¡El hijo habla!

	Sí, padre, escucho:	Yo opino:
Etapa 1		
Etapa 2		
Etapa 3		

UNA MIRADA ALREDEDOR

ACTIVIDAD B11 ¿QUÉ PIENSA USTED? Comenten en grupo los siguientes temas o escriban sobre ellos. Su profesor(a) puede proponerles realizar uno de los ejercicios del Capítulo 1, Actividad A11, (página 23).

1. ¿Es el fin de *El padre* sorprendente? ¿Por qué? ¿Hay algún indicio en la obra que anticipe la reacción del hijo?

2. ¿Se puede decir que el hijo es a la vez rebelde y obediente? Razone su respuesta.

3. Los hijos suelen rebelarse contra sus padres. Si ampliara las definiciones de **familia, padre, hijo,** y **madre,** ¿podría colocarlos en otro contexto más alegórico? ¿A quiénes podrían simbolizar los tres?

4. ¿Por qué cree que la obra se titula *El padre*?

ACTIVIDAD B12 TALLER DE TEATRO. Representen individualmente o en grupo las siguientes situaciones. ¿Cómo se portarían? ¿Qué harían? Siguiendo las indicaciones de la Actividad A12, Capítulo 1, su profesor(a) puede proponerles representar una improvisación o una dramatización ensayada previamente.

1. **El padre sigue hablando:** Mi filosofía de padre es...
2. **La madre habla por sí misma:** ¡Cuánto he aguantado!
3. **El mismo comienzo, pero con otro final:** Representen otra versión de la última escena, en la que el hijo toma el rifle.

LECTURA C

Cela, mi padre por Camilo José Cela Conde

El escritor Camilo José Cela, padre, retratado en su juventud.

A PRIMERA VISTA

ACTIVIDAD C1 UNA PERSONA POLIFACÉTICA. Usted tiene un concepto de sí mismo como persona íntegra con nombre, nacionalidad, edad, y características físicas determinadas. Pero seguramente muestra varias facetas. ¿Es estudiante, hijo(a), hermano(a), amigo(a), aficionado(a) a algo? ¿Cuántos papeles desempeña? Enumere varios de sus papeles en la vida y describa brevemente su comportamiento (cómo actúa) en cada uno de ellos. Exprésese con precisión.

Mi papel	Cómo actúo
1.	
2.	
3.	

ACTIVIDAD C2 ¿QUIÉNES SOMOS? La siguiente actividad se puede hacer en pequeños grupos o con la clase entera. Los estudiantes deben pasearse por la sala de clase, y conversar unos con otros para encontrar a personas que desempeñen papeles similares a los suyos.

Modelo:

ESTUDIANTE A: *(Se presenta)* ¡Hola! Uno de los papeles que desempeño es el de hermano.

ESTUDIANTE B: *(Responde)* ¡Ah!, ¿sí? Yo también desempeño el papel de hermano.

ESTUDIANTE A: *(Se describe)* Como hermano, soy agresivo y no muy paciente.

ESTUDIANTE B: *(Se describe)* Pues yo, como hermano, generalmente tengo mucha paciencia.

ESTUDIANTE A O B: *(Concluye)* Aunque desempeñamos el mismo papel, no somos muy parecidos, ¿verdad?

Use las notas de la Actividad C1 para describirse a sí mismo(a). Después organice en esta tabla la información reunida.

Mi papel	Compañero con el mismo papel	Somos parecidos	No somos parecidos
(Actividad C1)		(Señalar con una X)	(Explicar)

1.

2.

3.

¡Cuántas personas somos! Después de conversar unos con otros, reúnanse en grupos o como clase entera para resumir y comentar los resultados de la Actividad C2. ¿Qué personas de la clase se parecen? ¿Qué personas desempeñan el mismo papel pero actúan de forma diferente? Piense si hay papeles principales y papeles secundarios. ¿Cuáles son? Compare sus respuestas con las de sus compañeros.

ACTIVIDAD C3 ¿CÓMO ACTUAMOS? ¿Se aplican a usted las definiciones siguientes? Léalas, y luego utilice las palabras en cursiva y aplíquelas a sí mismo(a)

Modelo:

Un jefe *puntilloso* exige mucho de sus empleados y se preocupa muchísimo por todos los detalles.

Soy puntilloso(a) en mi papel de estudiante. Por ejemplo, cuido mucho la presentación de los trabajos.

1. Es una pintora *desgarrada;* no le asusta escandalizar con sus audaces obras.

2. Ese niño *se asusta de* todo: tiene miedo de la gente, de los animales, del agua, del ruido. Es muy difícil calmarlo.

3. Es un político idealista que odia la injusticia y *desprecia* los abusos que ve en el gobierno.

4. La editora insiste en *pulir* el manuscrito; quiere mejorar el estilo y la forma lo más posible.

5. Mis amigos viajaron por Europa a pie. El verano pasado *se patearon* Alemania, Francia, España, e Italia. Por supuesto, ¡se llevaron unos zapatos muy cómodos!

6. *¡Ánimo!*, le dijeron al joven sus amigos después de que perdió el partido de tenis. Trataron de darle ánimo porque sabían que era el mejor jugador del equipo.

7. Mi padre tiene tres relojes y no necesita otro. Es evidente que el reloj que le compró ayer mi madre *le sobra* (es superfluo).

8. La madre no pudo controlarse cuando por primera vez oyó decir a su hijo la palabra "¡Mamá!" Sus instintos maternales *se desataron* (se soltaron) en unos gritos de alegría.

9. Algunos estudiantes tienen mucha suerte en los exámenes. Si no saben una respuesta, la *adivinan* correctamente.

ACTIVIDAD C4 DOS CARAS: CAMILO JOSÉ PADRE Y CAMILO JOSÉ HIJO. ¿Se parecen el padre y el hijo? Estudie las dos caras, de arriba a abajo. ¿Corresponden los rasgos de padre e hijo a las descripciones siguientes? Marque con una **X** las correspondencias que observe.

CJC padre   **CJC hijo**

1. Tiene el pelo oscuro y muy lacio.

2. No tiene mucho pelo; es escaso.

3. El pelo está peinado hacia atrás.

4. Hay un mechón el pelo que se escapa por un lado.

5. Tiene la frente lisa y enorme.

6. Tiene la frente con un mar de arrugas, evidencia de una vejez prematura.

7. Tiene las cejas muy pobladas.

8. Parece un tanto huraño (tímido, insociable).

9. Tiene aire entre burlón (sarcástico) y suplicante (que pide algo).

10. Resalta claramente su mirada dura, casi cruel.

11. La mirada parece dulce y alegre.

12. La cara no es redonda, sino afilada y larga.

13. Las mejillas hundidas ponen más en evidencia la nariz y la comisura abultada (extensión exagerada) de la boca.

14. No tiene barba, y por eso se le ve claramente la papada (grasa abundante bajo la barbilla).

15. Sobresale de la corbata un largo cuello.

16. En medio del cuello sobresale la nuez, como una pelotita.

ACTIVIDAD C5 UNA VIDA EN CIERNES. Después de leer el siguiente retrato autobiográfico, indique el significado de las palabras en cursiva. Para cada pregunta, escoja sólo una de las frases, es decir, la definición sugerida por el contexto.

Lo que sigue es la descripción de *una vida en ciernes*, los primeros momentos de mi vida. El *parto* tuvo lugar en el *quirófano* de la clínica del barrio. Mi mamá había llegado con mucha prisa, sin tiempo para vestirse ni prepararse mucho: había llegado con la *melena suelta* y en vestido de casa *sin mangas* y no muy modesta. La comadrona que asistía al parto, una mujer muy tradicional, *reprendió* a mi mamá su aspecto *descocado*. Mi padre se indignó mucho y *la sacó a patadas* del cuarto en un *barullo* grande. Porque *les dio la lata* a los médicos, mi padre tuvo que *pechar* muchos insultos y palabras *ásperas*. Momentos después, a las seis de la mañana, un médico me alzó para que mis padres me vieran: claro que muy rojo y *en pelotas*. El día *amaneció* con mi llegada. *Al fin y al cabo*, todos estaban muy contentos.

1. *Una vida en ciernes* quiere decir:

    a. una vida en su principio

    b. una vida en un lugar no muy público

2. El *parto* quiere decir:

    a. la salida

    b. el nacimiento

3. El *quirófano* quiere decir:

    a. el médico que asistió al parto

    b. sala de operaciones

4. *La melena suelta* quiere decir:

    a. el pelo despeinado

    b. la maleta para viajar

5. *Sin mangas* quiere decir:

    a. que no cubría los brazos

    b. limpia

6. *Reprendió* quiere decir:

    a. gritó

    b. reprochó

7. *Descocado* quiere decir:

    a. ridículo

    b. inmodesto

8. *La sacó a patadas* quiere decir:

   a. la hizo salir hablándole

   b. la hizo salir dándole golpes con el pie

9. *Barullo* quiere decir:

   a. confusión

   b. ruido

10. *Les dio la lata* quiere decir:

    a. los ayudó

    b. les molestó

11. *Pechar* quiere decir:

    a. decir

    b. recibir involuntariamente

12. *Ásperas* quiere decir:

    a. serenas

    b. severas

13. *En pelotas* quiere decir:

    a. desnudo

    b. con los ojos abiertos

14. *Amaneció* quiere decir:

    a. terminó, cuando desapareció el sol

    b. comenzó, cuando apareció el sol

15. *Al fin y al cabo* quiere decir:

   a. en realidad

   b. después de todo

EN PLENA VISTA

Cela, mi padre
Camilo José Cela Conde
Camilo José Cela Conde, catedrático[1] de Filosofía Jurídica, Moral y Política de la Universidad de las Islas Baleares, es hijo de Camilo José Cela, premio Nobel y célebre escritor español.
En esta biografía, Camilo José Cela hijo cuenta anécdotas de la vida íntima y literaria de su padre. ¡El resultado es un expresivo retrato de un fuerte carácter!

EL PROCESO DE LA LECTURA: LOS TÍTULOS

Los títulos pueden servir de guías a través de la lectura, y dar un buen indicio del contenido y de la estructura de la obra. A continuación se presentan las dos primeras secciones del Capítulo 1 de *Cela, mi padre*. La primera sección se titula "Érase una vez, hace mucho tiempo..." y la segunda sección se titula "Retrato de un escritor entrando en la madurez". ¿Qué comunican estos títulos? En la primera sección, el título indica que el autor va a contarnos algo ("Érase una vez...") de un pasado remoto (...hace mucho tiempo"). En la segunda sección, el título indica que vamos a leer la descripción ("Retrato...") de un escritor que ya no es joven (...entrando en la madurez").

A medida que vaya leyendo, piense en la relación entre los títulos y el contenido de las secciones. No olvide emplear la estrategia de leer la obra dos veces para lograr una comprensión inicial, y después una comprensión mayor. Recuerde: después de leer la obra por encima la primera vez, realice la Actividad C6, y después de leer más despacio la segunda vez, realice la Actividad C7. Si quiere, puede repasar la estrategia **Leer dos veces** en la página 6, que precede a las actividades A6 y A7 del Capítulo 1.

---

1. profesor

Camilo José Cela
Cela, mi padre

ÉRASE UNA VEZ, HACE MUCHO TIEMPO...

Tengo un problema. Todo el mundo tiene problemas, pero el mío les afecta a ustedes de una manera directa. Debo contarles cómo es Camilo José Cela, por supuesto, pero, ¿cuál de ellos? ¿El desgarrado y cruel autor de *La familia de Pascual Duarte*? ¿El senador real que intentó pulir cuidadosamente el texto de la Constitución? ¿El actor de cine? ¿El inmortal en ciernes, fotografiado en pelotas el día en que debía leer su discurso de entrada en la Real Academia Española? ¿El aprendiz de torero? ¿El puntilloso y erudito anotador de palabras *non sancta*? ¿El vagabundo que se pateó España para contar amorosamente luego todos los mínimos detalles que los turistas desprecian? ¿El *enfant* terrible de la literatura de posguerra?

Camilo José Cela es cada uno de esos personajes y muchos más que se nos escapan ahora de la memoria. Ya saldrán; lo importante es saber cómo, y en qué orden. CJC, como acostumbra firmar él mismo, es, al margen de lo que pudiera parecer a los ojos del lego[1], un hombre escrupulosamente ordenado hasta la obsesión enfermiza: sería injusto profanar su imagen convirtiéndola en el reflejo de un cajón de sastre[2] en el que cunde[3] el más caótico barullo. Busquemos un método, un principio. "Érase una vez", por ejemplo, serviría para el comienzo, porque ninguna historia sobre Camilo José Cela puede separar del todo lo real de lo imaginario. "Hace mucho tiempo", a continuación, viene también al pelo: la historia comienza, desde luego, casi medio siglo atrás. Y ahora, ¿cómo seguimos? "Había una princesa que vivía en un país remoto..." No, eso ya pega mucho menos[4]. Las princesas tienen poco sitio en el mundo de los cómicos, los artistas y los poetas.

Lo que sucedió una vez, hace mucho tiempo, es que Camilo José Cela tuvo un hijo: yo mismo. Tal circunstancia no debería suponer gran cosa en lo que hace a la historia que ha de contarse, pero el lector tendrá que pechar con las inevitables consecuencias de ese acontecimiento banal[5]. Todo lo que recuerdo de Camilo José Cela viene luego de ese día del mes de enero de 1946, cuando Madrid amaneció cubierto por una áspera nevada.

Mi padre asegura que empecé a darle la lata en el mismo momento en que llegué al

> **Mi padre asegura que empecé a darle la lata en el mismo momento en que llegué al mundo...**

---
1. persona común   2. conjunto desordenado   3. se extiende   4. es menos apropiado   5. común

mundo, en el quirófano de una clínica del barrio de Argüelles, allá por la mitad de la calle de Quintana. La comadrona, momentos antes del parto, reprendió severamente a Charo, mi madre, porque llevaba un camisón[6] sin mangas y la melena suelta, es decir, porque iba en plan indecente. Mi padre la mandó a la mierda y la sacó a patadas del cuarto, pero el médico, que era el de la Asociación de la Prensa y debía tener una gran conciencia de clase, se solidarizó con la buena señora y dijo que allí no nacía nadie en tan descocada forma. La cosa terminó bien gracias a otro médico amigo de mis padres, Luis Pérez del Río, para quien, por lo visto, el juramento hipocrático no contenía cláusulas de censura previa. Consiguió sacarme con el cordón umbilical dando vueltas[7] alrededor de mi cuello, cosa a la que la sabiduría popular concede mucho mérito y augura[8] gran suerte. Todavía no he perdido las esperanzas.

Sesenta minutos después de nacer yo, mi padre estaba leyendo el manuscrito en ciernes de *La colmena* en la librería Buchholz, lo que da fe de su sentido de la profesión, o de la paternidad, según se mire. Pero un par de días después sus tiernos instintos se desataron cuando, al engancharme[9] un dedo en el mantón lleno de bordados y puntillas[10] con el que se recuerda a los recién nacidos de mi familia lo duro que es el mundo, levanté la ceja derecha haciendo un gesto que es típico de mi padre. Ya fuese porque se confirmaba la paternidad, o por las emociones que siempre provocan tales cosas, es ése el primer detalle de mi carácter que se recuerda en casa.

El recién nacido recibió el nombre de Camilo José, cosa que dice poco de la capacidad inventiva de mi padre y bastante más acerca de su respeto por las tradiciones.

> **El recién nacido recibió el nombre de Camilo José, cosa que dice poco de la capacidad inventiva de mi padre...**

Camilo José se llama mi padre; Camilo y Camila se llamaban mis abuelos paternos. La historia, ahora que caigo, acabaría por complicarse bastante si decido narrarla utilizando los nombres propios, pero no se asusten: todos esos personajes que llaman a confusión desaparecen en este primer acto. Queda tan sólo el Camilo José Cela que se ha hecho popular. Y así, como quien no quiere la cosa, hemos dado ya con la fórmula necesaria para contar sus aventuras: me limitaré a repasar lo más cuidadosa y ordenadamente posible los rincones[11] más ocultos de mi memoria.

Retrato de un escritor entrando en la madurez

Ya va siendo hora de advertir[12] que Camilo José Cela, en la época en que comenzaba a brillar como novelista, lucía una figura muy distinta de la que exhibe ahora

---

6. prenda para dormir   7. envolviendo   8. predice   9. quedarse sujeto   10. adornos finos
11. lugares apartados   12. indicar

mismo. Cuarenta años marcan una gran diferencia, pero cincuenta o sesenta kilos consiguen hacerlo todavía más. En su novela *San Camilo, 1936* se incluye una fotografía de entonces; nos bastará con examinarla cuidadosamente.

La foto muestra a un jovencito un tanto huraño, armado de un aire entre burlón y suplicante. El pelo oscuro y muy lacio está peinado hacia atrás, salvo un único mechón rebelde que consigue escaparse por un lado. La frente, lisa y enorme, se prolonga por medio de unas entradas prematuras; la cara afilada y larga, con las mejillas hundidas, pone todavía más en evidencia la comisura abultada de los labios. En medio del largo cuello sobresale la nuez, como un solitario peón de ajedrez[13] a punto de coronar. El pecho queda hundido sobre los pulmones castigados por la tisis[14], pero la figura resulta esbelta[15] y ladeada[16], acentuando aún más una talla[17] por entonces nada común. Y por encima de todo el cuadro resalta claramente una mirada dura, casi cruel, como la de un autor dispuesto a retratar un mundo en el que la piedad murió, hace ya tiempo, de frío y de soledad. Es el lector de Nietzsche por parte de padre y de Byron por parte de madre, como corresponde. Es el prófugo[18] que recorre las calles recién regadas[19] de la gran ciudad, con la tos[20] perdiéndose en la bufanda[21], cuando amanece. Es el Camilo José Cela actor de *El sótano* y de *Facultad de Letras,* el novelista de *Pabellón de reposo,* el poeta de "Pisando la dudosa luz del día", aquél que compone el gesto exacto de quien adivina que el destino le ha tocado ya en el hombro, pero todavía no sabe con qué intención.

Camilo José Cela, como Dorian Gray, cuenta con un pacto con el Diablo...

Cuarenta o cincuenta años más tarde todo ha cambiado y, sin embargo, el retrato sigue siendo válido. Los kilos de más, la papada, la mirada dulce de quien no necesita darse ya ánimos, el pelo escaso y la frente cruzada por un mar de arrugas producen una misma y sorprendente sensación. Camilo José Cela, como Dorian Gray, cuenta con un pacto con el Diablo: todo seguirá igual mientras la mano que sujeta con dedos deformes una pluma estilográfica, siempre vacía en su continuo camino desde el papel al tintero[22], no pare de llenar cuartilla tras cuartilla[23] con la letra minúscula del cuidadoso y aplicado amanuense[24]. Quien pretenda conocerle de verdad tendrá que leer sus libros: estas páginas de ahora le sobran. Al fin y al cabo sólo hablan del Camilo José Cela hecho, ¡qué vulgaridad!, de carne mortal.

---

13. pieza de menor valor del ajedrez 14. tuberculosis 15. delgada 16. inclinada 17. altura 18. fugitivo 19. mojadas 20. aire que sale con ruido de los pulmones 21. prenda para abrigar el cuello 22. bote de tinta 23. papel 24. escribano

Actividad C6 La primera vez, con pocos detalles.
Después de leer la lectura por primera vez, resuma en dos breves frases el contenido de las dos secciones.

Argumento de "Érase una vez, hace mucho tiempo...":

Argumento de "Retrato de un escritor entrando en la madurez":

Actividad C7 La segunda vez, con más detalles.
Lea la obra por segunda vez; en esta ocasión un poco más despacio tratando de captar más detalles y haga una pausa después de cada sección.

Escriba, empleando palabras de la lectura, algunos de los papeles o modos de actuar de Camilo José Cela padre mencionados por su hijo en cada una de las secciones.

"Érase una vez, hace mucho tiempo...":

"Retrato de un escritor entrando en la madurez":

Punto de mira: La lectura

Actividad C8 El diario del lector.
Ahora le toca a usted escribir sus comentarios sobre la lectura con la ayuda de su profesor(a) y la guía presentada en el Capítulo 1, Actividad A8.

Actividad C9 Retrato de familia.
En la biografía de su padre, el autor revela varios detalles sobre sí mismo, y sobre otros miembros de la familia.

Realice la actividad, indicando con palabras de la lectura, lo que ha descubierto sobre:

1. Camilo José hijo, el autor de la biografía:

2. Charo, su madre:

3. Los abuelos paternos:

ACTIVIDAD C 10 CJC AYER Y HOY. El último párrafo de la lectura comienza: "Cuarenta o cincuenta años más tarde todo ha cambiado y, sin embargo, el retrato sigue siendo válido." Examine los retratos de Camilo José Cela, padre, en su juventud (pág. 36) y madurez (persona a la izquierda, pág. 39). Lea las descripciones de Cela que aparecen en la segunda sección de la lectura y después describa con palabras de la lectura los atributos físicos que observa.

	Cela joven	**Cela maduro**
El pelo		
La mirada		
La frente		
El peso		

UNA MIRADA ALREDEDOR

ACTIVIDAD C 11 ¿QUÉ PIENSA USTED? Comenten los siguientes temas en grupo o escriban sobre ellos. Su profesor(a) puede proponerles realizar uno de los ejercicios del Capítulo 1, Actividad A11, (página 23).

1. ¿Qué ha averiguado sobre la relación entre Camilo José Cela hijo y padre a través de la lectura?

2. ¿Qué cree usted que se siente al ser hijo o hija de una persona famosa?

3. ¿Qué siente el autor al ser hijo de CJC? En el prólogo al libro, Camilo José Cela Conde escribe "Es una pregunta que no se puede contestar". Sin embargo, ¿cree usted que hay indicaciones en la lectura de qué siente el autor al ser hijo de CJC?

4. Esta biografía tiene muchos elementos autobiográficos. Por ejemplo, el autor nos habla en primera persona, y a veces parece dirigirse directamente a nosotros, los lectores. Al principio y al final de la selección, ¿qué nos dice el autor sobre la biografía que ha escrito? ¿Qué dice sobre el proceso de escribir? ¿Puede usted identificarse con los problemas o las perspectivas de Camilo José Cela hijo?

ACTIVIDAD C 12 TALLER DE TEATRO. Representen individualmente o en grupo las siguientes situaciones. ¿Cómo se portarían? ¿Qué harían? Siguiendo las indicaciones de la Actividad A12, Capítulo 1, su profesor(a) puede proponerles representar una improvisación o una dramatización ensayada previamente.

1. **Mi obra maestra:** En forma de monólogo o conversando con un compañero, cuente la experiencia de haber escrito o producido una obra importante. ¿Cómo lo hizo? ¿Qué obstáculos encontró y cómo los resolvió?
2. **Retrato de un personaje famoso:** Traiga a clase una o dos fotos de una figura célebre. Usando la lectura de CJC como modelo, describa, compare o contraste las dos fotos. (Para hacer solo(a) o con otro(a) estudiante.)
3. **Papeles múltiples:** Con una o varias personas de la clase, escoja un personaje famoso. Cada persona del grupo dramatiza uno de los aspectos la persona escogida. Por ejemplo, si la figura fuera George Washington, se podría tomar el papel del Washington joven, del Washington soldado, o del Washington presidente.

Repaso del género

¿Qué idea final se ha formado de la mujer y del hombre?

Recuerde que el retrato de una persona puede incluir aspectos físicos, sociales (relacionados con el carácter y las costumbres), y psicológicos.

Repase los retratos presentados en las tres lecturas. Clasifíquelos, indicando si el aspecto central es:

- la descripción física
- la descripción social
- la descripción psicológica

Escriba un ejemplo que respalde su respuesta. Comenten en clase sus opiniones.

	Aspecto central	**Ejemplo**
Las tres mujeres de *No moleste, calle y pague, señora*		
el padre de *El padre* Camilo José Cela		

CAPÍTULO 2

ENTREVISTA

LECTURA A *"Entrevista con Elena Poniatowska"* por Beth Miller

LECTURA B *"Montserrat Caballé: sobre sí misma y su arte"* por Ana Diosdado

LECTURA C *"El académico de la fotografía"* por José Luis de Vilallonga

¿QUÉ ES UNA ENTREVISTA?

Una entrevista es un encuentro arreglado entre personas para tratar de un asunto. Generalmente, la persona que realiza la entrevista hace las preguntas, y la persona entrevistada las contesta. ¿Ha participado usted en alguna entrevista? Describa una ocasión en la que usted haya sido la persona entrevistada. ¿Cuál fue el asunto discutido? ¿Quién fue el(la) entrevistador(a)? Describa una ocasión en que usted haya sido el(la) entrevistador(a). ¿Cuál fue el asunto discutido? ¿A quién entrevistó?

El entrevistador anota y destaca los comentarios principales de la conversación.

En versión escrita, una entrevista puede tomar la forma de una conversación entre un periodista y otra persona. La versión escrita puede ser una transcripción exacta o casi exacta de toda la conversación o parte de ella, como es el caso de la primera lectura de este capítulo, la entrevista con Elena Poniatowska.

También puede tomar la forma de un artículo donde aparecen las respuestas ampliadas y algunas de las preguntas, como en la segunda lectura, la entrevista con Montserrat Caballé. Otra posibilidad es que el entrevistador escriba varias citas de la conversación y la amplíe con más información como en la tercera lectura, la entrevista con Juan Gyenes. En este último artículo, el autor también incluye citas de algunas entrevistas entre el fotógrafo y sus modelos; es decir, pequeñas entrevistas dentro de la entrevista principal. En las tres entrevistas de este capítulo vamos a conocer a tres fascinantes personajes.

LECTURA A

"Entrevista con Elena Poniatowska" por Beth Miller

A PRIMERA VISTA

ACTIVIDAD A1 DOS ESCRITORES. Imagine las siguientes situaciones:

Un(a) periodista está escribiendo un artículo.

Un(a) novelista está escribiendo una novela.

a. En las columnas indicadas, describa la actividad de cada uno(a). ¡Sea creativo(a)! Estas notas le servirán como base para conversar con otro estudiante en la próxima actividad.

	El (La) periodista	**El (La) novelista**
El tema de su obra		
Cómo recoge información		
Cuándo empezó el artículo / la novela		
Cuándo piensa terminarlo(la)		
Dónde piensa publicarlo(la)		
Cuál es su horario diario		

b. En las columnas indicadas, describa en unas palabras la personalidad de cada escritor.

	El (La) periodista	**El (La) novelista**
Su disciplina en el trabajo		
Su temperamento		

ACTIVIDAD A2 CONVERSEMOS.
Con otra persona de clase prepare una conversación en forma de entrevista.

Un estudiante desempeña el papel de uno de los escritores descritos en la Actividad A1. El otro estudiante formula las preguntas basándose en las notas de la Actividad A1. Algunas de las categorías ya están en forma de pregunta. Por ejemplo: *¿Cómo recoge información? ¿Cuál es su horario diario?* Solicite en forma de pregunta toda la información que desea recoger. Hay varias maneras posibles de hacerlo. Por ejemplo, puede preguntar directamente cuál es el tema de la obra: *¿Cuál es el tema central de su obra?*, o puede hacer una pregunta que el(la) escritor(a) conteste afirmativa o negativamente, esperando que aporte más información, o el(la) entrevistador(a) se verá obligado(a) a formular una nueva pregunta: *¿Tiene su obra un tema central?*

Si el tiempo lo permite, pueden intercambiar los papeles y preparar otra entrevista.

ACTIVIDAD A3 RESULTADOS DE LA ENTREVISTA.
Escriba algunas de las diferencias y semejanzas que hay entre las tareas de escribir un artículo y de escribir una novela.

Piense en las categorías de las actividades A1 y A2: los temas, cómo se recoge la información, el tiempo que se necesita para escribir, cómo se publica.

Diferencias		**Semejanzas**
Un artículo	Una novela	

1.

2.

3.

4.

5.

¿Qué proceso le parece más difícil? ¿Por qué?

ACTIVIDAD A4 **UNA PERIODISTA CON BRÍO.** A continuación va a leer las opiniones de una periodista con brío, es decir, ¡una mujer de fuerte carácter! Seleccione el sinónimo o la definición apropiada de las palabras en cursiva. Use el contexto.

1. El paso del periodismo a la literatura es el paso más *aterrador* que pueda darse.

    a. que da miedo

    b. que es fácil

2. Cambiar del periodismo a la literatura es como *saltar encima de un precipicio muy grande y no llegar al otro lado.*

    a. suicidarse

    b. saltar de una montaña y ponerse en una situación muy peligrosa

3. Pero tampoco es fácil la vida del periodista. Trabajo en una *redacción* con las grandes presiones de producir los artículos con mucha rapidez.

    a. oficina de un periódico

    b. mesa de mi casa

4. *Me cuesta* mucho combinar el trabajo de ama de casa y el de escribir.

    a. es difícil para mí

    b. tengo que pagar dinero

5. *No he logrado* resolver todos los problemas, aunque he encontrado una buena guardería adonde van mis hijos durante el día, y tengo una criada para ayudar con los quehaceres domésticos.

    a. no he tratado

    b. no he tenido éxito

6. Afortunadamente, *me siento muy halagada* porque trabajo en medio de un equipo de personas generosas que me dicen frecuentemente, "Esto está muy bien".

    a. estoy satisfecha porque recibo muestras de admiración

    b. no recibo el respeto de mis colegas

7. Porque soy la única mujer de mi departamento, es un poco como estar en un desierto, pero *pertenezco a un grupo* de gente que no me pone muchos obstáculos.

    a. le muestro respeto a un grupo

    b. soy miembro de un grupo

8. Aún en la década de los setenta, había pocas mujeres en la profesión que con su trabajo excelente *estaban despuntando* y llamando la atención.

    a. estaban luciendo su inteligencia y sobresaliendo

    b. estaban luchando para ganar más dinero

9. ¡Que las mujeres sepan que lo importante es que trabajen y *se valgan por sí mismas!* Así serán independientes, económica, emocional y socialmente.

    a. se evalúen a sí mismas

    b. se ayuden, se defiendan a sí mismas

ACTIVIDAD A5 DESPUÉS DE LA MASACRE. Lea esta breve versión de una masacre.

El tres de octubre vinieron a mi casa tres mujeres. *Llorando* me contaron *lo sucedido,* lo que habían visto en Tlatelolco. Me contaron de pilas de cadáveres en la plaza. Fui a ver la tragedia la mañana siguiente. Vi por todas partes las evidencias de la violencia: las *huellas* de las *ametralladoras* usadas por los agresores, las huellas de los *balazos* de las armas, incluso la *sangre* de las víctimas.

Seleccione de la siguiente lista sinónimos de las palabras en cursiva del párrafo anterior, o expresiones que comuniquen una idea similar: evidencias, ocurrir, proyectiles de metal, armas automáticas, con lágrimas, líquido rojo de las venas y las arterias

1. llorando:

2. lo sucedido:

3. huellas:

4. ametralladoras:

5. balazos:

6. sangre:

Ahora, imagine que va a entrevistar a una persona que ha vivido esta masacre. Escriba las preguntas que va a hacer al entrevistado para que le cuente su experiencia.

En plena vista

"Entrevista con Elena Poniatowska"
Beth Miller

Periodista y autora mexicana, Elena Poniatowska es una figura muy célebre y establecida. En sus escritos hay claras muestras de su profunda conciencia social: "Escribir es también un modo de relacionarme con los demás y quererlos. Lo que no sé decir en voz alta por timidez, por pudor[1], lo escribo". La siguiente entrevista con la profesora norteamericana Beth Miller, en enero de 1974, en los primeros años de la carrera profesional de Elena Poniatowska. La entrevista tuvo lugar hace unos veinte años, ¡pero sigue siendo un buen ejemplo de lo que es una mujer moderna! Elena habla de sus papeles como mujer, autora, y periodista.

El proceso de la lectura: Elementos repetidos

En las lecturas, suelen encontrarse elementos repetidos que pueden indicar las cuestiones sobre las que pone mayor énfasis el(la) autor(a). Por ejemplo, Elena Poniatowska menciona la palabra *mujer* unas quince veces en la entrevista. Además, las preguntas de la entrevistadora hacen que la escritora se centre en su papel de mujer. De esta manera, Beth Miller dirige nuestra atención hacia el tema central de la entrevista: la mujer y su independencia.

Preste atención a los lugares en los que aparece la palabra *mujer* para comprender mejor el retrato de la mujer presentado en la entrevista.

No olvide emplear la estrategia de leer la obra dos veces para lograr una comprensión inicial, y después una comprensión mayor. Recuerde: después de leer la obra por encima la primera vez, realice la Actividad A6, y después de leer más despacio la segunda vez, realice la Actividad A7. Si quiere, puede repasar la estrategia **Leer dos veces** en la página 6, que precede a las actividades A6 y A7 del Capítulo 1.

---

1. reserva, modestia

Beth Miller
"Entrevista con Elena Poniatowska"

M: ¿Tú te consideras periodista?

P: Sí, totalmente. Pero trato de dar el paso del periodismo a la literatura que es el paso más aterrador que pueda darse, ¿no? Es como saltar encima de un precipicio y no llegar al otro lado. Al menos para mí ha resultado tremendo porque estoy acostumbrada a la publicación diaria, a hacer un artículo rápidamente y que la rapidez justifique la calidad del artículo. Durante mucho tiempo me acostumbré a trabajar en una redacción en la cual se hacía un trabajo de equipo y yo me sentía muy halagada en medio de un grupo de gente generosa que me decía: "Esto está muy bien". Hace cinco años que no trabajo en equipo, que no voy a la redacción sino como un chiflonazo[1] a dejar el artículo; que ya no tengo escritorio y no hablo con nadie. Por eso, estoy como ves, hecha una bruja[2].

M: Estás muy bien.

P: Me deprimo y es muy difícil para mí escribir en la casa porque me doy cuenta que la gran aventura ante la mesa de trabajo es una aventura absolutamente solitaria. Me siento ante la máquina de escribir y en medio del silencio pienso: "Bueno, ¿qué voy a hacer?" En el periódico oía el ruido de las otras máquinas, veía los rostros de los demás y esto me estimulaba.

M: ¿Te cuesta trabajo combinar el trabajo de ama de casa y el de escribir?

P: Para mí es difícil la vida de ama de casa y sobre todo, sentir la responsabilidad de los niños; nunca me he vuelto a sentir absolutamente libre porque pienso en los niños, en su vida diaria, en su vida futura, en su salud...a veces pienso que todas las mujeres que han logrado hacer algo es porque están solas. Por ejemplo, si miro a mi derredor, Rosario Castellanos, a quien admiro profundamente está divorciada, su único hijo Gabriel ya está grande y resuelve más o menos sus problemas. Todas las mujeres que hacen algo es porque han resuelto este tipo de problemas domésticos ya sea con la soledad, o sea, la no responsabilidad, o con el hecho de haberse entregado exclusivamente a su carrera. Algunas claro,

> ...En el periódico oía el ruido de las otras máquinas, veía los rostros de los demás y esto me estimulaba.

---

1. viento fuerte   2. hechicera

empiezan tarde; cuando los hijos, el marido, ya no las necesita, pero esto también es triste, porque pierdes el brío, el afán[3] de los primeros años.

M: ¿Cuándo empezaste a escribir y cómo?

P: Empecé a hacer periodismo, así de un día para el otro, aquí en México.

M: ¿Naciste en México?

P: No, en París, Francia. Llegué cuando tenía nueve años, en el barco Marqués de Comillas los cumplí. Fui francesa de origen polaco; a todos los Poniatowska los sacaron de Polonia después de la partición de Polonia. Mi mamá es mexicana, se apellida Amor, y mi hermana, mi mamá, y yo vinimos a México durante la segunda guerra mundial.

M: Quisiera saber si te han obstaculizado en el periodismo por ser mujer.

P: Bueno, es que uno cae víctima de sus propios obstáculos, ¿no? al principio sí me encontré con obstáculos de este tipo. La gente le decía a mi mamá: "Ay, ¿cómo dejas andar sola a esta muchacha en un medio tan corrupto? ¡Le va a pasar algo!" Además, ser periodista en el medio al que yo pertenezco era quemarse[4] irremediablemente; en mi familia se consideraba muy mal visto "aparecer" en los periódicos. Eso era sólo para los artistas o los que querían vender algo. Mi abuela, por ejemplo, nunca apareció en un periódico. Además de estas críticas, yo no tenía la menor preparación periodística. Entonces, sí de algo fui víctima, es decir, yo misma era mi obstáculo. Pero, de todos modos, no sentí que hubiera mucha discriminación porque el terreno en el cual me movía era muy virgen —en cierto modo un desierto— todavía hoy tengo la sensación de caminar en un desierto porque me pregunto cómo es posible que no surjan[5] más y mejores periodistas, por qué no surgen nuevas para que ya no se necesiten gentes como yo. Apenas ahora, después de veinte años, están despuntando jóvenes que me llaman la atención. Es bueno que lo desbanquen[6] a uno, que una muchacha diga: "Ahí voy yo y le traigo muchas ganas[7]".

M: ¿Por qué decidiste escribir *La noche de Tlatelolco*?

P: Hice *La noche de Tlatelolco* porque en agosto de 1968 empezaron a contarme algunas cosas de las manifestaciones, a las cuales no iba porque acababa de

> ...Enloquecida de horror, a la mañana siguiente fui a Tlatelolco y todavía estaban en las puertas de los elevadores, en las paredes, las huellas de las ametralladoras...

---

3. diligencia 4. destruirse 5. salgan 6. substituyan 7. llego con mucha fuerza

tener a Felipito. El tres de octubre vinieron a mi casa tres mujeres: María Alicia Martínez Medrano, Margarita Nolasco y Mercedes Oliver. Llorando me contaron lo sucedido, lo que habían presenciado en Tlatelolco. Pensé que estaban histéricas, exaltadas. ¡Claro, lo que había salido en los periódicos era en sí lo suficientemente aterrador! Me contaron de pilas de cadáveres tirados en la plaza; cómo habían corrido para salir de allí; cómo Margarita perdió a su hijo y empezó a tocar en todas las puertas de los departamentos[8] en Tlatelolco, a las seis de la mañana del día tres. Cuando los soldados trataban de dormir, ella gritaba por los pasillos: "Manuelito, dónde estás". Enloquecida de horror, a la mañana siguiente fui a Tlatelolco y todavía estaban en las puertas de los elevadores, en las paredes, las huellas de las ametralladoras, las huellas de los balazos, incluso la sangre en el piso. Todavía estaba el ejército. No había agua en los edificios y muchas familias habían abandonado sus casas. Me pareció terrible. Empecé a recoger[9] los testimonios de los muchachos que querían hablar, cambiándoles sus nombres. Después, cuando salió el libro, muchos estudiantes me dijeron: "yo tengo cosas más terribles que relatarle que las que usted escribió". Eso siempre sucede, al principio nadie quiere hablar, después todos quieren hacerlo.

M: ¿Cómo empezaste a escribir?
P: Hice una novelita, un relato corto: *Lilus Kikus*. Es una cosa chica. Después me absorbió el periodismo porque me dio una serie de satisfacciones inmediatas, el hecho de escribir un día y publicar al día siguiente. Uno se ve entonces envuelto[10] en una bola de nieve hecha de inconciencia y de felicidad y es difícil salir de ese estado y claro cuando se emerge de ese estado perennemente[11] entusiasta, se sale a la depresión más absoluta. La soledad del escritor es un hecho. La soledad ante la mesa del trabajo –que es una cosa que uno no le desea ni a su peor enemigo– sobre todo cuando uno no logra arrancar con nada, sobre todo cuando uno no cree mucho en lo que hace o no cree casi nada en lo que hace. Yo pienso que a todas las mujeres les sucede un poco lo mismo; es muy

…Me parece absurdo decir que no soy feminista. Yo estoy totalmente del lado de las mujeres, yo quiero que las mujeres salgan…

---

8. apartamentos   9. reunir   10. atrapado   11. eternamente

Capítulo 2 **59**

difícil tener la tenacidad[12] para trabajar porque ninguna mujer puede ser tan vanidosa o estar tan engreída[13] consigo misma o tan satisfecha como para creer que lo que hace es maravilloso.

M: También porque la mujer siempre tiene otra salida. La sociedad cree que para la mujer basta ser ama de casa, pero no basta para el hombre.

P: Bueno, yo creo que no basta para la mujer ser ama de casa porque ves que muchas mujeres tratan de suplirlo con otra cosa. En Estados Unidos se trata de suplir[14] el quehacer doméstico con máquinas. En los países socialistas los niños comen en sus escuelas y la gente que trabaja –que suele ser toda– también come en su trabajo. En Cuba vi comedores colectivos y creo que eso ayuda mucho, así como ayudan las guarderías.

M: ¿Tú te consideras feminista?

P: ¿Cómo? ¿Del lado de las mujeres?

M: Es que yo les he preguntado eso a todas las escritoras que he entrevistado hasta ahora. Casi todas me han contestado que no.

P: No, yo no. Me parece absurdo decir que no soy feminista. Yo estoy totalmente del lado de las mujeres, yo quiero que las mujeres salgan. Quiero que mi hija tenga una carrera tan buena como la de su hermano, que tenga las mismas posibilidades, el mismo poder de hacer y deshacer[15].

M: ¿Igualdad de oportunidades?

P: Claro, a igual trabajo, igual salario, etcétera. Que las mujeres sepan que lo importante es que trabajen y se valgan por sí mismas y sean económicamente independientes porque entonces lo serán en todos los sentidos: sexualmente, emocionalmente, socialmente. Yo sí creo mucho en la educación. Claro que alegar[16] que la educación puede salvar a la mujer es plantear de nuevo "la élite". Pero creo que la educación le puede ayudar enormemente a la mujer. Además de que a las mujeres se les niegan oportunidades de educación, ellas están tan condicionadas que muchas veces no las toman. Ellas mismas se limitan.

M: ¿Tus padres no te impulsaron?

P: No se trata de eso[17], no es que personalmente me hayan impulsado o no. Es nuestro medio social el que no alentaba[18] a las mujeres a hacer nada que no fuera sino ser eso: mujeres.

---

12. constancia   13. orgullosa   14. reemplazar   15. destruir   16. defender   17. esa no es la cuestión
18. animaba

ACTIVIDAD A6 LA PRIMERA VEZ, CON POCOS DETALLES. Ahora que acaba de leer la obra por primera vez, ¿ha observado las numerosas ocasiones en que Elena se refiere a sí misma como mujer? Escriba dos o tres comentarios que hace Elena sobre su propia condición como mujer. Es suficiente escribir palabras sueltas o frases breves.

ACTIVIDAD A7 LA SEGUNDA VEZ, CON MÁS DETALLES. Lea la entrevista por segunda vez; en esta ocasión lea más despacio y fíjese en algunas de las ocasiones en que Elena se refiere a sí misma como mujer, a otras mujeres, y a la condición de la mujer en términos generales. Escriba, empleando palabras de la lectura, algo que dice Elena sobre:

1. sí misma como escritora:
2. sí misma como ama de casa y madre:
3. sí misma "en un desierto":
4. las mujeres de Tlatelolco:
5. las mujeres y la igualdad:

PUNTO DE MIRA: LA LECTURA

ACTIVIDAD A8 EL DIARIO DEL LECTOR. Ahora le toca a usted escribir sus comentarios sobre la lectura con la ayuda de su profesor(a) y la guía presentada en el Capítulo 1, Actividad A8.

ACTIVIDAD A9 ¿CÓMO ES ELENA? Trabaje individualmente o en grupo para recoger información sobre Elena.

¿Qué ha averiguado sobre Elena a través de la entrevista? Anote elementos de la lectura que respalden la afirmación de que Elena es una mujer:

1. enérgica:
2. consciente de la dificultad de su trabajo:
3. compasiva:
4. crítica:
5. feminista:

Repase las actividades A6, A7, A8, y A9, y elabore con sus compañeros un retrato de Elena Poniatowska para presentarlo en clase. Cada estudiante del grupo debe contribuir con una o dos oraciones a la descripción. ¡Hagan un retrato vivo de la escritora!

ACTIVIDAD A 10 ¡PREGUNTE, PREGUNTE! Beth Miller hace preguntas breves, sencillas, y directas. Para cada pregunta suya:

- Clasifíquela y trate de analizar qué clase de información solicita.
- Formule otra pregunta posible que solicite la misma información.

Modelo:

Pregunta: *¿Y tú te consideras periodista?*

- *B.M. quiere saber algo sobre cómo Elena se identifica como profesional.*
- *¿Te definirías como periodista?*

1. ¿Te cuesta trabajo combinar el trabajo de ama de casa y el de escribir?
2. ¿Cuándo empezaste a escribir y cómo?
3. ¿Naciste en México?
4. Quisiera saber si te han obstaculizado en el periodismo por ser mujer.
5. ¿Por qué decidiste escribir *La noche de Tlatelolco?*
6. ¿Cuándo empezaste a escribir?
7. ¿Tú te consideras feminista?
8. ¿Tus padres no te impulsaron?

UNA MIRADA ALREDEDOR

ACTIVIDAD A 11 ¿QUÉ PIENSA USTED? Comenten en grupo los siguientes temas o escriban sobre ellos. Su profesor(a) puede proponerles realizar uno de los ejercicios del Capítulo 1, Actividad A11, (página 23).

1. ¿Le gusta a Elena la vida de periodista? ¿Se refiere a ella de una manera positiva?
2. ¿Es Elena una persona muy solitaria? ¿Muy independiente?
3. Hacia el final de la entrevista, Elena dice de las mujeres: "Ellas mismas se limitan". ¿Qué quiere decir con esto? ¿Está usted de acuerdo?

ACTIVIDAD A12 TALLER DE TEATRO. Representen individualmente o en grupo las siguientes situaciones. ¿Cómo se portarían? ¿Qué harían? Siguiendo las indicaciones del Capítulo 1, Actividad A12, su profesor(a) puede proponerles representar una improvisación o una dramatización ensayada previamente.

1. **Unas preguntas más:** La entrevista continúa. Elena contesta algunas preguntas más.

2. **La periodista en acción:** Elena en la redacción.

3. **Dos décadas más tarde:** La entrevista tuvo lugar en 1974. Si tuviera lugar hoy día, ¿sería Elena una mujer tan aislada dentro del mundo del periodismo?

LECTURA B

"Montserrat Caballé...sobre sí misma y su arte"
por Ana Diosdado

A PRIMERA VISTA

ACTIVIDAD B1 MI MEJOR MAESTRO. Todos podemos recordar a alguien que ha influido decisivamente sobre nosotros y nos ha inspirado o animado a desarrollar nuestro talento. Escriba:

1. un talento o habilidad suyo:

2. la posición del mentor (pariente, amigo, profesor, jefe, otra):

3. algo decisivo que le dijo o hizo el(la) mentor:

Ahora, compare sus notas con las de algunos compañeros.

¿Hay semejanzas entre lo que dijeron e hicieron los mentores?

    a. Sí, muchas semejanzas

    b. Sí, una o dos semejanzas

    c. No hay semejanzas

Si hay semejanzas, ¿cuáles son?

ACTIVIDAD B2 CANTO A LA VIDA. Hay un refrán español que dice, "Cada pájaro canta su canción". ¿Cómo interpreta usted este refrán? Comparta su interpretación con sus compañeros.

La gente "canta" según lo que es y así muestra su estado y su personalidad. "Cantamos" al vestirnos, al hablar, al escribir, al pintar, al bailar, y también, a veces, al cantar canciones. ¿Se expresa usted por medio de su voz?

Entreviste a otro compañero para averiguar si canta o no, en el sentido literal de la palabra. Pregúntele:

1. Si le gusta cantar: mucho

   un poco

   nada

2. Cuándo canta:

3. Si a veces no canta la letra de una canción, pero canturrea o tararea con "m-m-m-m" o "la-la-la-la," y cuándo lo hace.

4. Cuál es su canción favorita:

5. Qué han dicho los amigos o familiares que le han oído cantar:

6. Si le gusta cantar en público y por qué o cuándo:

7. Si ha sido miembro de un coro o conjunto musical y dónde:

8. Comparta las respuestas con sus compañeros. ¿Hay cantantes profesionales en la clase?

ACTIVIDAD B3 LA MAGIA DE LA ÓPERA. "¡Ópera, música para el universo!", se proclamó en la ceremonia de inauguración de la Olimpíada de Barcelona'92. Seis de los mejores cantantes de ópera del mundo, seis españoles —Jaume Aragall, Tereza Berganza, Montserrat Caballé, Josep Carreras, Plácido Domingo, y Joan Pons— ofrecieron un recital único para honrar a los deportistas que participaron en los Juegos. Cantaron diecisiete famosas arias (composiciones musicales escritas para una sola voz). Los espectadores tuvieron la oportunidad de conocer un poco el mundo de la ópera. ¿Lo conoce usted? Comente en la siguiente actividad su experiencia con la ópera.

1. He ido a un espectáculo de ópera...

    a. una vez

    b. varias veces

    c. muchas veces

    ch. nunca

Entrevista

2. Conozco a un(a) famoso(a) cantante de ópera; se llama _____

3. El título de una ópera famosa es _____

4. En pocas palabras, esta ópera trata de _____

5. Un país en el que ha habido muchos compositores de ópera es _____

6. Algunas palabras que asocio con la palabra *ópera* son _____

A continuación, un estudiante (o cinco estudiantes: uno por pregunta) puede entrevistar a los demás compañeros de clase y sacar conclusiones de las respuestas obtenidas.

1. La mayoría de los estudiantes…

    a. han visto un espectáculo de ópera.

    b. no han visto un espectáculo de ópera.

2. Muchos estudiantes han nombrado a el(la) cantante _____

3. Muchos estudiantes han nombrado la ópera _____

4. Muchos estudiantes han nombrado el país _____

5. Muchos estudiantes han mencionado las palabras _____

ACTIVIDAD B4 EL VIOLINISTA. Después de leer el relato autobiográfico de Víctor, un joven violinista, indique (en español) el significado de las palabras en cursiva. Use el contexto para hacerlo. Puede comprobar sus respuestas comparando sus definiciones con las de sus compañeros o empleando el glosario.

"Cuando yo nací, mi familia ya podía prever cuál sería mi futuro. Durante el *parto*, en la clínica, se oía la música de un violín. No sé qué habrá ocurrido con los otros bebés, pero mi vida se ha definido por la música. Empecé a tocar el violín a los cuatro años. Mi primer violín fue como un juguete precioso. Mi primer maestro me enseñó a respetar el instrumento, a amarlo y a *acariciarlo*. Mi familia no era muy *acomodada*, pero con el salario *módico* de mi padre, pude pagar las lecciones de mi juventud. En aquellos primeros años, todos me *apoyaban* pero no me *empujaban*. Tenía la buena fortuna de recibir *la docencia* excelente de varios maestros.

Después de diez años, mi padre perdió el trabajo que tenía en una pequeña *empresa*. Había mucho *paro* por todo el país, y muchos negocios no podían dar *cabida* a todos los empleados, aun a los que tenían puestos *fijos*. Me sentía *ansioso* de asistir a un conservatorio y continuar mis estudios. *Me había volcado* en el violín fervorosamente, con una dedicación extrema, *con ensayos* de cinco horas diarias o más. Pero mi familia *cobraba* muy poco. Todos sabían que yo merecía la oportunidad de perseguir mi propio destino, pero ¿cómo? Estaba *hambriento* de música, pero mi familia estaba hambrienta, literalmente..."

Significado de:

1. parto:
2. acariciarlo:
3. acomodada:
4. módico:
5. apoyaban:
6. empujaban:
7. docencia:
8. empresa:
9. paro:
10. cabida:
11. fijos:
12. ansioso:
13. me había volcado:
14. ensayos:
15. cobraba:
16. hambriento:

Actividad B5   Músico profesional.

En la actividad anterior, Víctor no cuenta lo que le pasó después de que quedó su familia "planchada" (como la ropa estirada y extendida con una plancha caliente; figuradamente: en mucha dificultad). ¿Recibió su "carné" de violinista (su tarjeta de identidad o de permiso)? Individualmente o con otros compañeros(as), escriba la historia de Víctor.

En plena vista

"Montserrat Caballé...sobre sí misma y su arte"
Ana Diosdado

La barcelonesa Montserrat Caballé, estrella internacional de ópera, habla con la autora y periodista Ana Diosdado para la revista española *Blanco y Negro*. Desde una perspectiva muy personal, la cantante describe su entrenamiento como solista, su vida de artista en una España que ha visto muchos cambios en los últimos años, y su visión del público español.

El proceso de la lectura: Función de los pronombres

Una vez que se ha establecido el sujeto o el objeto de una situación, los pronombres hacen posible la eliminación de la repetición innecesaria de los nombres o sustantivos. En una entrevista donde la persona entrevistada responde muchas veces en primera persona para contar lo que le ha pasado y lo que piensa, la función de los pronombres puede ser muy importante para establecer la relación entre el hablante y las otras personas y experiencias de su vida. Para poder lograr una buena comprensión de la lectura, es necesario distinguir entre el sujeto que realiza la acción y el objeto que la recibe. Si las respuestas contienen muchas referencias autobiográficas, se puede hacer uso de los pronombres de primera persona. Se verán frecuentemente:

Como sujetos	yo	nosotros / nosotras
Como objetos / pronombres reflexivos	me	nos
Como objetos de preposición	mí	nosotros / nosotras

Al contar su historia, Montserrat Caballé, se refiere mucho a sí misma y a sus compañeros:

Como sujeto: **Yo** esto lo **recuerdo** con mucho cariño...

Como objeto: Durante ocho meses no **nos** dejó cantar...

...**a mí me** correspondió estudiar con ella...

Como pronombre reflexivo: ...habíamos contado con cien francos, pero **nos arreglamos.**

Si el pronombre sirve de sujeto o como pronombre reflexivo, hay correspondencia entre pronombre y verbo:

yo recuerdo   nos arreglamos

En ocasiones puede ser difícil distinguir las palabras a las que se refieren los pronombres de tercera persona, especialmente los complementos directos (**lo, la, los, las**) e indirectos (**le, les, se**). Para hacerlo:

- Busque palabras que tengan el mismo número y género que el pronombre.

- Recuerde que en las combinaciones **se lo, se la, se los, se las,** la palabra **se** es el complemento indirecto y se refiere generalmente a una persona.

- Recuerde que una frase preposicional con **a** indica que el objeto es una persona.

Por ejemplo, la cantante explica:

"La técnica de respiración para cantar **la** aprendí, y **se la** debo, **a** Eugenia Kemeni".

    objeto directo: **la**   nombre al que se refiere: **la técnica**

    objeto indirecto: **se**   nombre al que se refiere: Eugenia Kemeni

Fíjese bien en el contexto para recordar el tema y las personas a las que se refiere Monserrat Caballé. Por ejemplo, la cantante repite las palabras de la maestra, y luego describe lo que hicieron los estudiantes: "'Sería inútil **que empezarais con un gran teatro,** porque puede salir bien, pero puede salir mal.' Y más o menos, todos **lo** hicimos."

El objeto directo es **lo.** Las palabras a las que se refiere aparecen en la primera oración: que empezarais con un gran teatro. El pronombre lo sustituye la idea de **empezar en un gran teatro.**

Cuando lea "Montserrat Caballé...sobre sí misma y su arte", preste atención a la función de los pronombres; esto le ayudará a averiguar cómo ha vivido la artista y cuáles han sido sus experiencias. No olvide emplear la estrategia de leer las obras dos veces para lograr una comprensión inicial, y después una comprensión mayor. Después de leer por encima la entrevista la primera vez, realice la Actividad B6, y después de leerla más despacio la segunda vez, realice la Actividad B7. Si quiere, puede repasar la estrategia **Leer dos veces** en la página 6. que precede a las actividades A6 y A7 del Capítulo 1.

Ana Diosdado
"Montserrat Caballé...sobre sí misma y su arte"

I

C: La técnica de respiración para cantar la aprendí, y se la debo, a Eugenia Kemeni, maestra húngara, que trabajó durante varios años en el Conservatorio del Liceo de Barcelona. Ocurrió que en el primer año en que ella estaba allí, como todas las demás profesoras estaban ya demasiado ocupadas, a mí me correspondió estudiar con ella, lo cual fue para mí una gran suerte. Tenía una técnica de respiración, como todas las mujeres tenemos, para el parto. La respiración natural de la vida, la que tiene el niño al nacer y que tienen también los atletas que corren. Eugenia Kemeni había sido campeona de su país, Hungría, medalla de oro a los diecisiete o dieciocho años. Ella fue una gran wagneriana, cantó mucho en Bayreuth y conocía muy bien los estilos, sobre todo de Strauss, Mozart, lógicamente Wagner y de todo el repertorio, diría yo, alemán. Y aunque cantó poco del repertorio italiano, sabía muy bien cómo usar su técnica respiratoria; esta gimnasia respiratoria, como la llamaba ella, para que pudiéramos aplicarla al estilo de "bel canto" italiano o a la ópera italiana. En la misma clase estaban Enriqueta Tarrés, Mirna Lacambra, tantas cantantes que han ido después por el mundo. Durante ocho meses no nos dejó cantar, nos hacía aprender solamente su gimnasia respiratoria. Nos dijo: "Vosotros tenéis un coche magnífico, pero primero hay que aprender a conducir para conseguir el carné." Al cabo de los ocho meses ya nos hizo aplicar su técnica al sonido. Pero, curiosamente, antes de hacerlo hacer nos dio clases de anatomía del cuerpo humano... Yo esto lo recuerdo con mucho cariño, porque realmente fue una docencia magnífica. Nos explicó que el hombre, aunque tenga una técnica respiratoria igual que la de una mujer, necesita un apoyo distinto al de la mujer, que tiene que usar el propio. Y que estas dos formas distintas hacen que el hombre tenga una cierta fuerza, que no es la misma que desarrolla una mujer para que nazca un niño. Salieron de nuestra clase muchos cantantes: Francisca Callao, Casanova, que después cantó en Alemania... Cuando yo tenía veintidós o veintitrés años decidió

Montserrat Caballé asegura que, gracias a las funciones al aire libre, mucha gente descubrió el encanto de la ópera.

Capítulo 2

que ya estábamos preparados para iniciar lo que ella llamaba reválida[1]. Eugenia decía, y esto lo decía también Conchita Badía, que había que mecer[2] al sonido, que no había que empujarlo, hay que acariciarlo como llevándolo, dejarlo nacer por sí mismo. Cuando decidió que ya estábamos a punto, nos dijo: "Estáis preparados para empezar a trabajar. Porque lo que habéis hecho hasta ahora es aprender cómo se trabaja. Lo bueno sería que os pudierais instalar en un teatro, fijos, para hacer una práctica, como los doctores hacen en los hospitales. Sería inútil que empezarais con un gran teatro, porque puede salir bien, pero puede salir mal." Y más o menos, todos lo hicimos. Yo tuve la suerte de hacer unas audiciones en Italia, que me salieron mal. De haberme salido bien, seguramente me habría hecho daño la voz. Sin embargo, al empezar en Basilea, primero, y en Bremen, en Alemania, después, tuve un aprendizaje de óperas que yo desconocía, la práctica de cómo se trabaja en el escenario, de cómo se aprende una obra en el conjunto de la misma y no como solista. Tuve también la suerte de empezar con partes pequeñas. Cuando me correspondió cantar una parte grande, yo ya había hecho muchas partes pequeñas, y aunque el miedo era igual ya sabía lo que era pisar un escenario. Haciendo la Annina, en *La Traviata* vi a muchas "Traviatas" tener miedo y sufrir antes de hacerlo yo y me sirvió de mucho. Yo creo que tuve la suerte de estudiar muy bien.

II

P: Usted, que ha pasado media vida viajando por el mundo, ¿cómo valora el cambio de España en estos últimos años?

M: Yo diría que España ha cambiado en su espíritu mismo. No quiero ser vaga, pero tal vez en el teatro, o yo, por lo menos, lo idealizo todo demasiado, no sé... Pero yo soy de una posguerra con muchas dificultades y hambre. Cuando después de esa posguerra empezó una época sino de bienestar, por lo menos de poder comer, aunque se trabajaba mucho, y todo seguía siendo muy duro, una hora de libertad se apreciaba muchísimo. Yo cuando salía del trabajo e iba al Conservatorio, por ejemplo, al salir del Conservatorio, esa media horita antes de coger el tranvía para volver a casa, con los compañeros o con los profesores o en los Institutos de Lenguas, que ya era gente distinta, más acomodada, y de una educación muy superior a la mía, se apreciaba mucho. La gente, de una cierta forma,

> **España ha cambiado en su espíritu mismo**

---

1. confirmación de algo   2. mover dulcemente

sonreía más o era más ingenua, menos maquiavélica[3]. Tal vez porque salíamos de una guerra apreciábamos más las cosas que no habíamos tenido por pequeñas que fueran. Por ejemplo, yo me acuerdo que nos íbamos al mar Ramblas abajo, en Barcelona, un domingo por la mañana a tirar migas[4] de pan. Ya sé que esto es una tontería, sobre todo porque las golondrinas[5] seguramente no se las comían, porque creo que les gustan los peces, pero en fin... Cogíamos el barquito para ir hasta el faro[6] y volver, y eso era un gran privilegio. Era algo que a mí me llenaba la semana. Y el mismo hecho de reunir dinero o decir a mis padres: "A ver si puedo tener para ir a ver esta película porque van a ir los colegas", era algo muy especial. Y ya al final de curso poder hacer en la granja[7] de al lado del Conservatorio una pequeña merienda económica, todos juntos, era una gran fiesta. Yo recuerdo todo eso con cariño, y tal vez por eso, los jóvenes de entonces damos a lo que tenemos hoy un valor que los que llegaron después no lo saben apreciar porque no saben lo que es no tenerlo. La miseria de una posguerra es muy distinta de la miseria de hoy. En España hay mucho paro y sigue habiendo miseria, pero es una nación establecida en unas normas y en unas leyes que a mí me recuerdan a muchas de las naciones que yo visito, cosa que antes no sucedía. Yo, cuando empecé en Basilea, ganaba cien francos por cada vez que cantara porque no podían pagar más. Tenían el "budget" del teatro completo y me cogieron por simpatía, porque les caí bien y porque tampoco exigí nada. Yo lo acepté porque por lo menos era un contrato, para empezar, y recuerdo que cuando fui a cobrar esos primeros cien francos con una ilusión loca, porque ya habíamos hecho todas las cuentas, me dieron solamente setenta y dos, y yo me quedé muy sorprendida y pregunté por qué. Y me dijeron: "Usted tiene que pagar estos impuestos: usted tiene que pagar la Iglesia, la Seguridad Social, el seguro de accidentes..." Cuando llegué a la pensión donde estábamos, que era una buhardilla[8] y lo comenté con mis padres, nos quedamos muy planchados porque habíamos contado con cien francos, pero nos arreglamos. Y luego, cuando ya me hicieron un contrato por mil cuatrocientos francos suizos mensuales, yo sólo llegaba a cobrar ochocientos setenta y nueve. Por eso, para mí, esto ha sido siempre normal. Pero, desde unos años a esta parte, que esto ha

> **El público español está hambriento de música.**

---

3. hipócrita, sin conciencia   4. pedacitos   5. pájaros   6. torre de luz en la costa para guiar los barcos
7. lugar de recreo (en este contexto)   8. desván, parte alta de una casa

llegado a nuestra patria... Yo no entiendo de políticas verdaderamente, pero sí entiendo que si queremos que un país vaya adelante hemos de contribuir.

P: ¿El público español es muy distinto de otros públicos.

III

P: ¿El público español es muy distinto de otros públicos?

M: Está hambriento de música, ansioso de conocerla. Se ha volcado sobre todo en estos últimos años, fervorosamente, con una dedicación extrema, tanto gente mayor como jóvenes que no conocen la ópera. Y hay que decir que en estos dos o tres últimos años se han dado por televisión no sólo conciertos, sino obras que se han hecho en el extranjero o en nuestra patria, y esto ha hecho que mucho público se acercara a la ópera. Ahora la gente ha podido comprobar si la ópera le gusta o no le gusta, antes no había tenido esa oportunidad. También empiezan a hacerse ensayos generales a los que puede asistir la juventud, y muchas funciones en verano, al aire libre, a precios módicos, para que todo el mundo pueda verlas. También hay otra cosa, y esto lo agradezco a quien lo haya hecho, y es que se han reconstruido una cantidad de teatros en España impresionante. Y yo, que he tenido la suerte de estar en algunos de ellos, puedo decir que tienen una condiciones espléndidas. Y a mi modo de ver, también la programación está muy bien hecha porque dan oportunidad al teatro, a los conciertos, a la ópera... Creo que es una labor que merece el más grande elogio. Después, un teatro, por pequeño que sea, es una pequeña empresa, por lo tanto da cabida a un número de trabajadores. El mismo teatro del Liceo, hablo de memoria, creo que ha creado seiscientos puestos de trabajo fijos. Y si estas pequeñas empresas no dieran ganancia monetaria, siempre darán una ganancia[9] espiritual muy grande. La música, como alguien dejo una vez, no es tan importante, pero tampoco es tan poco importante como para no existir.

---

9. beneficio

ACTIVIDAD B6   LA PRIMERA VEZ, CON POCOS DETALLES.

Después de leer la entrevista por primera vez, ¿puede identificar las cosas que le importan a Montserrat Caballé? Escriba qué recuerda ella de:

1. su entrenamiento como solista:

2. su juventud en la España de la posguerra:

3. el público español:

ACTIVIDAD B7   LA SEGUNDA VEZ, CON MÁS DETALLES.

Lea la entrevista por segunda vez; en esta ocasión, léala más despacio para captar más detalles. Haga una pausa después de cada sección. Empleando palabras de la lectura, escriba algunos detalles sobre:

1. cómo recibió Montserrat Caballé su carné de cantar:

2. sus experiencias de la época de la posguerra:

3. el estado de la música y las artes en la España actual:

PUNTO DE MIRA: LA LECTURA

ACTIVIDAD B8   EL DIARIO DEL LECTOR.

Ahora le toca a usted escribir sus comentarios sobre la lectura con la ayuda de su profesor(a) y la guía presentada en el Capítulo 1, Actividad A8.

ACTIVIDAD B9   LAS ARTES EN ESPAÑA.

1. Trabaje con otros dos o tres estudiantes. Al final de la entrevista, Montserrat Caballé no sólo describe el estado de la música y las artes en la España actual, sino que, además, expresa su opinión sobre lo que está pasando. Vuelvan a la tercera parte de la lectura para repasar lo que dice la artista. Luego, sin mirar el texto, indiquen si su actitud es positiva o negativa.

   Positiva ____   Negativa ____

2. Ahora, vuelvan a leer la tercera parte una vez más. Uno(a) de los estudiantes del grupo puede leer el pasaje en voz alta mientras los demás escuchan atentamente. Luego, sin consultar el texto, escriban individualmente algunas opiniones de la cantante que muestren cuál es su actitud respecto al asunto.

3. Como grupo, basándose en la perspectiva de Montserrat Caballé, pre-

senten un breve informe sobre cuál es el estado de las artes en España hoy en día. Encabecen el informe con una de las siguientes frases, e incluyan en él algunas de las ideas de la estrella de ópera.

a. ¿Conocen ustedes el estado de las artes en España?

b. ¿Saben ustedes cómo es el público español actualmente?

c. ¿Saben ustedes de qué espectáculos artísticos se puede disfrutar en España?

ACTIVIDAD B 10 MONTSERRAT PINTADA POR SÍ MISMA. Trabaje individualmente o en grupo para describir a Monsterrat Caballé. Después de leer la entrevista con la diva, ¿ha llegado a conocerla un poco más? ¿Le dicen sus palabras algo sobre el tipo de persona que es? Escriba tres adjetivos que describan la personalidad de la cantante. Razone sus respuestas. Después, comente sus conclusiones con la clase entera o con otros grupos.

Adjetivo   **Razón**

1.
2.
3.

UNA MIRADA ALREDEDOR

ACTIVIDAD B 11 ¿QUÉ PIENSA USTED? Comenten en grupo los siguientes temas o escriban sobre ellos. Su profesor(a) puede proponerles realizar uno de los ejercicios del Capítulo 1, Actividad A11, (página 23).

1. Según lo que cuenta Montserrat Caballé, ¿qué es necesario para llegar a ser un gran artista? ¿Está usted de acuerdo?

2. ¿Qué evidencias hay de que Montserrat Caballé aprecia la labor de su profesora de canto? ¿Es necesario que un artista tenga un mentor para lograr el éxito?

3. ¿Qué evidencias hay de que Montserrat Caballé comprende los problemas económicos de muchos artistas? ¿Cree que la cantante tiene conciencia social? ¿Qué entiende usted por sus palabras, "Yo no entiendo de políticas verdaderamente, pero sí entiendo que si queremos que un país vaya adelante hemos de contribuir."?

ACTIVIDAD B12 TALLER DE TEATRO. Representen individualmente o en grupo las siguientes situaciones. ¿Cómo se portarían? ¿Qué harían? Siguiendo las indicaciones de la Actividad A12, Capítulo 1, su profesor(a) puede proponerles representar una improvisación o una dramatización ensayada previamente.

1. **¡Sobre todo, la disciplina!:** Una escena entre maestro(a) y estudiante(s) de música u otro arte.

2. **¡Necesitamos su ayuda!:** Un(a) artista (músico, actor, pintor, escultor, etc.) tiene una cita con un grupo de aficionados para convencerles que contribuyan a un proyecto de importancia. (Por ejemplo, la construcción de un nuevo teatro, un cine, o un museo.)

3. **Una gran campaña de publicidad:** Un(a) artista entrevista a varios agentes para decidir quién es el más capaz para planear su campaña de publicidad y asegurarle el éxito.

4. **Entrevista en la televisión:** Una famosa artista visita el programa de televisión de un entrevistador para hablar de sus nuevos proyectos.

LECTURA C

"El académico de la fotografía" por José Luis de Vilallonga

A PRIMERA VISTA

ACTIVIDAD C1 MIS FOTOS FAVORITAS. ¿Cuáles son sus fotos favoritas? ¿Las tiene expuestas en la pared de su habitación o las guarda en un álbum? Trabaje con otro(a) estudiante, y conversen sobre una de sus fotos favoritas. Hágale preguntas específicas para saber con todo detalle cómo es la foto.

las cosas	la ropa	los lugares
las personas	los colores	las circunstancias
las acciones	los aspectos físicos	otros detalles

Después de obtener la información, reúnase con la clase y comparta lo que le llamó más la atención de la descripción de la foto de su compañero(a).

ACTIVIDAD C2 EL PANTEÓN DE FOTOS HISTÓRICAS. Imagínese que es uno de los directores de un instituto histórico que va a construir un panteón (un monumento o templo de honor) de personajes ilustres, vivos y muertos, de la historia mundial. Las fotos de estos famosos personajes estarán colgadas en la pared, de izquierda a derecha, en orden cronológico. Como uno(a) de los directores, usted tiene la oportunidad de proponer uno de los personajes cuya foto se va a exponer en el panteón. Seleccione un personaje famoso y escuche los nombres mencionados por sus compañeros. Cuando presente usted su recomendación, indique dónde se debería colocar la foto (a la izquierda o a la derecha de quién). Para recordar el orden de los nombres, puede escribir en un papel el nombre del personaje que usted seleccione y colocarse con él en el lugar apropiado.

Puede quedarse en este orden para hacer la próxima actividad.

ACTIVIDAD C3 CUÉNTEME SU VIDA. Si pudieran entrevistar a los personajes incluidos en el panteón, ¿qué les preguntaría? Imaginen que cada uno de ustedes es uno de los personajes que seleccionaron en la actividad anterior. Entrevístense los unos a los otros.

ACTIVIDAD C4 UN FOTÓGRAFO MUY RESERVADO. Trabaje en un grupo de tres personas. Cada uno(a) escoge un papel: el (la) entrevistador(a), el fotógrafo, el (la) intérprete. Van a conversar sobre el trabajo del fotógrafo; un diálogo que se torna bastante difícil porque, como van a ver, nuestro fotógrafo apenas habla.

¡Qué problema! Imagínense que uno(a) de ustedes es el(la) intérprete de un fotógrafo reacio a hablar, y que responde lo más brevemente posible, contestando sólo **sí** o **no**. Después de escuchar al (la) entrevistador(a), invente una respuesta más amplia que describa al personaje retratado o que explique las circunstancias en las que se tomó la foto. Primero, el (la) entrevistador(a) hace un comentario. Después, el fotógrafo contesta sí o no.

Para terminar, el (la) intérprete amplía la respuesta del fotógrafo. Comentarios del (la) entrevistador(a):

1. Esta foto de la princesa me encanta. Es de deslumbrante (impresionante) belleza, con su cuello tan grácil (delgado), y su collar de joyas brillantes.

2. El álbum en esa repisa (lugar para exhibir un objeto), ¿contiene muchas fotos de atletas?

3. ¿Piensa usted ensalzar (exaltar, celebrar) la tauromaquia (el arte de lidiar o luchar con los toros) en esa foto?

4. ¿Dispuso (usó, empleó) muchos focos (luces) en esta foto del Rey?

5. La mujer con la mantilla (prenda parecida a un velo de novia que usan las mujeres para cubrirse la cabeza), con la mirada que taladra (penetra), ¿quién es?

6. ¡Qué horror! ¿Por qué tiene un cuchillo (instrumento para cortar) en mano el muchacho de rostro (cara) austero (severo)? ¿A quién va a agredir (hacer daño)?

ACTIVIDAD C5 IMÁGENES ELOCUENTES. Para realizar fotos inolvidables, Carlos Decámara a veces les dice a sus modelos cosas estrafalarias (extravagantes) para que reaccionen con un gesto expresivo. Los modelos siempre niegan lo que les dice Carlos. Empareje sus respuestas con los comentarios del fotógrafo.

1. ¡Usted es un ateo! ¡No cree en la existencia de Dios!
2. ¡Pierdes todo el pudor posando así!
3. Puede que usted sea un hombre acomodado, pero es usted muy avaro.
4. Ese pedrusco que llevas en el dedo anular (el cuarto dedo) no me parece un diamante auténtico.
5. ¿Por qué permanece inmóvil como un cadáver?

a. Sí, tengo dinero, y mucho, pero soy generoso.
b. Éstas no son fotos de acción.
c. Soy creyente, y siempre lo he sido.
ch. ¡Soy una mujer modesta! Es que el sofá es tan cómodo...
d. ¡Sí que lo es!

EN PLENA VISTA

"El académico de la fotografía"
José Luis de Vilallonga

El periodista José Luis de Vilallonga cuenta su visita con Juan Gyenes, fotógrafo de los famosos, nacido en Hungría. Camino de Egipto en 1940, Gyenes pasó por España y decidió quedarse allí, donde instaló su célebre estudio. ¡Conozcamos al fotógrafo y sus modelos!

EL PROCESO DE LA LECTURA: LA PUNTUACIÓN

Habrá notado que en español los signos de puntuación y el modo de emplearlos son similares al inglés, con algunas excepciones. Los diferencias más obvias son los signos de admiración y de interrogación (¡ y ?), que se emplean en español al principio de las frases exclamativas e interrogativas. Otras dos diferencias tienen que ver con el uso de la raya (—):

1. Se emplea más en español que en inglés la doble raya (—...—) con función parentética:

    Por ejemplo, en el párrafo de introducción a su entrevista, Vilallonga escribe:

    "Reyes —los nuestros, multiplicados al infinito—, presidentes, bailarines, duquesas..." En inglés se prefiere en muchos casos utilizar el paréntesis (...).

2. La raya (—) se emplea a menudo en español en los diálogos.

    Cuando lea la entrevista observe que cada vez que se cita una pregunta o una respuesta directa de Vilallonga o de Gyenes, se emplea la raya. Por ejemplo:

    —¿Esta foto se la hizo cuando ya era princesa de Mónaco o antes?

    —Grace siempre ha sido una princesa.

En inglés se usan las comillas (" ") no sólo para introducir, sino también para terminar una cita. Por ejemplo:

—El general... me preguntó: "A usted, Gyenes, le gustan los toros?"

Cuando lea la entrevista, observe que las rayas y las comillas indican las palabras explícitas de una persona. Si un párrafo empieza sin raya, es parte de la descripción y la narración del autor, quien cuenta su experiencia en el estudio del fotógrafo.

No olvide emplear la estrategia de leer las obras dos veces para lograr una comprensión inicial, y después una comprensión mayor. Recuerde: después de leer la obra por encima la primera vez, realice la Actividad C6, y después de leerla más despacio la segunda vez, realice la Actividad C7. Si quiere, puede repasar la estrategia **Leer dos veces**, en la página 6, que precede a las actividades A6 y A7 del Capítulo 1.

José Luis de Vilallonga
"El académico de la fotografía"

La cámara de Juan Gyenes ha retratado a los personajes más célebres del mundo

I

El estudio de Juan Gyenes en la calle de Isabel la Católica, a dos pasos de la Gran Vía, en el corazón de Madrid, es de una modestia que no guarda proporción alguna con la celebridad de su dueño. No hay ni un claro[1] en las paredes cubiertas de fotografías firmadas por Gyenes. Reyes —los nuestros, multiplicados al infinito—, presidentes, bailarines, duquesas, actores, escultores, pianistas, cantantes de ópera, políticos y señoras, muchas señoras, de deslumbrante belleza. Es el panteón madrileño de los vivos ilustres y de bastantes muertos.

—¿En qué consiste el talento de un fotógrafo cuando enfoca el rostro de una mujer?

—El fotógrafo Karsh, uno de mis grandes colegas, decía: "Yo fotografío a las mujeres tal y como les gustaría ser." Personalmente, trato de hacer lo mismo. El pintor Van Dongen las pintaba más delgadas de lo que eran en realidad y procuraba que sus joyas parecieran siempre más grandes. Todos tenemos nuestros trucos.

—Sí, ¿pero qué pasa cuando el fotógrafo se enfrenta a una mujer verdaderamente fea?

—No hay mujeres verdaderamente feas. Todas tienen algo que, con un poco de imaginación, puede resultar sublime, un cuello grácil, unas manos inteligentes, una manera perversa de mirar...y si no hay nada de eso, pues siempre está la voz.

El arte del bailarín Antonio fue plasmado en numerosas fotografías que están recogidas en un álbum.

Como todos los hombres que tienen mucho que contar, es reacio a hablar de sí mismo. Le pregunto que cómo llegó a la cima[2] de la montaña donde ahora está sentado y me contesta:

---
1. espacio   2. pico

Capítulo 2

—Primero puse una piedra, luego otra y otra. Así durante años hasta llegar donde estoy. He tratado de no dañar nunca a nadie. La gente es muy susceptible en cuanto a su apariencia física. Sobre todo, los hombres.

Un poco aparte, con cierto espacio de pared para él solo, hay un retrato de Franco, precisamente el que sirvió de modelo a los últimos sellos[3] del régimen franquista[4]. Se trata de una cabeza sobre un fondo de terciopelo[5] negro. No parece un dictador y mucho menos un personaje de horca y cuchillo[6]. Tiene más bien el aspecto de un dentista acomodado, con piso en el barrio de Salamanca.

—En cierta ocasión fui al palacio de El Pardo a entregarle el primer ejemplar de mi álbum sobre la tauromaquia. El general lo hojeó rápidamente y me preguntó: "¿A usted, Gyenes, le gustan los toros?" Con toda franqueza le contesté que no. Entonces Franco cerró el libro y murmuró: "Pues se nota, ¿sabe?, porque si a usted le gustasen los toros, hubiese estado un poco más pendiente de la faena[7] y un poco menos de su máquina."

Así fotografió Gyenes a María Félix, una mujer que siempre estuvo obsesionada por su figura. Cuando el retratista le preguntó cómo se mantenía tan bien, ella le contestó: "Pasando mucha hambre."

II

En una repisa, no lejos del retrato de Franco, hay otro álbum de Gyenes dedicado por entero a ensalzar el arte de Antonio, aquel que fue durante muchos años el más grande, por no decir el único, de los bailarines flamencos y que, desgraciadamente, hoy es el autor de un libro detestable en el que cuenta sin pudor alguno sus ilegítimos amores con la actual duquesa de Alba.

—Fíjate lo curiosas que son a veces las cosas. El contrato de este libro me lo firmó el propio Jesús Aguirre, que por aquel entonces era el director de la editorial Taurus[8]... Pero, ven, ven.

Gyenes me empuja hasta colocarme delante de un magnífico retrato de Jacobo Fitz-James Stuart y Falcó, XVII duque de Alba. Un caballero español con aspecto de lord inglés, lo que en realidad era.

Un hombre que vivía entre el siglo XVI y el XVIII ducado de Alba.

—Es el retrato de un duque —suspira Gyenes y, tras un breve titubeo[9], se calla.

---

3. estampillas   4. de Francisco Franco   5. tela suave y velluda   6. sanguinario   7. interesado en el trabajo del torero   8. toro, en latín   9. vacilación

Pero sospecho que ha estado a punto de añadir "un duque de verdad".

—Le hice este retrato en 1946, mientras estudiaba los planos para la reconstrucción del palacio de Liria. No le gustaba que lo retratara con gafas, pero conseguí que las dejase a mitad de camino, entre el rostro austero y los documentos. Me gusta fotografiar pintores. Saben posar y adoptar actitudes interesantes. Mi triple honor es poder decir: he conocido a Picasso, he retratado a Picasso y puedo enseñar lo que retraté. Nunca podré olvidar aquella mirada negra, insistente, una mirada que taladraba. Las críticas de las que era víctima a veces le dolían mucho. "¿Qué culpa tengo yo —decía— de ver más que los demás?" Retratar a Dalí tampoco era moco de pavo[10]. Decía muchas cosas estrafalarias, pero muy raras veces tonterías. Una tarde mientras posaba para mí, comentó: "Lo menos que se le puede exigir a una escultura es que se esté quieta." Con esas pocas palabras, el iconoclasta[11] catalán condenaba toda la obra de Calder[12].

III

El vecino de Orson Welles en la pared es Charlie Chaplin, al que hará ya más de veinte años le hice una larguísima entrevista en su casa de Vevey, en Suiza. Volvía Chaplin de pasar unas cortas vacaciones en Marrakech. A sus 80 años, bronceado[13] por el sol africano, el pelo muy blanco y la mirada llena de juvenil curiosidad, Chaplin era todavía un hombre muy atractivo.

"De mí se han dicho muchas cosas, casi todas ellas falsas —me dijo durante la primera hora de nuestra entrevista—. Se ha dicho que soy judío[14] y no lo soy. También se ha dicho que soy un avaro, lo cual no es del todo exacto. Ocurre, sencillamente, que le tengo un gran respeto al dinero por lo mucho que me ha costado ganarlo. John Pierpont Morgan, el célebre banquero coleccionista de arte, me dijo en cierta ocasión: 'Charlie, el dinero sólo es útil cuando se puede olvidar su existencia.' Ésa es la clase de cosas que dicen los ricos y que me ponen muy nervioso. Yo, para aquel entonces, ya 'valía' cinco millones de dólares. 'Personalmente, Mr. Morgan —le contesté—, creo que el dinero se merece que pensemos en él constantemente. Por lo menos, eso creemos los que hemos sido muy pobres.' También se me ha acusado de ser ateo. En eso hay cierta verdad. De joven nunca me preocupé mucho por el problema de la fe. Hoy, a mi edad, estoy convencido de que la fe es una prolongación de nuestro espíritu. Recuerdo que

> ...Alzándose de hombros, Gyenes me contesta...
> —Grace siempre ha sido una princesa. Lo de Mónaco no es más que un detalle.

---

10. fácil   11. que no respeta los valores tradicionales   12. escultor norteamericano (1898-1976), famoso por sus esculturas móviles   13. tostado   14. de raza judía

hablando en París con Rachmaninoff[15] le dije que yo no era creyente. El músico me miró asombrado. '¿Cómo puede usted practicar su arte sin creer en Dios?'—me preguntó. Desconcertado, le contesté que para mí, el arte, más que una creencia era un sentimiento. Rachmaninoff respondió, contundente: 'La religión también es un sentimiento, Mr. Chaplin.' Ahora que estoy galopando en la recta final de mi vida sé que Rachmaninoff tenía razón."

Muy cerca de María Félix está la Begum Aga Khan, la célebre madrastra del no menos célebre Ali Khan, el que a tantas mujeres decepcionó después de hacerlas felices durante unos cortos meses.

—El día que le hice esta foto, la Begum se extrañó de que dispusiera a su alrededor muy pocos focos. "Señora —le expliqué—, con esa maravilla que lleva en el dedo y que brilla más que el sol ¿para qué queremos más luces?". Tímidamente, para no deslumbrarme, la Begum le dio la vuelta al enorme pedrusco que llevaba en el anular. La Begum insistió en que la fotografiara con una mantilla española. Sensitiva e inteligente, había comprendido que la mantilla es el accesorio perfecto para realzar la belleza de una mujer.

A la derecha de la Begum, Grace Kelly, con traje de sevillana y flor en el pelo.

—¿Esta foto se la hizo cuando ya era princesa de Mónaco o antes?

(Alzándose de hombros, Gyenes me contesta)

—Grace siempre ha sido una princesa. Lo de Mónaco no es más que un detalle.

—Antes de que te vayas te voy a enseñar una foto que para mí es la más importante de todas: ésta.

Y Gyenes me muestra del índice[16] una fotografía de Gyenes realizada por Su Majestad el Rey, cuando todavía era Príncipe. La dedicatoria reza[17]: "A un fotógrafo profesional de un fotógrafo 'amateur', con todo el afecto de Juan Carlos, 1 de agosto de 1968".

—Es una bonita foto, ¿verdad? De no ser rey, don Juan Carlos hubiera podido ganarse la vida siendo ayudante mío.

---

15. pianista y compositor ruso (1873-1943)   16. segundo dedo de la mano   17. (fam) dice

ACTIVIDAD C6 LA PRIMERA VEZ, CON POCOS DETALLES.

Después de leer la entrevista por primera vez, trate de recordar algunos de los personajes famosos fotografiados por Gyenes. Escriba sus nombres, y si es posible, su profesión o la razón por la que es famoso.

ACTIVIDAD C7 LA SEGUNDA VEZ, CON MÁS DETALLES.

Lea la entrevista por segunda vez; en esta ocasión lea un poco más despacio para captar más detalles. Haga una pausa de cada sección. Empleando palabras de la lectura, escriba algunos detalles sobre:

Parte I

1. la manera de Gyenes de retratar a las mujeres:
2. el retrato de Franco:

Parte II

3. el retrato del duque de Alba:
4. el retrato de Dalí:

Parte III

5. el retrato de Chaplin:
6. el retrato de la Begum Aga Khan:

PUNTO DE MIRA: LA LECTURA

ACTIVIDAD C8 EL DIARIO DEL LECTOR.

Ahora le toca a usted escribir sus comentarios sobre la lectura con la ayuda de su profesor(a) y la guía presentada en el Capítulo 1, Actividad A8.

ACTIVIDAD C9 LOS FAMOSOS.

Gyenes nos hace "ver" a sus famosos modelos no sólo a través de sus fotos, sino también a través de las interesantes anécdotas que le cuenta a Vilallonga. Trabaje con otro(a) estudiante o en un grupo pequeño. Cada grupo va a estudiar un personaje diferente de la lista que sigue a continuación. Repasen juntos la sección de la conversación en la que el fotógrafo "da vida" al personaje, y resuman en dos o tres oraciones lo esencial de la anécdota. Cuenten las anécdotas a los demás compañeros de clase. ¡Todos deben colaborar!

Francisco Franco

Antonio

Jacobo Fitz-James Stuart y Falcó

Chaplin

la Begum Aga Khan

Dalí

ACTIVIDAD C 10 ¿Y CÓMO ES EL FOTÓGRAFO? Después de ver el tipo de relación que tiene Gyenes con sus modelos, ¿cómo ve ahora al fotógrafo? Trabaje individualmente o en grupo para recoger información sobre él. ¿Qué ha averiguado sobre Gyenes a través de la entrevista? Escriba detalles de la lectura que reflejen:

1. su meticulosidad (preocupación por los detalles):
2. su falta de egoísmo:
3. su franqueza:
4. su creatividad:
5. su capacidad para escuchar:
6. su inteligencia:
7. su sentido de humor:

UNA MIRADA ALREDEDOR

ACTIVIDAD C 11 ¿QUÉ PIENSA USTED? Comenten en grupo los siguientes temas o escriban sobre ellos. Su profesor(a) puede proponerles realizar uno de los ejercicios del Capítulo 1, Actividad A11, (página 23).

1. ¿Qué le parece lo que creen Gyenes y su colega Karsh sobre el talento de un fotógrafo cuando enfoca el rostro de una mujer?
2. ¿Qué le parece la afirmación de Gyenes: "La gente es muy susceptible en cuanto a su apariencia física. Sobre todo, los hombres."?
3. ¿Cree que llega Gyenes a conocer bien a sus modelos? Dé algunos ejemplos que respalden su opinión.
4. ¿Le parece a usted interesante el trabajo de Gyenes? ¿Por qué?
5. ¿Comunica la entrevista la actitud de Gyenes hacia su trabajo? ¿Cómo?

ACTIVIDAD C 12 TALLER DE TEATRO. Representen individualmente o en grupo las siguientes situaciones. ¿Cómo se portarían? ¿Qué harían? Siguiendo las indicaciones de la Actividad A12, Capítulo 1, su profesor(a) puede proponerles representar una improvisación o una dramatización ensayada previamente.

1. **¡Sacar esta foto no es moco de pavo!:** Un(a) fotógrafo tiene grandes dificultades para arreglar todos los detalles y las posturas para sacar una foto a un grupo de personas "incontrolables".

2. **¡Qué modelos!:** Una entrevista con un(a) fotógrafo(a) de animales famosos.

3. **Secretos de un(a) célebre fotógrafo(a):** Una entrevista con un(a) fotógrafo(a) famoso(a) que revela algunos secretos de su éxito.

Repaso del género

Las tres entrevistas de este capítulo han presentado a Elena Poniatowska, a Montserrat Caballé, y a Juan Gyenes. Piense en lo que ha averiguado sobre ellos.

Indique si las preguntas y respuestas han indicado **mucho, algo,** o **nada** sobre los siguientes aspectos. Para poder participar en la discusión en clase, escriba alguna evidencia que respalde su selección.

	Elena Poniatowska	**Montserrat Caballé**	**Juan Gyenes**
Su carrera			
Evidencia			
Su personalidad			
Evidencia			
Su familia			
Evidencia			
Su juventud			
Evidencia			
Su entrenamiento			
Evidencia			
Su filosofía de la vida			
Evidencia			

Perspectivas múltiples: Mujer y hombre

¿Y ahora cómo ve a la mujer y al hombre? ¿Recuerda las características y situaciones que escribió en la página 1, al principio de la Unidad 1 para describir a la mujer y al hombre en el mundo actual?

Escriba a continuación algunas características y situaciones presentadas en las lecturas de los Capítulos 1 y 2.

Título	Personaje	Mujer		Hombre	
		Características	Situaciones	Características	Situaciones
1. *No moleste, calle y pague, señora*					
2. *El padre*					
3. *Cela, mi padre*					
4. *"Entrevista con Elena Poniatowska"*					
5. *"Montserrat Caballé: sobre sí misma y su arte"*					
6. *"El académico de la fotografía"*					

Compare estas características con las que anotó al principio de la unidad. ¿En qué se parecen? ¿En qué son diferentes?

UNIDAD 2

PERSPECTIVAS DEL OCIO Y DEL TRABAJO

ESTA UNIDAD PRESENTA DIVERSAS PERSPECTIVAS DEL OCIO Y DEL TRABAJO. EL OCIO SE ASOCIA CON PASAR EL TIEMPO LIBRE SIN HACER NADA Y CON EVADIR HACER LAS TAREAS. TAMBIÉN SE PUEDE RELACIONAR EL OCIO CON EL DESCANSO, EL ENTRETENIMIENTO, Y LA DISTRACCIÓN DEL ESPÍRITU.

¿Qué significa el ocio para usted?

Escriba cinco actividades que recomienda para gozar del ocio:
Escriba cinco lugares que recomienda para gozar del ocio:

El trabajo puede referirse a la tarea, el oficio, el negocio, la misión, o la ocupación que tiene uno. Puede ser manual o intelectual.

¿Qué significa el trabajo para usted?

Escriba cinco actividades asociadas con el trabajo:
Escriba cinco lugares asociados con el trabajo:

Ahora, compare sus respuestas con las de los otros estudiantes de la clase. ¿Qué tienen en común? ¿Qué diferencias hay?

Compruebe si lo que han anotado coincide con las visiones del ocio y del trabajo en el Capítulo 3 y el Capítulo 4.

CAPÍTULO 3

DESCRIPCIÓN DE LUGAR

LECTURA A *Arráncame la vida* por Ángeles Mastretta

LECTURA B *El hombre que se comieron los papeles* por Roberto Castillo

¿QUÉ ES UNA DESCRIPCIÓN DE LUGAR?

Las descripciones de lugar, como los retratos de las personas, pueden representar varios aspectos. Una descripción puede incluir datos sobre los aspectos físicos del lugar, los aspectos sociales (relacionados con las costumbres), y también sobre la psicología de la gente asociada con el lugar. ¿Qué puede deducir usted de la siguiente descripción de la playa?

A través de esta fotografía se pueden describir las costumbres, los entretenimientos, la geografía y el clima de una ciudad turística.

"¡Una playa enorme! ¡Pero cuánta gente! Como sardinas en lata. ¡Qué dificultad en encontrar un lugar para poner las cosas! ¡Y cuánto calor! El mar refrescaba un poco, pero era casi imposible quedarse en la toalla y tomar el sol. Volvimos a casa cansadísimos". Escriba sus conclusiones sobre:

- los aspectos físicos del lugar
- los aspectos sociales del lugar
- la(s) actitud(es) de la gente asociada con el lugar

¿Representa esta playa un lugar de ocio o de trabajo? ¿Por qué?

En las lecturas de este capítulo, preste atención a cómo están descritos los lugares. Trate de determinar si predominan los elementos físicos, sociales, o psicológicos.

LECTURA A

Arráncame la vida por Ángeles Mastretta

A PRIMERA VISTA

ACTIVIDAD A1 TIEMPO DE OCIO. ¿Ha tomado alguna vez una clase de recreo? ¿O clases de actividades para realizar en el tiempo libre? Escriba sobre su experiencia.

1. una clase de recreo que ha tomado:
2. algo que aprendió:
3. una descripción del lugar dónde siguió la clase:
4. descripción de los aspectos físicos :
5. descripción de los aspectos sociales:
6. actitudes de la gente asociada con el lugar:

Si pudiera, ¿qué clases de recreo le gustaría tomar? ¿Qué le gustaría aprender? ¿Cuál sería el lugar perfecto para cada clase? ¿Cómo sería el ambiente?

Describa a continuación dos clases ideales.

La clase	Algo que me gustaría aprender	El lugar ideal para la clase
1.		
2.		

ACTIVIDAD A2 ¡APÚNTESE A ESTA CLASE! Ahora que ha hecho en la Actividad A1 una lista de las clases de recreo que le gustaría tomar, busque a otros estudiantes de la clase que tengan los mismos intereses. Los estudiantes deben pasear por la sala de clase para encontrar a otros compañeros con los mismos intereses. Un estudiante se presenta y describe la actividad que le gustaría realizar; el otro estudiante responde e indica si le interesa o no esa actividad. Luego, uno de los dos debe resumir los intereses de ambos.

Modelo:

ESTUDIANTE A: Hola… Me gustaría tomar una clase de… Me interesaría aprender (a)… El lugar ideal para seguirla sería…

ESTUDIANTE B: Hola…También me gustaría tomar una clase de… Pero me interesaría aprender… Para mí, el lugar ideal sería…

ESTUDIANTE A O B: Tenemos intereses parecidos, pero queremos aprender cosas distintas en lugares muy distintos.

Use las notas de la Actividad 1 para describir sus intereses. Organice en la siguiente tabla la información conseguida. Para cada clase a la que le gustaría asistir, converse al menos con dos compañeros. Si el tiempo lo permite, puede conversar con más compañeros y ampliar la tabla.

(Clase)	(Compañero A)		(Compañero B)	
	semejante	diferente	semejante	diferente

Quiere participar en
una clase…

Quiere aprender algo…

Su lugar ideal es…

REPASO Y COMENTARIO. Después de conversar con sus compañeros, pueden reunirse para resumir y comentar los resultados de la Actividad A2. ¿En qué clases de recreo hay más interés? ¿Quiénes tienen los mismos intereses? ¿A quiénes les gustaría tomar la misma clase pero les gustaría aprender cosas distintas?

ACTIVIDAD A3 ¡ME ENCANTA ESTE LUGAR! Hay lugares adonde nos encanta ir, y hay otros lugares que no nos gusta visitar para nada.

1. ¿Cuáles son sus sitios preferidos?

    Escriba un lugar que le encanta visitar :

    Descríbalo brevemente:

2. ¿Qué lugares detesta?

    Escriba un lugar adonde no le gusta ir:

    Descríbalo brevemente:

Compare sus respuestas con las de sus compañeros. ¿Hay semejanzas? ¿Hay diferencias?

ACTIVIDAD A4 COMIDAS SABROSAS. ¿Ha probado la comida mexicana? Es probable que conozca las tortillas, los tacos y la salsa, pero hay muchos guisos mexicanos auténticos que son menos conocidos. Las *chalupas* son tortillas que se pueden rellenar con diversos ingredientes, como por ejemplo, pollo, verduras y queso. La *tinga* es otra mezcla frita hecha de carne o pollo, especias y verduras. Muchos platos mexicanos tienen como ingrediente esencial una forma de *chile* o pimiento.

A veces, es necesario *moler* los chiles o pulverizarlos usando un *metate*, una piedra especial también usada para aplastar el maíz. Hay chiles en el *mole*, una salsa casi negra que contiene chocolate. El *pipián* es una salsa de chiles para el pollo y la carne. En ciertos platos, los chiles son el ingrediente principal; es el caso de la *nogada*, una salsa que lleva además almendras y otros frutos secos, como por ejemplo pasas (uvas secas). Lea la siguiente receta para un *mole*, que combina muchos sabores para crear un sabor único.

Después, imagine que usted y otro estudiante van a cocinar este delicioso mole. Más tarde en el capítulo, en la lectura seleccionada de *Arráncame la vida*, va a ver cómo la protagonista prepara el mole.

El mole poblano

- Tostar en una olla en la hornilla:
    ajonjolí (semillas de sésamo) (2 cucharadas)
    almendras (1/4 libra)
    pepitas de calabaza (3 cucharas)
    cacahuetes (1/4 libra)
- Quitar la mezcla tostada de la hornilla.
- Moler bien en un metate los ingredientes tostados con:
    un chile
    pasas (2 cucharadas)
- Tostar una tortilla y molerla bien con la mezcla ya pulverizada.
- Freír en una olla en un poco de aceite de cacahuete:
    ajo (2 dientes)
    cebolla (1/2 taza)
- Añadir y cocinar 10 minutos:
    tomates (1 lata de 16 onzas)
    polvo de chocolate (2 cucharas)
    anís (1 cucharita)
    2 clavos de especie
    canela (2 palitos o cucharitas)
    caldo o "sopa" de pollo (4 tazas)
    sal
- Añadir la mezcla y menear (batir o combinar) bien todos los ingredientes con una cuchara de palo
- Añadir y cocinar 45 minutos o más:
    pollo o pavo (2 libras, en pedazos)
- Servir caliente, con arroz.

calabaza

metate

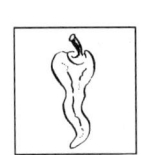

chile

olla

cuchara de palo

Ahora que ha leído la receta, imagine que usted y su compañero(a) están preparando mole. Uno de ustedes representa el papel del cocinero experto, y el otro es el aprendiz de cocinero, que hace las preguntas para saber dónde poner los distintos ingredientes.

Aprendiz: Use la lista siguiente para preguntar, "¿Dónde pongo...?":

el ajonjolí, las almendras, las pepitas de calabaza, los cacahuetes, el chile, las pasas, la tortilla, el aceite de cacahuete, el ajo, la cebolla, los tomates, el polvo de chocolate, el anís, los clavos, la canela, el caldo de pollo, la sal, el pollo o el pavo, el arroz.

Experto: Use la lista siguiente de utensilios y procesos para contestar e indicar el orden en que se combinan los ingredientes:

una olla, la hornilla, un metate

tostar, quitar, moler, freír, añadir, cocinar, servir

Modelo:

APRENDIZ: ¿Dónde pongo el ajonjolí?

EXPERTO(A): Primero, en una olla en la hornilla para tostarlo con las almendras, las pepitas, y los cacahuetes.

APRENDIZ: ¿Y dónde los pongo después de tostarlos?

EXPERTO(A): En un metate para molerlos.

Y ahora, ¿se animan a preparar el mole en su propia cocina? Les aseguramos que hará sus delicias.

ACTIVIDAD A5 UN DÍA DE CAMPO. Lea los comentarios de varias personas que visitaron la casa de campo de los señores Martínez, y también lo que dijeron los Martínez y su criada. Fíjese en quiénes lo pasaron bien y quiénes no en esta reunión campestre. La siguiente lectura describe algunos lugares y personajes.

MARILÚ: Los Martínez sembraron (cultivaron) demasiadas plantas, y tuve que sortear (evitar, eludir) las trampas (lo que atrapa) de los rosales (arbustos en que crecen las rosas) hermosos pero molestos.

JACOBO: Me costó mucho (me fue difícil) caminar por los prados (campos) sin tropiezos (obstáculos), y desafortunadamente, me caí y se me rompió el codo (parte del brazo).

LILIA: Jacobo no aguantaba (resistía) el dolor del codo, y estaba gimiendo (lamentándose) hasta que lo vio el médico. Pero después de una hora, alcanzamos a (llegamos a) divertirnos y estábamos dispuestos (preparados a) comer una buena cena.

ADRIANA: Me sentía libre de los quehaceres (trabajos) diarios y hablaba con gente grata (simpática), tan diferente de la gente huraña (insociable) de mi oficina.

LAURA: Los Martínez habían adivinado (habían descubierto algo secreto o no conocido) los gustos de los invitados, y por lo tanto, sobraba (había en exceso) la comida deliciosa.

TOMÁS: Había tanto que beber que la visita terminó en una borrachera (efectos del alcohol) espectacular. No pude disimular (esconder) que estaba borracho.

BIBI: ¡Qué insulto! ¡El colmo (lo último) fue que un hombre cogelón (seductor) casi me agredió (atacó) y me dijo que tenía las piernas chuecas (torcidas)!

LOS MARTÍNEZ: ¡Qué frenesí (locura)! ¿Por qué invitamos a tanta gente?

LA CRIADA: Me deprimía (me hacía sentir deprimida) el fregadero (lavabo) lleno de platos sucios.

¿Quiénes disfrutaron del día de campo y quiénes no? Razone su respuesta.

	Sí	No		Sí	No
Marilú			Tomás		
Jacobo			Bibi		
Lilia			Los Martínez		
Adriana			La criada		
Laura					

Capítulo 3

EN PLENA VISTA

Arráncame la vida
Ángeles Mastretta

La novela *Arráncame la vida* (1986), escrita por Ángeles Mastretta, periodista y escritora mexicana, ha sido traducida a más de diez idiomas. Narra la historia íntima de Catalina, esposa del político mexicano Andrés Ascencio. Arrancar significa sacar de raíz, como lo que se hace a una planta, o sacar con violencia o con fuerza, como hace el dentista con un diente. Inicialmente sumisa y dependiente en su papel de esposa, Catalina llega a ser una mujer libre e independiente. ¿Se siente ella como una planta arrancada o como un diente arrancado? ¿Cómo pasa Catalina el tiempo? Los tres pasajes de la novela presentan a Catalina en tres lugares y actividades de ocio: una clase de cocina, una cena en una casa, y una fiesta.

EL PROCESO DE LA LECTURA: EL NARRADOR Y SU PUNTO DE VISTA

El autor de una narración es su creador, pero no es necesariamente el narrador de la obra. A veces, el narrador es uno de los personajes, quien escribe el relato en forma autobiográfica; o puede que el narrador sea una voz anónima que cuenta lo que hacen y piensan los personajes de la obra. El lector es invitado a ver lo que pasa mediante la perspectiva del narrador.

Ángeles Mastretta es la autora de *Arráncame la vida,* pero, ¿quién es la narradora? Cuando lea las siguientes selecciones de su novela, trate de identificar desde qué perspectiva recibe el lector la información. No olvide emplear la estrategia de leer las obras dos veces para lograr una comprensión inicial, y después una comprensión mayor. Recuerde: después de leer la obra por encima la primera vez, realice la Actividad A6, y después de leerla más despacio la segunda vez, realice la Actividad A7. Si quiere, puede repasar la estrategia **Leer dos veces** en la página 6, que precede a las actividades A6 y A7 del Capítulo 1.

Ángeles Mastretta
Arráncame la vida

PARTE I

Yo entré a clases de cocina con las hermanas Muñoz y me hice experta en guisos. Batía pasteles a mano como si me cepillara el pelo. Aprendí a hacer mole, chiles en nogada, chalupas, chileatole[1], pipián, tinga. Un montón de cosas.

Éramos doce alumnas en la clase de los martes y jueves a las diez de la mañana. Yo la única casada.

Cuando José Muñoz terminaba de dictar, Clarita, su hermana, ya tenía los ingredientes sobre la mesa y nos repartía el quehacer.

Lo hacíamos por parejas; el día del mole me tocó con Pepa Rugarcía, que pensaba casarse pronto. Mientras meneábamos el ajonjolí con unas cucharas de palo me preguntó:

—¿Es cierto que hay un momento en que uno tiene que cerrar los ojos y rezar un avemaría[2]?

Me reí. Seguimos moviendo el ajonjolí y quedamos en platicar en la tarde. Mónica Espinosa freía las pepitas de calabaza en la hornilla de junto y se invitó ella misma a la reunión.

Cuando todo estuvo frito hubo que molerlo.

—Nada de ayudantes —decían las Muñoz—. Están muy difíciles los tiempos, así que más les vale aprender a usar el metate.

Nos íbamos turnando. Una por una pasamos frente al metate a subir y bajar el brazo sobre los chiles, los cacahuetes, las almendras, las pepitas. Pero no conseguimos más que medio aplastar las cosas. Después de un rato de hacernos sentir idiotas, Clarita se puso a moler con sus brazos delgados, moviendo la cintura y la espalda, entregada con frenesí a hacer polvito los ingredientes. Era menuda y firme. Mientras molía se fue poniendo roja, pero no sudó.

—¿Ven? ¿Ya vieron? —dijo al terminar. Mónica empezó un aplauso y todas la seguimos. Clarita caminó hasta el trapo de cocina[3] que colgaba de un gancho[4] junto al fregadero y se limpió las manos.

> ...Fui adquiriendo obsesiones. Creía que era mi deber adivinarle los gustos a la gente. Para cuando llegaban a mi casa yo llevaba días pensando en su estómago...

---

1. plato típico mexicano   2. oración a la Virgen María   3. tela para secar   4. hierro curvado para colgar utensilios

—No sé cómo se van a casar. Donde estén igual de ignorantes en lo demás.

Acabamos como a las tres de la tarde con los delantales[5] pringados[6] de colorado. Teníamos mole hasta en las pestañas[7]. El pavo se repartió en catorce y cada quién salió con un plato de muestra[8].

Parte II

Otra quería yo ser, viviendo en una casa que no fuera aquella fortaleza[9] a la que le sobraban cuartos, por la que no podía caminar sin tropiezos, porque hasta en los prados Andrés inventó sembrar rosales. Como si alguien fuera a perseguirlo en la oscuridad, tenía cientos de trampas para los que no estaban habituados a sortearlas todos los días.

Sólo se podía salir en coche o a caballo porque quedaba lejos de todo. Nadie que no fuera Andrés podía salir en la noche, estaba siempre vigilada por una partida de hombres hurañas, que tenían prohibido hablarnos y que sólo lo hacían para decir: "Lo siento, no puede usted ir más allá."

Fui adquiriendo obsesiones. Creía que era mi deber adivinarle los gustos a la gente. Para cuando llegaban a mi casa yo llevaba días pensando en su estómago, en si preferirían la carne roja o bien cocida, si serían capaces de comer tinga en la noche o detestarían el spaguetti con perejil[10]. Para colmo, cuando llegaban se lo comían todo sin opinar ni a favor ni en contra y sin que uno pudiera interrumpir sus conversaciones para pedirles que se sirvieran antes de que todo estuviera frío.

Para mucha gente yo era parte de la decoración, alguien a quien se le corren las atenciones que habría que tener con un mueble si de repente se sentara a la mesa y sonriera. Por eso me deprimían las cenas. Diez minutos antes de que llegaran las visitas quería ponerme a llorar, pero me aguantaba para no correrme el rimel[11] y de remate[12] parecer bruja[13]. Porque así no era la cosa, diría Andrés. La cosa era ser bonita, dulce, impecable. ¿Qué hubiera pasado si entrando las visitas encuentran a la señora gimiendo con la cabeza metida bajo un sillón?

De todos modos, me costaba disimular el cansancio frente a aquellos señores que tomaban a sus mujeres del codo como si sus brazos fueran el asa[14] de una tacita de café. En cambio a ellos se les veía tan bien, tan

> ...me costaba disimular el cansancio frente a aquellos señores que tomaban a sus mujeres del codo como si sus brazos fueran el asa de una tacita de café.

---

5. prendas que protegen los vestidos   6. con manchas de grasa   7. pelo que bordea los párpados
8. para llevar y probar en casa   9. fortificación   10. especia verde   11. maquillaje de las pestañas
12. además   13. hechicera   14. agarradera de los utensilios

dispuestos a comerse una buena cena, a saber por el menú el modo en que se les quería.

Parte III

Fuimos a sentarnos a la sala, que parecía el lobby de un hotel gringo. Alfombrada[15] y enorme. Con razón invitábamos tanta gente a nuestras fiestas, había que llenar las salas para no sentirse garbanzo en olla.

A la fiesta de la Bibi y su general fue muchísima gente. Era para celebrar un aniversario del periódico, así que fueron todos los que querían salir retratados al día siguiente. A Bibi no se le daba la organización culinaria, mandaba a hacer todo con unas señoritas muy careras[16] dizque[17] francesas y nunca alcanzaba. En cambio había vinos importados y meseros que le llenaban a uno la copa en cuanto se empezaba a medio vaciar. Poca comida y mucha bebida: acabó la fiesta en una borrachera espectacular. Los hombres se fueron poniendo primero colorados y sonrientes, luego muy conversadores, después bobos o furiosos. El peor fue el general Gómez Soto. Siempre bebía bastante; al comenzar las fiestas era un hombre casi grato, un poco inconexo pero hasta inteligente; por desgracia no duraba mucho así. Al rato empezaba a agredir a la gente.

—¿Y usted por qué tiene las piernas tan chuecas? —le preguntó a la esposa del coronel López Miranda—. Las cosas que no hará que hasta se le han enchuecado las piernas. Este coronel Miranda es un cogelón, miren cómo ha dejado a su mujer.

Nadie se rió más que él, pero nadie se fue de la fiesta más que López Miranda y su señora con las piernas chuecas. Después de eso se puso a evocar a su padre, a decir que nadie había hecho tanto por México como él, y a nadie se le había reconocido menos.

---

15. con alfombra   16. caras   17. se dice que

Actividad A6 La primera vez, con pocos detalles.
Ahora que acaba de leer el relato por primera vez, ¿puede identificar al narrador?

1. ¿Es un personaje que participa en la acción, o es una "voz" aparte de los personajes?

2. ¿Es hombre o mujer?

3. ¿Qué evidencias tiene de que el personaje es una mujer o un hombre?

4. ¿Conocemos el nombre del narrador?

ACTIVIDAD A7 LA SEGUNDA VEZ, CON MÁS DETALLES. Lea la obra por segunda vez; en esta ocasión, lea un poco más despacio para captar más detalles. Haga una pausa después de cada sección. Empleando palabras de la lectura, escriba algunos detalles sobre el papel de el(la) narrador(a) en cada lugar:

1. Su actitud con respecto a la clase de cocina:

    Evidencias de su actitud:

2. Su actitud con respecto a la cena de casa:

    Evidencias de su actitud:

3. Su actitud con respecto a la fiesta:

    Evidencias de su actitud:

PUNTO DE MIRA: LA LECTURA

ACTIVIDAD A8 EL DIARIO DEL LECTOR. Ahora le toca a usted escribir sus comentarios sobre la lectura con la ayuda de su profesor(a) y la guía presentada en el Capítulo 1, Actividad A8.

ACTIVIDAD A9 LAS DESCRIPCIONES DE LUGAR. Trabaje individualmente o en grupo para elaborar una descripción detallada de cada lugar.

1. La clase de cocina:
    a. aspectos físicos de la cocina:
    b. aspectos sociales de la clase de cocina entre las asistentes (actividades y relaciones entre las personas asociadas con la clase:
    c. aspectos psicológicos de las asistentes a la cocina (sus actitudes y sentimientos):
2. La cena en casa:
    a. aspectos físicos de la casa:
    b. aspectos sociales relacionados con estar en casa:
    c. aspectos psicológicos de la gente asociada con la casa y(o) la cena (sus actitudes y sentimientos):
3. La fiesta:
    a. aspectos físicos de la sala donde tiene lugar la fiesta:
    b. aspectos sociales relacionados con la fiesta (actividades de los asistentes):
    c. aspectos psicológicos de los asistentes a la fiesta (sus actitudes y sentimientos):

ACTIVIDAD A10 VIDA OCIOSA. Comente los siguientes puntos en un grupo de tres o cuatro estudiantes.

1. ¿Goza Catalina del ocio? Piense en las tres descripciones de lugar para comparar y contrastar sus actitudes. ¿Dónde parece estar más contenta? ¿Dónde parece estar menos contenta?

2. ¿Aparecen en las tres descripciones personas trabajando? ¿Dónde? ¿Cómo se presentan?

3. ¿Contribuyen las descripciones de lugar a retratar a Catalina como una mujer social o solitaria?

UNA MIRADA ALREDEDOR

ACTIVIDAD A11 ¿QUÉ PIENSA USTED? Comenten en grupo los siguientes temas o escriban sobre ellos. Su profesor(a) puede proponerles realizar uno de los ejercicios del Capítulo 1, Actividad A11, (página 23).

A continuación siguen algunos pensamientos de Catalina que expresan lo que a ella no le gusta. Aunque ella no lo dice explícitamente, ¿puede sugerir alguna cosa o algún lugar en el que ella preferiría estar?

1. "Otra quería yo ser, viviendo en una casa que no fuera aquella fortaleza a la que le sobraban cuartos."

2. "Sólo se podía salir en coche o a caballo porque quedaba lejos de todo."

3. "Me deprimían las cenas."

4. "Nadie se rió más que él, pero nadie se fue de la fiesta más que López Miranda y su señora."

ACTIVIDAD A12 TALLER DE TEATRO. Representen individualmente o en grupo las siguientes situaciones. ¿Cómo se portarían? ¿Qué harían?

Siguiendo las indicaciones de la Actividad A12, Capítulo 1, su profesor(a) puede proponerles representar una improvisación o una dramatización ensayada previamente.

1. **La clase de cocina:** ¡Qué confusión en la clase de cocina!

2. **Un(a) prisionero(a) de casa:** ¡No puedo aguantar tanto ocio!

3. **La cena obligatoria:** Una cena elegante a la que debe asistir un grupo de políticos y sus esposos.

LECTURA B

El hombre que se comieron los papeles   por Roberto Castillo

A PRIMERA VISTA

ACTIVIDAD B1   CADA COSA EN SU LUGAR.   ¿Es usted una persona pulcra y metódica, que pone en orden todas sus cosas? ¿O es usted desordenado(a) y poco limpio(a)? Marque con una **X** cuál es la condición usual de:

	Muy ordenado(a)	Bastante ordenado(a)	Desordenado(a)	Un desastre
1. su habitación				
2. los papeles del escritorio				
3. los cajones del escritorio				
4. los tramos de los cajones para los bolígrafos, clips, etc.				
5. el archivo de papeles, carpetas				
6. el archivo de datos de la computadora				
7. los tomos o los libros para su trabajo				
8. las hojas sueltas				

¿Qué adjetivo describe mejor la condición de su lugar de trabajo o de estudio? Compare su descripción con las de sus compañeros. ¿Quiénes mantienen muy ordenado su lugar de trabajo? ¿Quiénes lo mantienen bastante ordenado? ¿Quiénes son desordenados? ¿Quiénes son "un desastre" en cuanto al orden se refiere?

ACTIVIDAD B2 ANTE TODO, MUCHA CALMA.

Cuando tiene que trabajar mucho, ¿se siente tenso(a)? Indique una manera posible de aliviar el estrés en las siguientes situaciones. Trabaje con otro(a) estudiante o en un grupo pequeño. Un estudiante lee la situación en voz alta, y los demás aportan sugerencias para resolverlo.

Modelo: Situación: *Su jefe se acerca con un montón de trabajo nuevo.*

Sugerencia: *Tratar de decidir juntos un tiempo razonable para terminarlo.*

1. Usted solicita auxilio o ayuda de alguien, pero no lo recibe.
2. Las conexiones telefónicas no funcionan y nadie puede establecer comunicación.
3. La oficina de contabilidad descubre una gran pérdida en su departamento.
4. Un compañero torpe o muy lento presenta un obstáculo para la terminación de su trabajo.
5. Usted está a punto de desesperarse porque el día "termina" en media hora y todavía hay encima de su escritorio un montón de papeles.
6. Hace muchísimo calor en la oficina; usted suda muchísimo y los pulmones no le permiten respirar con facilidad.
7. Su supervisor dictamina que habrá que eliminar varios puestos.

ACTIVIDAD B3 ¿QUÉ OCURRE AQUÍ?

Imagine que un grupo de investigadores entra en la oficina donde trabaja usted. Tiene que darles explicaciones sobre lo que observan.

Modelo:

Los investigadores notan: *El jefe tiene gotas de sudor en la cara.*

Usted explica: *El jefe trabaja mucho y está roto el aire acondicionado.*

o tal vez: *El jefe está nervioso a causa de su visita.*

Observaciones de los investigadores:

1. La silla con rueditas está rota.
2. No hay nada en uno de los cajones del archivo.
3. En los tres cajones restantes hay muchas carpetas, pero no están en orden alfabético.
4. Hay unas bolas de papel encima del escritorio de la secretaria.
5. Un empleado deja dos grandes fajos o paquetes de datos estadísticos en el escritorio del jefe.

ACTIVIDAD B4 ¡QUÉ DESASTRE! El señor Sánchez espera una inmediata visita de los directores de su compañía, y tiene que arreglar su desordenada oficina a toda prisa. Indique lo que necesita hacer el señor Sánchez antes de la llegada de los jefes. Escriba los números apropiados en el dibujo. Los números 1 y 2 ya están hechos como ejemplo.

1. Limpiar el café derramado.

2. Atender el calendario arruinado por el café derramado.

3. Apretar el botón para adaptar la gradación del aire acondicionado.

4. Agarrar las hojitas que se riegan indiferentes por el aire.

5. Arreglar el cerro de invitaciones desempacadas y volver a empacarlas en su cajita.

6. Limpiar la goma que está derramada sobre el escritorio.

7. Quitarse los papeles pegados a la solapa y los que penden de las mangas de su chaqueta.

8. Cerrar el bote de tinta.

9. Vaciar la papelera.

10. Colocar las carpetas por orden alfabético en el cajón del archivo.

Descripción de lugar

ACTIVIDAD B5 ¡A LA ORDEN! En los lugares de trabajo, siempre hay gente trabajadora y gente perezosa. Para cada situación, escriba quién haría la acción indicada: el empleado trabajador o el perezoso.

1. A cualquier hora, está dispuesto a tomar un café y platicar de los deportes con los compañeros de oficina.
    a. el trabajador
    b. el perezoso

2. Cuando un cliente, por ejemplo, la Compañía Inmobiliaria, que compra y vende edificios, pide una entrevista lo más pronto posible, el empleado dice, "Aplácela hasta la semana que viene. No hay prisa."
    a. el trabajador
    b. el perezoso

3. Se dedica a sus responsabilidades de una manera implacable; sigue trabajando, siempre activo, y nunca dormitando.
    a. el trabajador
    b. el perezoso

4. El tiempo parece pasar rápidamente al fin del día, y en estos momentos fugaces, el empleado emprende (inicia) un trabajo que no quiere dejar hasta el próximo día.
    a. el trabajador
    b. el perezoso

5. Nadie se atreve a solicitar su ayuda en los proyectos porque nunca se extiende más allá de lo mínimo. Además, nunca quiere avanzar o adelantarse.
    a. el trabajador
    b. el perezoso

6. Trabaja duramente, como un buey o una bestia de carga, pero es apacible, es decir, amable y tranquilo, aun cuando hay trabajo que precisa acción urgente.
    a. el trabajador
    b. el perezoso

7. No se apresura a tratar los problemas. No tiene prisa porque sabe que habrá otras personas más resueltas y diligentes que él.
    a. el trabajador
    b. el perezoso

8. Si el suelo está muy sucio, no se sienta para limarse las uñas. Busca lo necesario, agua o una escoba, para limpiarlo o barrerlo. Y el suelo queda bien lustrado (con brillo).
    a. el trabajador
    b. el perezoso
9. Repara (pone atención) en sus papeles.
    a. el trabajador
    b. el perezoso
10. Se hunde (se mete) en su asiento, y se acomoda (establece), y no desperdicia (pierde) el tiempo para poder atender todas sus responsabilidades.
    a. el trabajador
    b. el perezoso

EN PLENA VISTA

El hombre que se comieron los papeles
Roberto Castillo

Roberto Castillo, de Honduras, ha ganado varios premios latinoamericanos por sus cuentos. En *El hombre que se comieron los papeles,* Castillo describe un lugar de trabajo y sus efectos sobre un empleado. ¡Veamos cómo el hombre es "comido" por los papeles!

EL PROCESO DE LA LECTURA: LAS VARIACIONES DE UN ELEMENTO

En una lectura, un mismo elemento puede tomar varias formas. Por ejemplo, el agua puede ser representada como el hielo, la lluvia, el mar, o un río. Frecuentemente, especialmente en el arte y en la música, esta repetición con variaciones se llama un "motivo" o "*motif*".

En *El hombre que se comieron los papeles*, el papel es algo que aparece de muchas formas. Preste atención a las variaciones de este elemento para ver la acumulación de papeles en la oficina. No olvide emplear la estrategia de leer la obra dos veces para lograr una comprensión inicial, y después una comprensión mayor. Recuerde: después de leer la obra por encima la primera vez, realice la Actividad B6, y después de leer más despacio la segunda vez, realice la Actividad B7. Si quiere, puede repasar la estrategia **Leer dos veces** en la página 6, que precede a las actividades A6 y A7 del Capítulo 1.

Roberto Castillo
El hombre que se comieron los papeles

I

Muy suavemente arrojó al cesto la bola blanca de papel que tenía casi las dimensiones del puño[1] de su mano. Hizo que le trajeran una taza de café y no dejó de trabajar mientras la tomaba. Antes había levantado los ojotes[2] de buey apacible cuando la secretaria que le dio la taza salía, y no pudo advertir que dos hojas de papel se acomodaron suavemente en el extremo posterior izquierdo del escritorio. Mientras tanto, las soberbias[3] caderas[4] de la secretaria se contorneaban[5] sagazmente[6] al cruzar la puerta, ya de regreso. Las hojitas medio se movieron debido al viento y él les colocó un pisapapeles. Sonó el teléfono:

—Solicitan entrevista con usted. Es de la Compañía Inmobiliaria.

—Aplácela por hoy. Se las concederemos mañana por la mañana, así que dígales que la confirmen a esta misma hora.

Siguió trabajando, activo unas veces y dormitando otras. Una mano dulce, imprevisible[7] y fugaz, le dejó caer delante tres gruesos tomos de contabilidad; otra mano dura y rápida, implacable, puso a su izquierda un cerro[8] de invitaciones que debía firmar. Tomó otro pisapapeles y lo colocó gallardamente[9] sobre ellas.

El calor subía a medida que avanzaba la mañana. Alargó[10] la mano y adaptó la gradación del aire acondicionado. Mirando a través de los cristales de la ventana, pensó que le gustaría estar como aquel viejo que se veía en el banquito del parque: siempre dispuesto a platicar de lo que fuera con el primero que se le acercara.

Se decidió a salir de las invitaciones. Apenas había firmado cinco cuando recordó que esa misma mañana debía dictar dos cartas UR—GEN—TES. Se desesperó tanto que extendió demasiado la mano temblorosa, trayéndose al desorden los libros decorativos que había comprado para dar un toque[11] de elegancia a la oficina. Apenas desempacados[12], eran ya un rascacielos que se levantaba sobre el escritorio. La enciclopedia lujosamente empastada[13], bañados en oro los bordes de las páginas, se desparramó sobre el escritorio con tanta lentitud que, al consumarse el acto, él ya estaba furioso. Las dos manos se encontraban ahora nerviosas y las dos se extendieron más allá de sus posibilidades reales: no se desperdiciaron en atender los hermosos tomos bañados en oro, con ilustradas páginas de papel Biblia que yacían maltrechas; sino que fueron directamente hasta el portafolio, situado en el

---

1. la mano cerrada   2. ojos grandes   3. magníficas   4. la parte del cuerpo donde se unen muslo y tronco
5. se movían onduladamente   6. astutamente   7. imposible de prever   8. montón   9. galantemente
10. extendió   11. detalle   12. sacados de la caja   13. fabricada, encuadernada

extremo. Allí estaban, por fin, las referencias que precisaban las cartas urgentes.

Nuevamente el teléfono.

La mano derecha fue más torpe al regreso (en vuelo ciego quería caer sobre el aparato), dando al traste[14] con el pequeño calendario de escritorio. Múltiples paginitas se regaron indiferentes.

—Sí, sí mi amor. Discúlpame ahora, te llamaré más tarde y creo que podremos almorzar juntos. Espera mi llamada.

Un visitante inoportuno pero obligado e ineludible[15] se adelantó resuelto. No se detuvo hasta ponerle adelante los grandes fajos[16] de datos estadísticos que él le había pedido ayer. Desde su posición cómoda, calurosa, desesperada y nerviosa, vio solamente el par de zapatos bien lustrados que avanzaban decididos. Después oyó la voz que le decía de las estadísticas que me pidió ayer, señor, y vio los dos espejos negros girar[17] violentamente para emprender el regreso.

II

Habría querido otro café pero no se atrevió a pedirlo hasta no solucionar el problema con el bote de goma. Mientras quiso atender las estadísticas le había dado vuelta[18]. La goma derramada se pegaba en todo lo que estaba sobre el escritorio. Colocó su pipa a salvo sobre los cuadros estadísticos y, muy dignamente, se replegó[19] sobre sí mismo a pensar en la solución correcta.

La secretaria de las caderas soberbias entró nuevamente, estas vez a dejarle los informes confidenciales del Ministerio; de paso le llevaba las últimas publicaciones del mismo, esas que tanto le gustaba ser el primero en leer. La vio venir y pensó que de frente no se veían tan bien aquellas magníficas caderas, pero supo que la vista sería distinta cuando ella se diera la vueltecita del regreso[20]. Las vio ladearse[21] de pura sensualidad hacia el escritorio y reparó en las uñas pintadas de la muchacha, llevándole aquel rosado tierno[22] de las uñas a todo el perfume que la hembra[23] desprendía[24]. Se sintió muy pequeño al respirar el aroma, al tiempo que deseaba que ella lo volviese a ver siquiera un instante. Pero la secretaria dio la vuelta sin verlo, luciendo[25] una vez más las hermosas caderas mientras cruzaba la puerta en aquella

El escritorio era un cerro que representaba el Juicio Final de todos los papeles, distribuidos en todos los tamaños, todas las tintas y todas las procedencias.

---

14. arruinado 15. inevitable 16. montones 17. mover circularmente 18. se le había caído
19. se dobló 20. se volviera 21. moverse hacia un lado 22. dulce 23. mujer 24. dejaba escapar
25. mostrando

vueltecita aérea y sensual. El pensó que así como cuando ella estuvo tan cerca y no lo vio debía ser la soledad de la muerte.

La goma derramada empezaba a ser letal. Recordó de pronto que en uno de los cajones del archivo tenía oculta[26] una sustancia eficaz para desterrarla[27]. Abrió con violencia el primer tramo, donde daba por seguro encontrarla. Sacó carpetas y hojas perforadas que tiró sobre el escritorio, irritándose mucho con la sensación de frustración que le producía el buscar a ciegas[28] y que sus manos no tocaran nada. Sobre las mangas del traje, sobre las solapas y la corbata, pendían hojitas pegadas con goma. Se apresuró entonces a abrir el segundo tramo.

La furia era incontrolable cuando llevaba tres tramos abiertos y no encontraba lo que buscaba. El escritorio era un cerro que representaba el Juicio Final[29] de todos los papeles, distribuidos en todos los tamaños, todas las tintas y todas las procedencias[31]. Terminó de sacar lo que había en los dos tramos restantes, poniéndolo junto al resto del archivo que era la parte sustancial del cerro. La furia por no haber encontrado nada lo llevó a sentarse de nuevo en su sillón, que al hundirse suavemente, con un discreto ruido de aire que sale, le recordó comodidades por las que luchó toda la vida.

Levantó los ojos tristes de buey vencido[32] para contemplar el cerro de papeles que se alzaba[33] amenazante[34]. Recordó con nostalgia sus días de estudiante de derecho en que todo su amor era el archivo, mientras los compañeros andaban tras los códigos[35], las muchachas bonitas, las borracheras[36] o las fiestas elegantes. Ya desde esa época había descubierto en él la clave[37] del éxito en la vida y lo desesperó la nostalgia, ahora que lo había destruido, porque durante toda la vida le fue fiel.

Empezó a sentir un calor intensísimo y se descubrió navegando en un sudor torrencial. Quiso respirar pero experimentó que los pulmones no daban para tanto, mientras calculaba, sin equivocarse, que la mano nerviosa no llegaría a desatar[38] la corbata. Con las últimas fuerzas echó hacia atrás el sillón y las rueditas fielmente obedecieron. Logró arrancar el botón del aire acondicionado, buscando ponerlo en la máxima gradación. Al darle vuelta entró una fuerte corriente de aire cálido que barrió con todo, le tiró los papeles en la cara, sobre el pecho y formó un tumulto de hojas que se pegaban a la goma y al sudor. Sólo unas manos torpes que se agitaron en el aire y una voz que nunca llegó a pedir auxilio salieron del cerro de papeles que lo cubrió por completo.

—Paro cardíaco debido a su excesiva obesidad, los calores de estos días y el mal funcionamiento del aire acondicionado— dictaminó el forense[39].

---

26. escondida 27. quitarla 28. sin poder ver 29. Juicio del fin del mundo 30. dimensiones
31. orígenes 32. conquistado 33. levantaba 34. agresivamente 35. libros de derecho
36. celebraciones en que se bebe alcohol en exceso 37. solución 38. deshacer 39. médico que ejerce funciones legales

Actividad B6 La primera vez, con pocos detalles.

Después de leer la obra por primera vez, escriba algunos detalles sobre el protagonista de la historia y su lugar de trabajo:

1. Dónde trabaja:

2. La condición de su escritorio:

3. Otra persona que trabaja en el mismo lugar:

4. Un problema que tiene el protagonista:

5. Qué le sucede al protagonista al final:

Actividad B7 La segunda vez, con más detalles.

Lea la obra por segunda vez; en esta ocasión lea más despacio para captar más detalles. Haga una pausa después de cada sección. Empleando palabras de la lectura, escriba algunos detalles más para describir al hombre y su lugar de trabajo. Hay más de una respuesta posible.

Parte I   Varias formas en que el papel domina el ambiente en torno al protagonista:

Parte II Varias consecuencias de que se derramara el bote de goma:

Punto de mira: La lectura

Actividad B8 El diario del lector.

Ahora le toca a usted escribir sus comentarios sobre la lectura con la ayuda de su profesor(a) y la guía presentada en el Capítulo 1, Actividad A8.

Actividad B9 ¿Qué ha visto usted en la oficina?

¿Qué más ha notado usted sobre el oficinista y su lugar de trabajo? Amplíe cada una de las siguientes descripciones con más información. ¡Demuestre todo lo que sabe de la historia! Puede trabajar solo(a) o con otra persona.

Modelo:

Observación: *Hace calor en la oficina.*

Usted responde: *Sí, el oficinista tiene que adaptar la gradación del aire acondicionado.*

O tal vez: *Sí, el oficinista sufre mucho por el calor y el desorden de sus papeles.*

1. El oficinista piensa mucho en su secretaria.
2. Se compara al oficinista con un buey.
3. Hay un desorden increíble en el escritorio.
4. El oficinista recibe llamadas por teléfono.
5. El bote de goma causa un serio problema.
6. El oficinista recuerda con nostalgia sus días de estudiante.
7. El oficinista no puede resolver sus problemas.

ACTIVIDAD B 10   EL JUICIO FINAL DE TODOS LOS PAPELES.

Trabaje en un grupo de tres personas o individualmente para presentar su perspectiva de la historia. Tome la perspectiva de uno de los personajes para contestar la pregunta "¿Qué le pasó al hombre?" Usando detalles y vocabulario de la lectura, trate de imaginar cómo habrían explicado ellos lo que le pasó al hombre.

1. **La secretaria:** Trabajamos juntos casi todo el día. Entré en la oficina y...
2. **El forense:** Yo dictamino que...
3. **El hombre:** ¡Ay!...

UNA MIRADA ALREDEDOR

ACTIVIDAD B 11   ¿QUÉ PIENSA USTED?   Comenten en grupo los

siguientes temas o escriban sobre ellos. Su profesor(a) puede proponerles realizar uno de los ejercicios del Capítulo 1, Actividad A11, (página 23).

1. ¿Puede ser opresivo el ambiente de una oficina? ¿En qué sentido?
2. ¿Cuáles son algunas de las tensiones que puede provocar el ambiente de una oficina?
3. ¿Cómo puede aliviar la tensión un oficinista?
4. ¿Habría podido evitar el hombre "ser comido por los papeles"? ¿Cómo?

ACTIVIDAD B12 TALLER DE TEATRO. Representen individualmente o en grupo las siguientes situaciones. ¿Cómo se portarían? ¿Qué harían?

Siguiendo las indicaciones de la Actividad A12, Capítulo 1, su profesor(a) puede proponerles representar una improvisación o una dramatización ensayada previamente.

1. **Así me escapé del apuro:** Tomando la perspectiva del empleado, varios estudiantes presentan una versión de una situación frustrante. Deben presentar también una solución al problema. La clase puede decidir cuál de los estudiantes tiene la mejor solución.

2. **¡Qué lío!:** Un jefe le manda a su empleado(a) que no salga de la oficina hasta que termine con una lista muy larga de deberes. El(la) empleado(a) se mete en grandes dificultades por desear terminar demasiado aprisa.

3. **¡No aguanto más!:** Un(a) secretario(a) se frustra al no poder atender las muchas llamadas telefónicas y encargos de los otros empleados.

4. **¡Me están comiendo los papeles!:** Un(a) empleado(a) se vuelve loco(a) por sus responsabilidades de organizar y archivar montones de papeles e informes de todo tipo que le da su jefe.

REPASO DEL GÉNERO

Recuerde que las descripciones de lugar pueden representar:

1. aspectos físicos del lugar

2. aspectos sociales (relacionados con las costumbres)

3. aspectos psicológicos de la gente asociada con el lugar

En las lecturas de este capítulo, indique qué aspecto de la descripción le parece más importante y cuál le parece menos importante. Debe poder defender su opinión con ejemplos concretos. Para poder participar en la discusión en clase, escriba qué aspecto predomina en la descripción y alguna evidencia de ello.

	Aspecto mejor descrito	**Aspecto peor descrito**	**Evidencia**
Arráncame la vida			
la clase de cocina			
la cena de casa			
la fiesta			
El hombre que se comieron los papeles			
la oficina			

Escoja uno de los cuatro lugares:

1. la clase de cocina
2. la cena de casa
3. la fiesta
4. la oficina

¿Qué elementos podría añadir para resaltar más el aspecto que predomina menos en la descripción?

CAPÍTULO 4

CÓMO DAR INSTRUCCIONES

LECTURA A   *Papiroflexia: El arte de hacer figuras de papel*   por Javier Tapia Rodríguez
LECTURA B   *"Todo sobre la bici"*
LECTURA C   *"El Botones Sacarino"*   por F. Ibáñez

¿QUÉ ES UNA INSTRUCCIÓN?

Una instrucción es una indicación sobre cómo hacer algo. Se puede comunicar de muchas maneras diferentes. Si se da de una manera directa y personal, se pueden emplear:

- los verbos conjugados del indicativo: *Comienzo aquí y sigo así...*
- los mandatos directos: *Comience usted aquí... Siga así...*
- el subjuntivo: *Recomiendo que comience aquí y siga así...*

o las expresiones

- deber + infinitivo: *Debe comenzar aquí y seguir así...*
- tener que + infinitivo: *Tiene que comenzar aquí y seguir así...*

Para dar instrucciones de una manera menos personal, se usan expresiones con:

- la voz pasiva: *Se comienza aquí y se sigue así...*
- los infinitivos: *Comenzar aquí y terminar así...*
- el verbo **ser**: *Es preciso comenzar aquí y seguir así...*
- hay que + infinitivo: *Hay que comenzar aquí y seguir así...*

Si las instrucciones son explícitas y detalladas, como en las dos primeras lecturas de este capítulo, nos guían paso a paso por una actividad.

Actos cotidianos, como indicar cómo llegar a un sitio, también son instrucciones.

También es posible que se expliquen los motivos o las razones por las direcciones instructivas, algo que hace la segunda lectura. Las instrucciones condensadas o resumidas, como las de la tercera lectura, mandan realizar una actividad, muchas veces mediante firmes órdenes.

Lea las instrucciones siguientes que le dicen cómo escaparse del trabajo y disfrutar de un día de ocio:

Escoger un día de mucho sol y mucho calor.

Invitar a sus amigos para acompañar. **Llevar** toalla, traje de baño y gafas del sol.

No pensar en las tareas del día siguiente.

¿Cómo cambiaría usted las instrucciones que acaba de leer para hacerlas más personales? ¿Cómo las podría condensar? ¿Cómo las ampliaría con más detalles?

LECTURA A

Papiroflexia: El arte de hacer figuras de papel
por Javier Tapia Rodríguez

A PRIMERA VISTA

ACTIVIDAD A1   EL PAPEL, INVENCIÓN EXTRAORDINARIA.

Aunque hoy día consideramos el papel como una cosa ordinaria, su invención cambió de una manera profunda la historia del mundo. Piense en los múltiples objetos de papel que usted utiliza en la vida diaria. Enumere al menos diez aplicaciones (usos).

Puede seguir estos dos modelos:

1. _____ son de papel.

    Se usan para _____.

2. Uso el papel cuando_____.

ACTIVIDAD A2 ¡QUÉ FLEXIBILIDAD! El papel es una materia sumamente flexible. Tiene muchas aplicaciones y su forma se puede modificar fácilmente. ¿Qué otras cosas de la vida diaria tienen múltiples aplicaciones y formas?

1. Escriba tres aplicaciones comunes del plástico. Se usa el plástico para ...

2. Escriba el nombre de otras dos materias o sustancias muy flexibles. Para cada una, indique tres aplicaciones o formas que tenga.

ACTIVIDAD A3 UNA CARTA PARA USTED. Ordene cronológicamente esta lista de acciones que se siguen al escribir y mandar una carta. La secuencia puede variar, ¡pero debe ser lógica!

Para escribir una carta:

____ Tomo un bolígrafo azul.

____ Termino de escribir.

____ Saco un papel cuadrangular, de 12 centímetros por lado.

____ Escribo en cada línea del papel, de arriba hacia abajo.

____ Doy vuelta la hoja de papel para escribir en el otro lado.

Para mandar una carta:

____ Pego un sello (una estampilla) en el sobre, y lo aprieto bien para que no se pierda.

____ Doblo el papel.

____ Echo la carta al buzón en la oficina de correos.

____ Escribo su dirección y la mía en el sobre.

____ Desdoblo el papel porque me olvidé de escribir mi nombre al final de la carta. ¡Qué tonto!

____ Cierro bien la aleta triangular del sobre.

____ Pongo la hoja en el sobre después de plegarla otra vez.

ACTIVIDAD A4 ¿Recibió mi carta? Ordene cronológicamente esta lista de acciones que siguen a la llegada de una carta. La secuencia puede variar, ¡pero debe ser lógica!

Al llegar la carta:

____ Abre el sobre.

____ Despliega la carta para leerla.

____ Saca el papel plegado del sobre.

____ Coge el sobre del buzón cerca de la puerta de su casa.

____ Sopla un poco para inflar el sobre y poder abrirlo.

____ Después de terminar la carta, la dobla y la devuelve al sobre.

____ Después de leer un lado, da vuelta el papel para leer el otro lado.

____ Pone el sobre en su escritorio para recordar que tiene que contestar la carta.

ACTIVIDAD A5 Ahora, envíe la carta. Trabaje con otro estudiante o en grupo. En las Actividades 3 y 4, ha ordenado cronológicamente la secuencia de las acciones necesarias para mandar y leer una carta. Ahora, un(a) estudiante dará una serie de órdenes a sus compañeros para mandar una carta o leerla. Deberá expresar las instrucciones de una forma diferente. Puede guiarse por las instrucciones presentadas en la introducción al género en la página 113. Por ejemplo, varias formas de expresar la frase "doblo el papel" son:

Doble usted el papel	Es preciso doblar el papel
Tiene que doblar el papel	Doblemos el papel
Debe doblar el papel	Dobla el papel
Se dobla el papel	

Los demás estudiantes escucharán y harán lo que se les pida. También pueden repetir las órdenes para sí mismos para asegurarse de que las están siguiendo bien.

Variaciones posibles:

a. Un(a) estudiante dará instrucciones muy claras y precisas para mandar la carta (basadas en la segunda parte de Actividad A3). Los demás deben hacer lo que se les pida. Para asegurarse de que oyeron bien la instrucción, pueden repetirla usando la forma verbal del infinitivo.

   Modelo:

   ESTUDIANTE A: Doblar el papel.

   ESTUDIANTE B: ¿Doblar el papel?

   ESTUDIANTE A: Sí, doblar el papel. Luego, desdoblar el papel para firmar la carta.

   ESTUDIANTE B: ¿Desdoblar el papel?

   ESTUDIANTE A: Sí, desdoblar el papel. Luego,...

b. Un(a) estudiante dará instrucciones muy claras y precisas para abrir y leer la carta (basadas en Actividad A4). Los que escuchan pueden repetir las instrucciones durante el proceso.

c. Un(a) estudiante dará órdenes equívocas o una secuencia incorrecta de órdenes para mandar o abrir y leer la carta. Los que escuchan pueden repetir las instrucciones para comunicar su confusión (tengan en cuenta que la entonación de la frase es diferente que en la Actividad A).

   Modelo:

   ESTUDIANTE A: Comer el sobre.

   ESTUDIANTE B: ¿Comer el sobre? (No puede ser. ¿No querrás decir "coger el sobre"?)

   ESTUDIANTE A: Sí, eso, coger el sobre.

En plena vista

Papiroflexia: El arte de hacer figuras de papel
Javier Tapia Rodríguez

Papiroflexia: El arte de hacer figuras de papel, es parte de un manual que muestra cómo manipular el papel de una manera artística. La lectura consta de cuatro partes: I. una pequeña introducción, II. un útil sistema de 19 símbolos para realizar las manipulaciones comunes, III. las instrucciones para hacer un helicóptero de papel, y IV. las instrucciones para hacer una bomba de agua.

¡Descubra su talento y una nueva forma de entretenimiento!

El proceso de la lectura: La ayuda de los dibujos

Frecuentemente, los dibujos que acompañan el texto escrito (ilustraciones, grabados o láminas) ayudan a comprender la lectura. Los manuales pueden estar ilustrados por diagramas, esquemas o gráficos. Si el lector no comprende bien una explicación, los dibujos pueden clarificar el proceso.

En *Papiroflexia: El arte de hacer figuras de papel*, el texto explica cómo doblar el papel y las láminas muestran gráficamente el significado del texto. Por ejemplo, cuando llegue a la presentación de los símbolos útiles de papiroflexia, va a leer lo siguiente:

El símbolo 1 es: *pliegue en valle*.

Tal vez usted sepa que un pliegue es lo que resulta de doblar o plegar algo; y tal vez sepa que un valle es el espacio que queda entre dos montes. Pero el dibujo puede facilitar mucho la comprensión del texto.

El símbolo 6 es: *hundir, aplastar*.

Tal vez usted sepa que un significado de *hundir* es *meter dentro*; y tal vez sepa que un significado de *aplastar* es *aplanar con presión*. Pero el dibujo aclara que debe meter parte del papel dentro y que debe presionar el doblez.

Para esta lectura, se sugiere una variación de la estrategia de leer dos veces. Primero, lea la Actividad A6, le ayudará a comprender las secciones 1 y 2 del manual (la introducción y la presentación de los símbolos). Después, lea la Actividad A7 para saber cómo proceder con las secciones 3 y 4 del manual: las instrucciones para hacer el helicóptero y la bomba de agua.

JAVIER TAPIA RODRÍGUEZ
Papiroflexia (I)

El arte de hacer figuras de papel

Muchos autores han tratado de encontrar los orígenes de la papiroflexia, y aunque no se puede decir que han fracasado en su intento, sí se puede decir que no se han puesto de acuerdo.

Algunos imaginan su origen en la China, mientras que otros aseguran que su verdadera fuente viene del Japón. Los primeros por entender que en la China fue más temprano el uso del papel, y los segundos por saber que el *origami* o papiroflexia tuvo un importante desarrollo artesanal durante los dos siglos que el Japón se mantuvo cerrado a todos los países del mundo.

Hallar la referencia que indique el lugar exacto de la Tierra en que por primera vez, en la historia de la humanidad, alguien se dedicó a hacer figuritas de papel, es muy difícil. Por supuesto que los adornos y las figuritas de papel no son exclusivamente de los japoneses, pero sólo a ellos se les puede considerar los padres del cultivo de la artesanía que hoy conocemos por papiroflexia, es decir, del arte de manipular, flexionar y doblar el papel sin necesidad de cortarlo, de pegarlo o de atarlo con madera, alambre[1] o cordel[2].

Vamos, que los japoneses son los principales cultivadores de las figuritas de papel sin usar más medios que sus propias manos y un pedazo rectangular, o cuadrangular, de papel.

Se supone que, como muchas otras cosas, la papiroflexia fue traída a España por los moros, pero no se tiene la certeza de ello.

En la papiroflexia lo único que se necesita es papel, y ocasionalmente unas tijeras para darle a la hoja de papel la forma rectangular, triangular o cuadrangular necesaria, o bien, para hacer pequeñas escisiones[3] en figuras muy sencillas, como en la del helicóptero. El resto es, en primer lugar, perderle el miedo al papel y un poco de

> **Hallar la referencia que indique el lugar exacto de la Tierra en que por primera vez, en la historia de la humanidad, alguien se dedicó a hacer figuritas de papel, es muy difícil.**

---

1. hilo de metal 2. cuerda 3. cortes

paciencia al principio, para que nuestra habilidad y nuestro ingenio[4] se vayan despertando.

Las figuras se pueden hacer de cualquier tamaño[5], pero se recomienda trabajar con papeles pequeños, de diez a doce centímetros por lado, para que la figura adquiera una mayor consistencia, y para que sea más fácil de manipular. Una vez que domine las medidas[6] pequeñas, podrá realizar las figuras con medidas más grandes y con papeles más consistentes.

Para ciertas figuras un folio blanco es suficiente, si bien es cierto que los papeles de colores, o los papeles bicolores (blancos por un lado y coloreados por el otro), dan un mejor efecto a las figuras terminadas.

A partir de aquí, se presentan las láminas modelo, a partir de las cuales iremos aprendiendo a hacer las distintas figuras. Empiece por el principio, aprenda a hacer lo más elemental y sencillo, acostúmbrese a doblar hacia dentro y hacia afuera, a unir, a sacar, a soplar, a plegar, etc., y sobre todo, practique mucho con cada una de las figuras hasta que las domine por completo.

Y verá que así podrá ir de lo mas fácil a lo más elaborado sin ninguna dificultad.

---

4. creatividad   5. dimensión   6. dimensiones

ACTIVIDAD A6 LA PRIMERA VEZ, CON POCOS DETALLES

1. Después de leer la introducción escriba, empleando palabras sueltas o frases breves:

   a.   algo sobre el origen de la papiroflexia:

   b.   los materiales que se necesitan para la papiroflexia:

   c.   algo sobre cómo hacer papiroflexia:

2. Tome un papel rectangular o cuadrangular. Estudie las 19 manipulaciones presentadas en la Parte II: Simbología. Siga las indicaciones. Donde indica "Practicar", repita las manipulaciones varias veces hasta que pueda hacerlas fácilmente. Practique todos los símbolos. Donde indica "Mirar" o "Imitar", trate de comprender lo que significa la manipulación. Si quiere, puede tratar de imitar el dibujo.

Javier Tapia Rodríguez
Papiroflexia (II)

Simbología

Practicar
pliegue en valle

Practicar
dividir en partes iguales

IMITAR
pliegue en monte

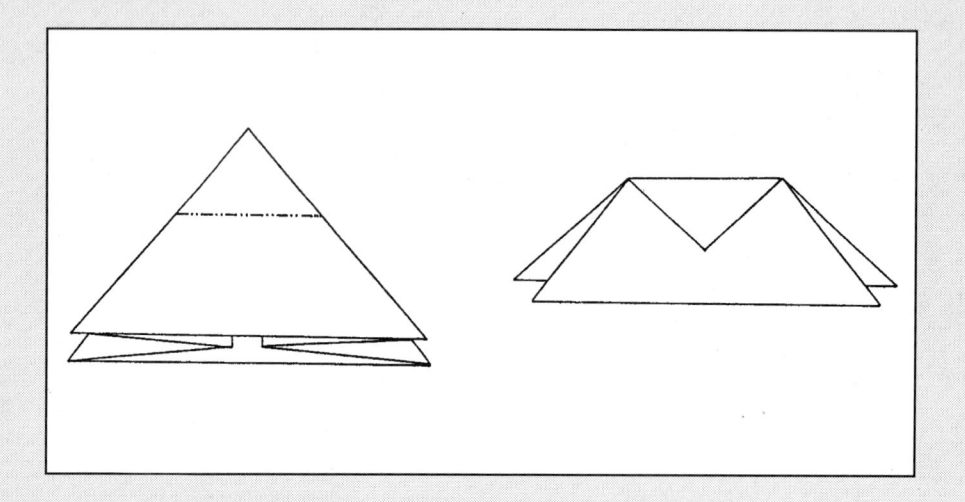

PRACTICAR
cicatriz

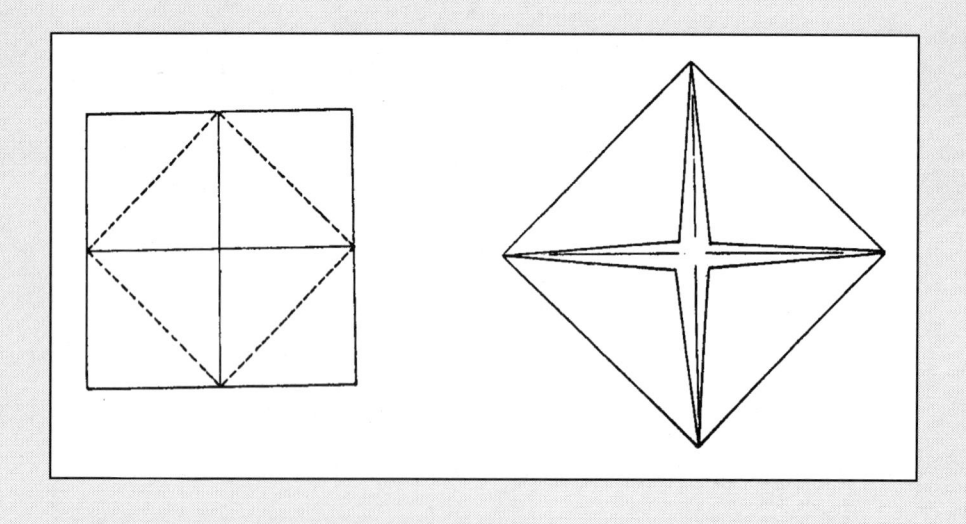

Mirar
visión por transparencia

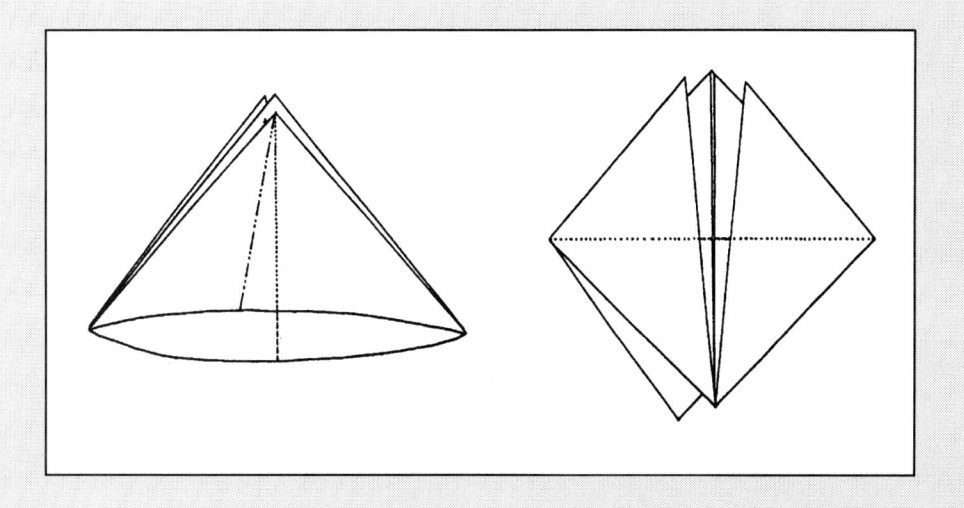

Mirar, imitar
hundir, aplastar

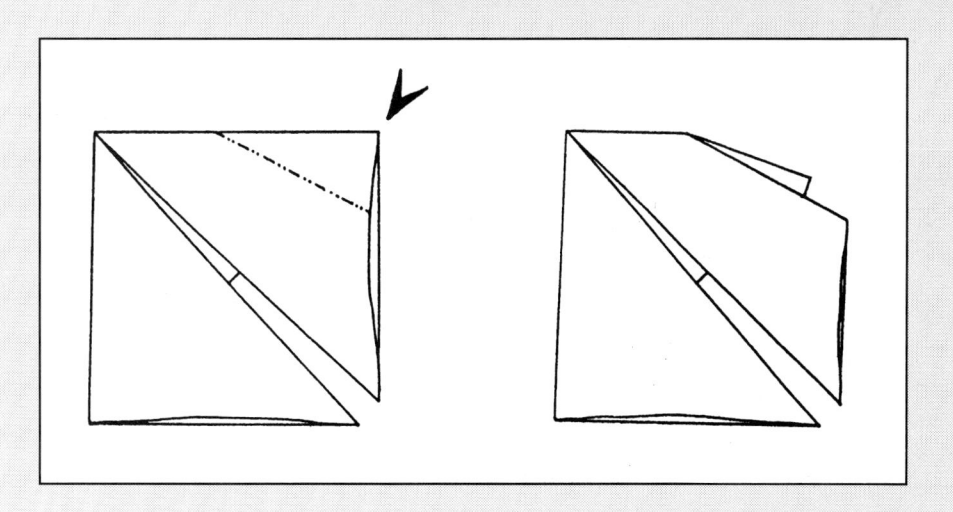

Capítulo 4 **123**

MIRAR, IMITAR
doblar hacia atrás

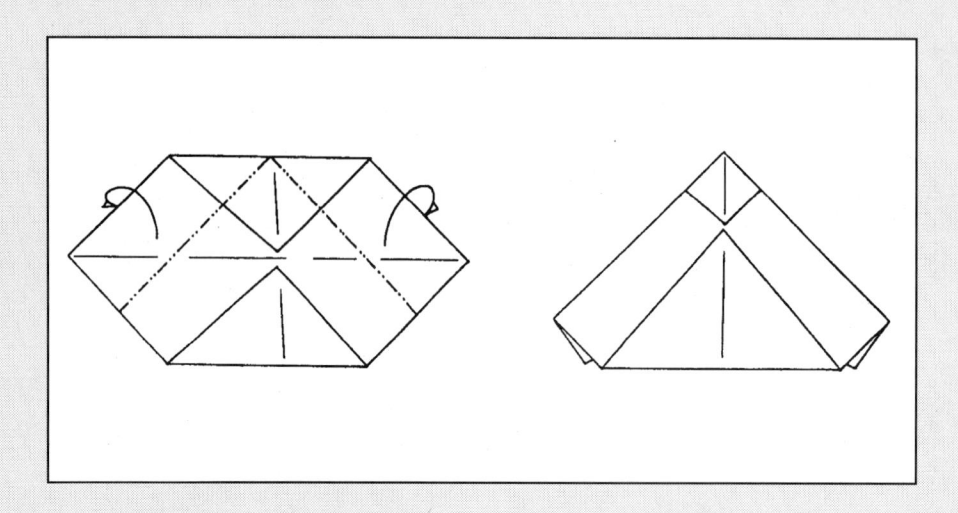

MIRAR, IMITAR
punto de referencia

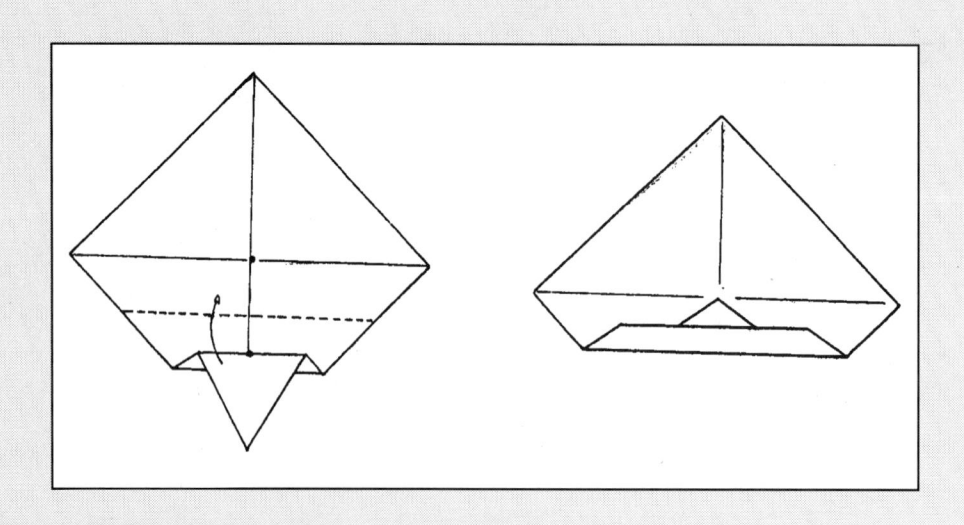

Cómo dar instrucciones

PRACTICAR
plegar y desplegar

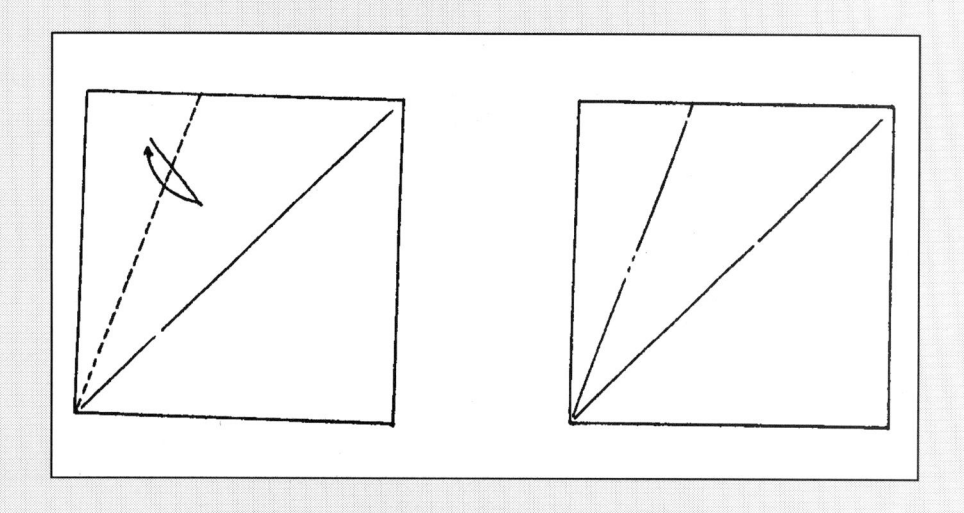

PRACTICAR
doblar hacia adelante

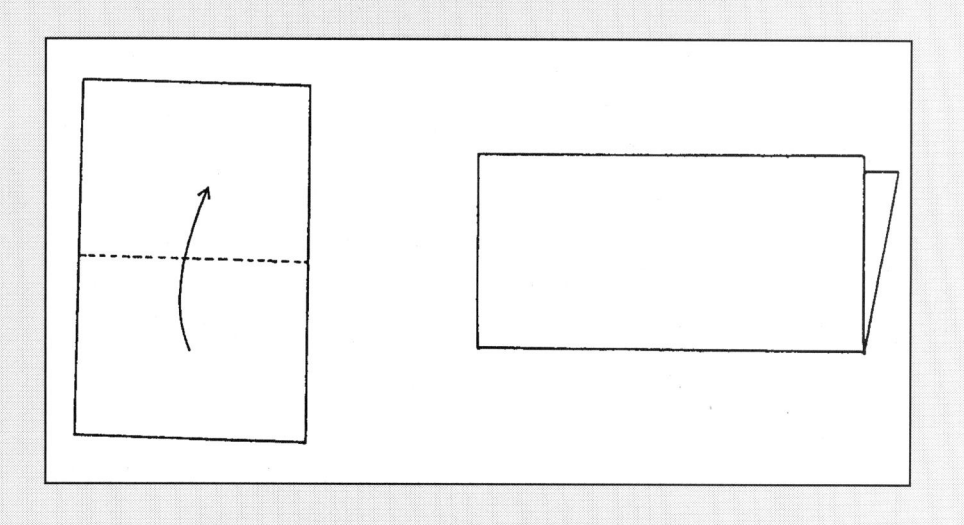

MIRAR, IMITAR
dar la vuelta al modelo

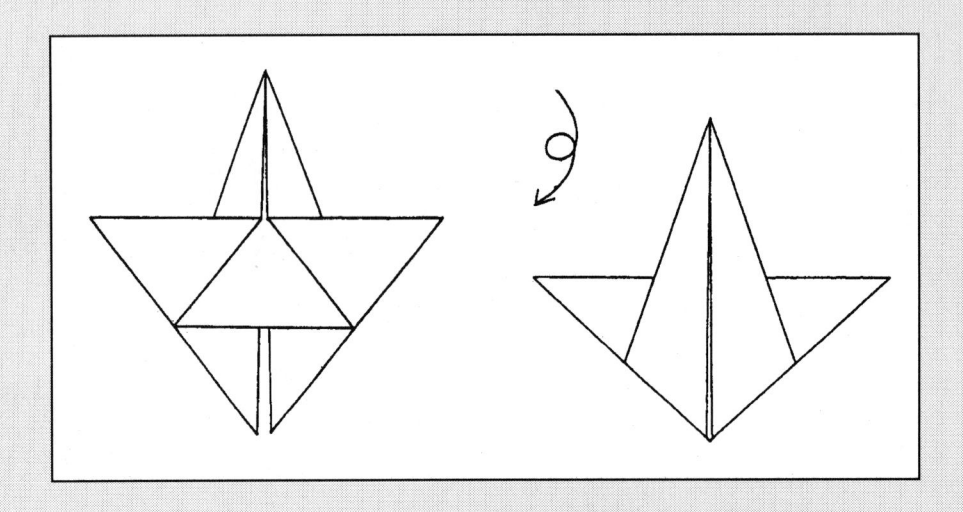

MIRAR, IMITAR
repetir el plegado

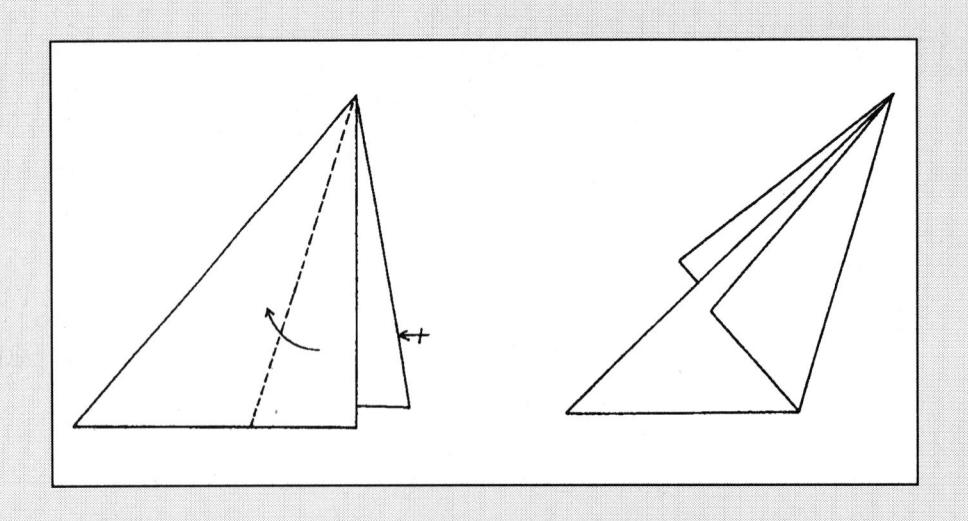

Practicar
doblar hacia adentro

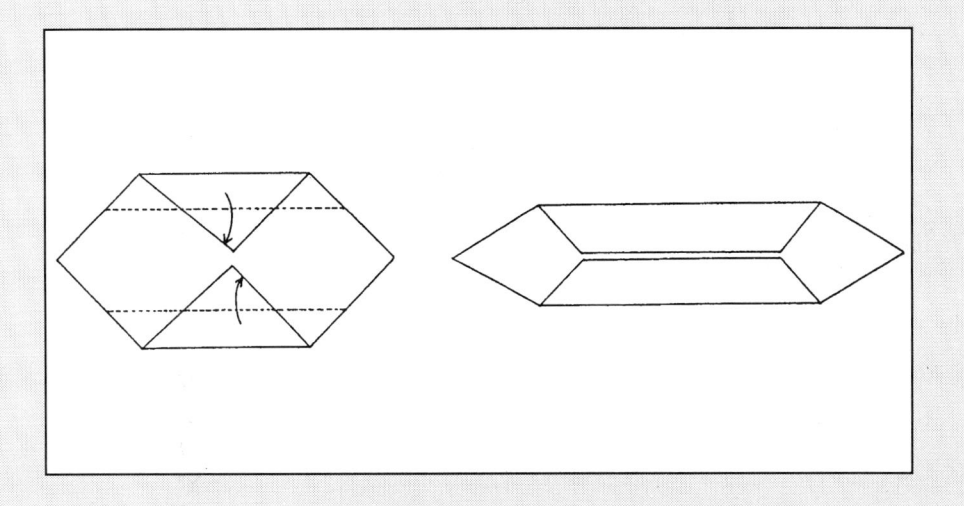

Mirar, imitar
cortar

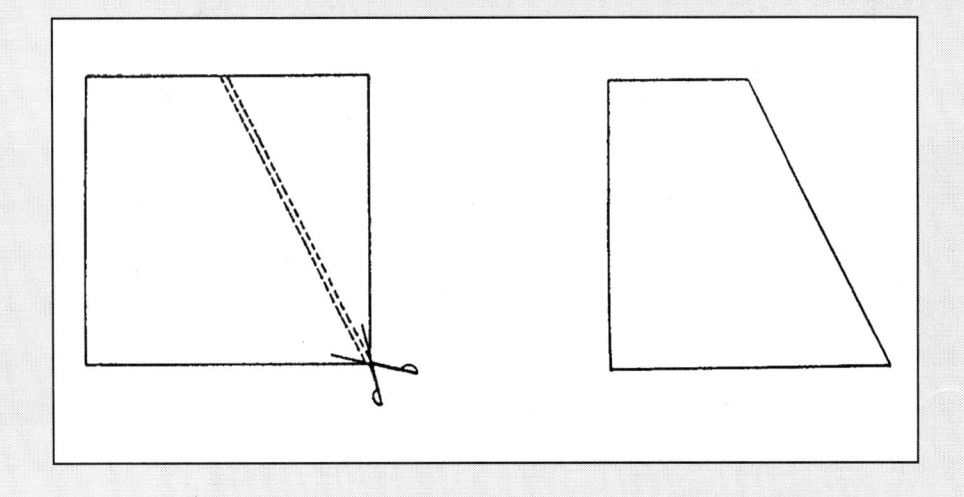

Capítulo 4 127

MIRAR, IMITAR
coger por aquí

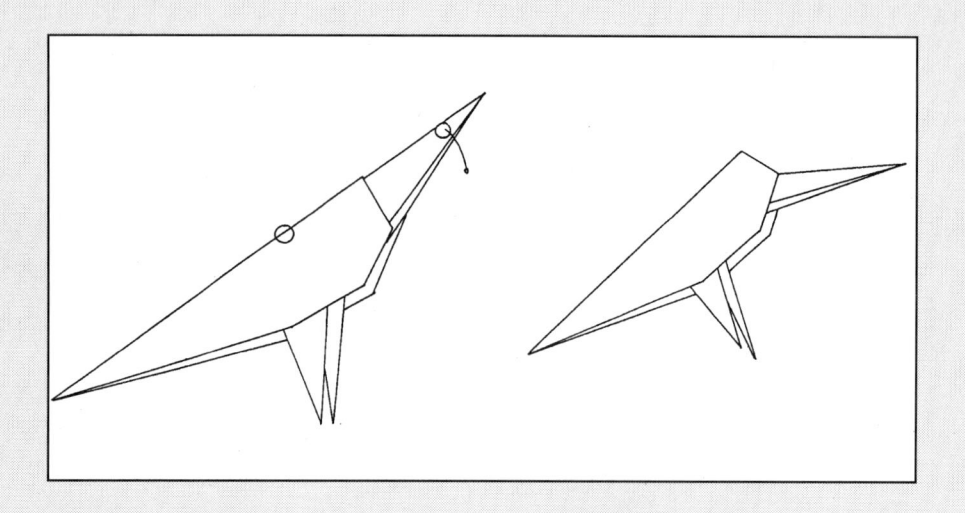

MIRAR
dibujo aumentado

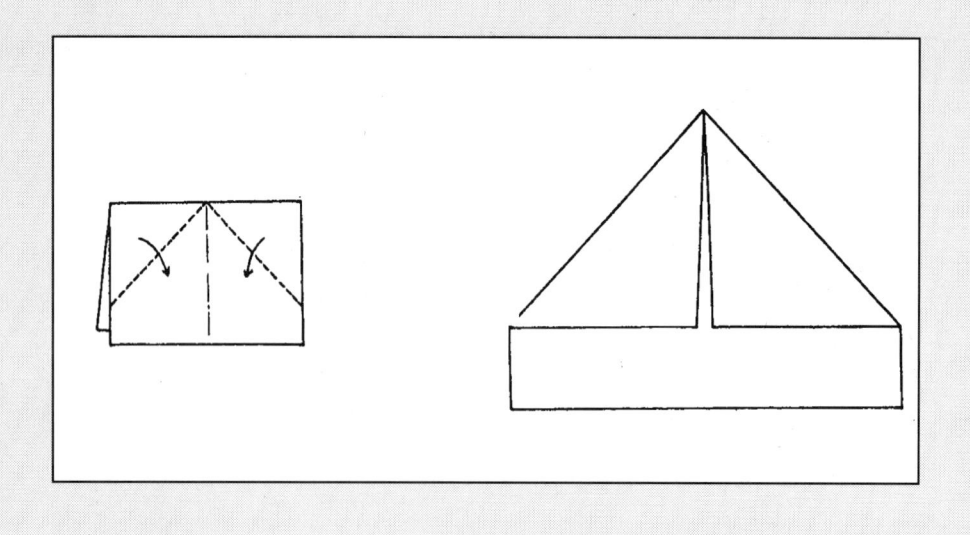

128 *Cómo dar instrucciones*

MIRAR
dibujo reducido

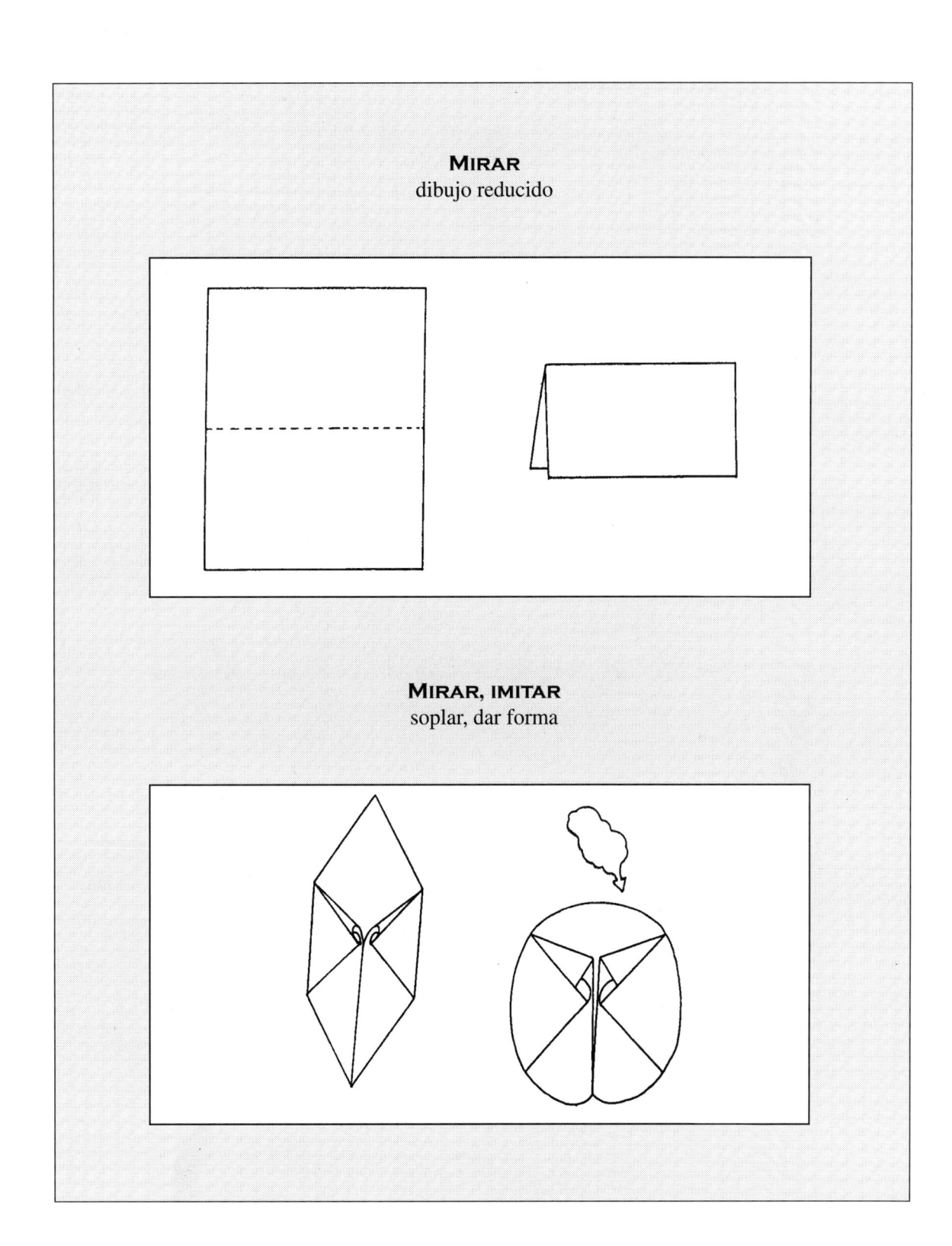

MIRAR, IMITAR
soplar, dar forma

MIRAR
sacar, extraer

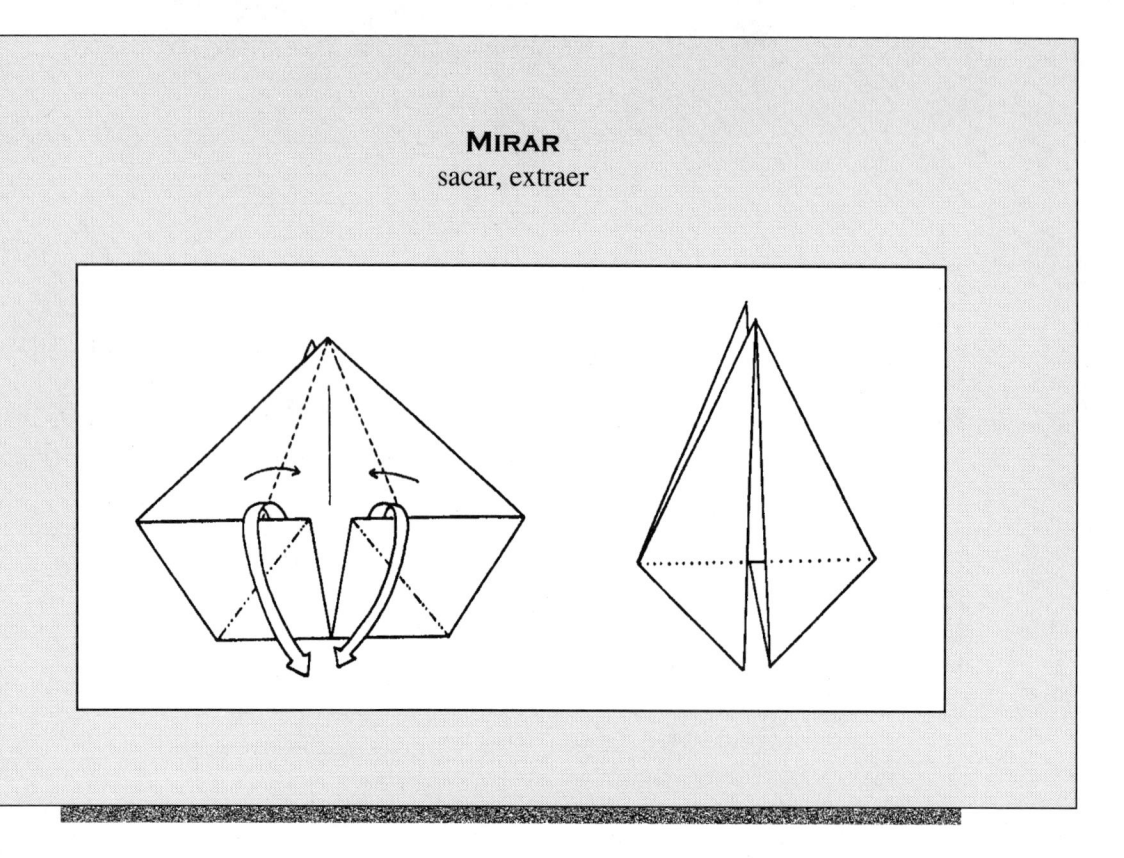

ACTIVIDAD A7 LA SEGUNDA VEZ, CON MÁS DETALLES
Después de leer la introducción a la papiroflexia y practicar las manipulaciones básicas, ¿está listo(a) para hacer algunas figuras de papel? Con la ayuda de los dibujos, siga las instrucciones, paso a paso.

Para hacer el helicóptero, necesitará un papel rectangular, como por ejemplo una hoja de cuaderno, y también unas tijeras.

Para hacer la bomba de agua, necesitará un papel cuadrado. ¡Ya verá que entretenido es hacer las figuras!

130   *Cómo dar instrucciones*

Javier Tapia Rodríguez
Papiroflexia (III)

El helicóptero

Instrucciones I

1. Hacer una tira larga de papel, un tercio de folio aproximadamente y doblarlo por la mitad

2. Desdoblarlo y hacer un par de pequeños cortes por la marca o cicatriz, que ha quedado. Doblar la parte inferior hacia adentro, hasta el tope de los cortes.

3. La figura debe quedarnos como un polo.

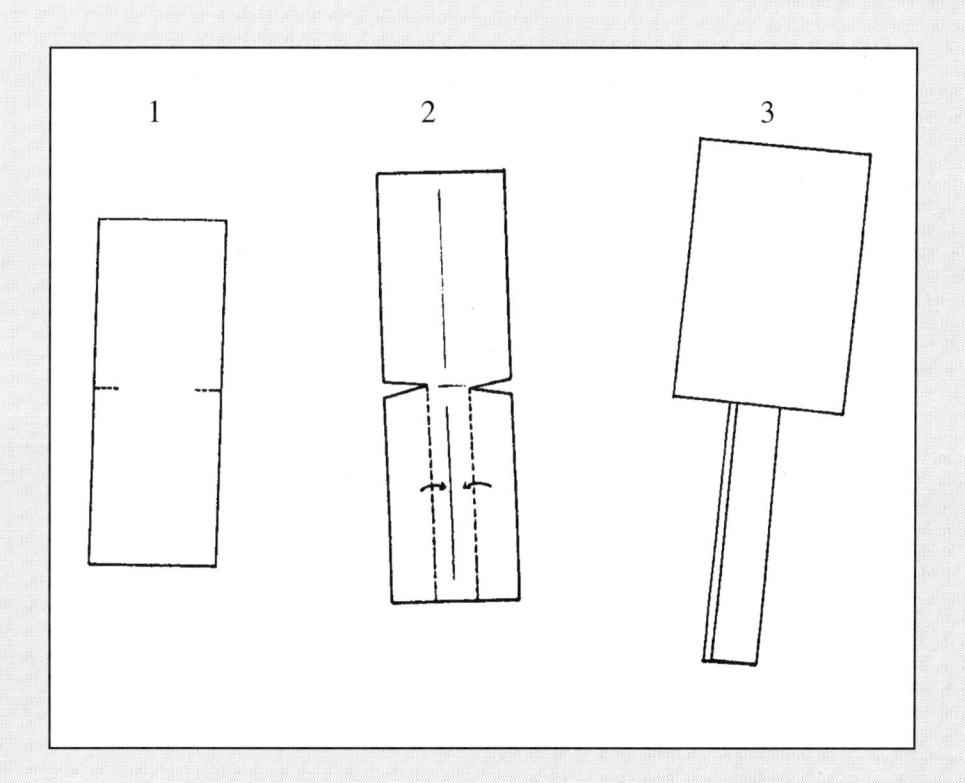

El helicóptero

Instrucciones II

4. Cortar por el medio de la parte superior hasta alcanzar dos tercios de su tamaño. Doblar hacia arriba un cuarto de la parte inferior.

5. Estirar[7] en direcciones contrarias las dos partes de la sección superior, pero sin dejar marcas.

6. Con las dos manos hacer girar[8] el helicóptero dejándolo caer desde cualquier sitio elevado.

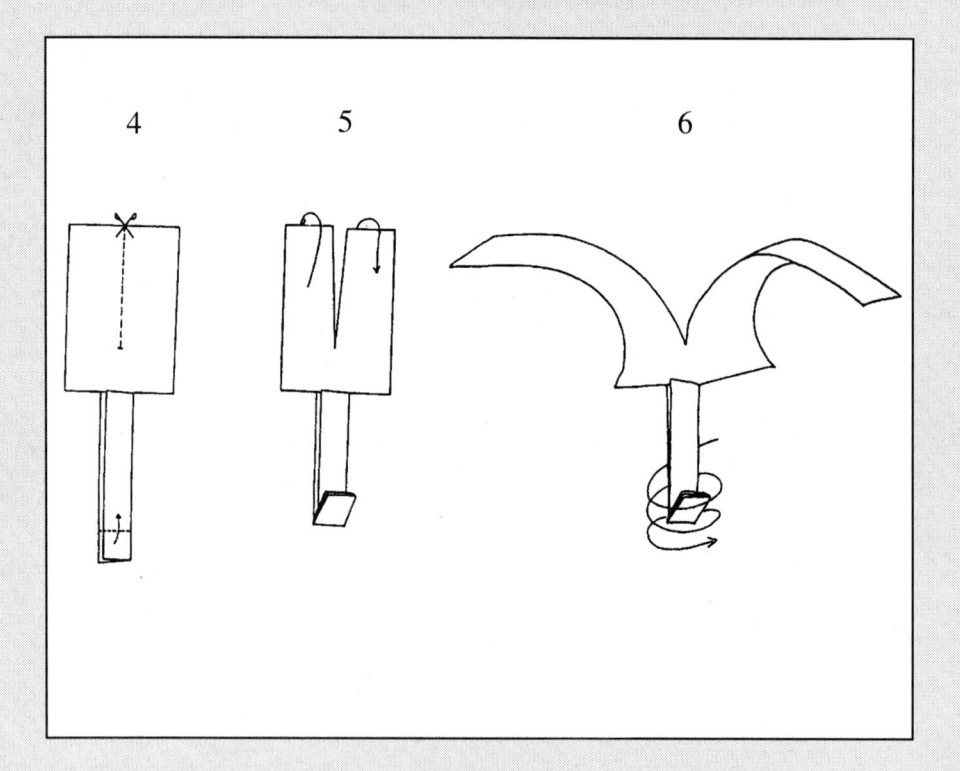

7. extender   8. mover circularmente

Javier Tapia Rodríguez
Papiroflexia (IV)

Bomba de agua

Instrucciones I

1. Tomar un papel cuadrado y doblarlo por las diagonales. Luego se desdobla.

2. Doblarlo hacia abajo por la mitad.

3. En esta posición doblarlo otra vez por la mitad hacia la izquierda.

4. Levantar el pico y apretarlo sobre la marca de la diagonal.

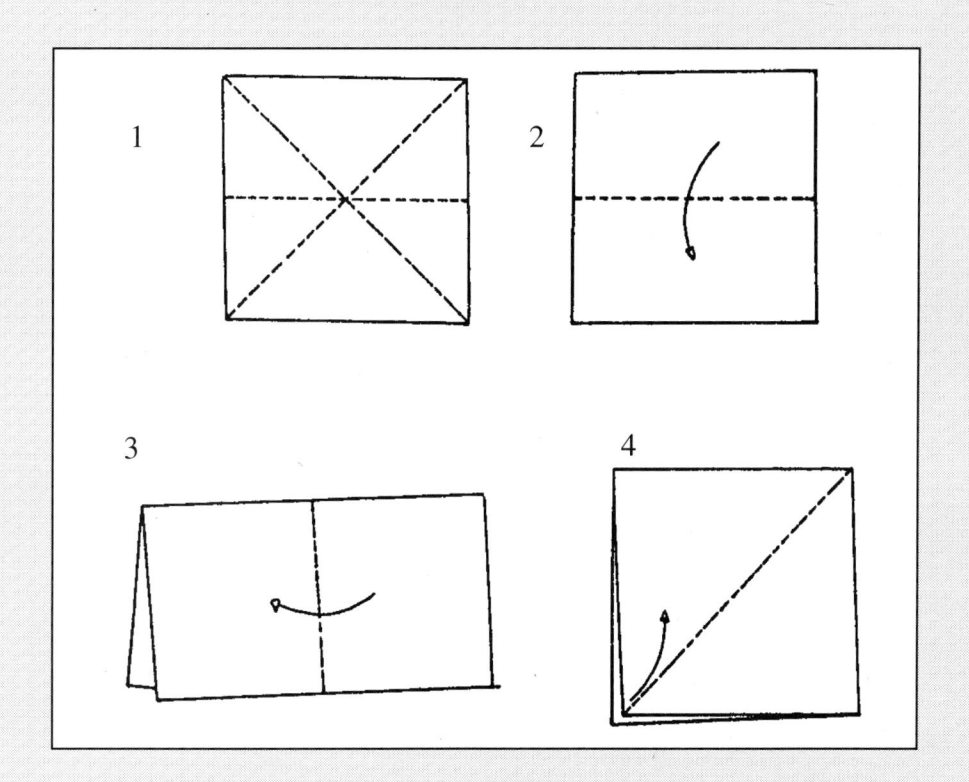

Bomba de agua

Instrucciones II

5. Seguir apretando hasta que se acople[9] al cuerpo principal.

6. La figura queda de esta manera. Ahora hacer lo mismo por la otra cara.

7. Los picos inferiores se doblan hacia arriba.

8. Cuando la figura quede de esta forma darle la vuelta y hacer lo mismo por la otra cara.

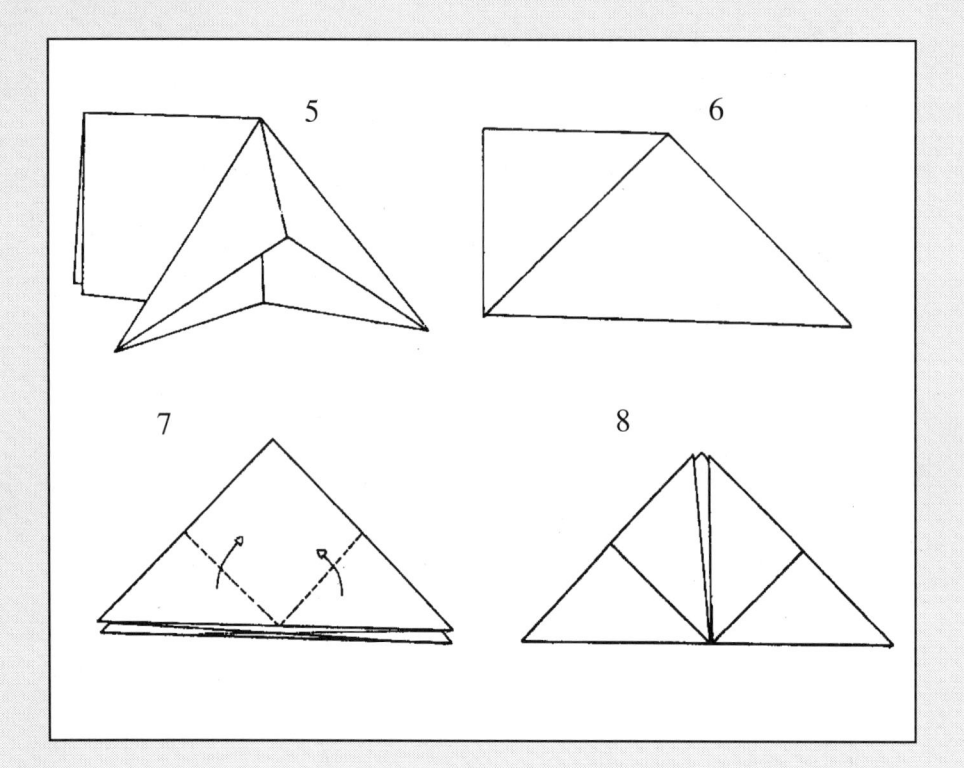

---

9. se una

Bomba de agua

Instrucciones III

9. Doblar las esquinas hasta que sus puntas alcancen[10] la mitad de la figura.

10. Al obtener este aspecto dar vuelta la figura y hacer lo mismo por el otro lado.

11. Doblar las puntas de la parte superior hacia abajo.

12. La figura ha de quedar de esta manera.

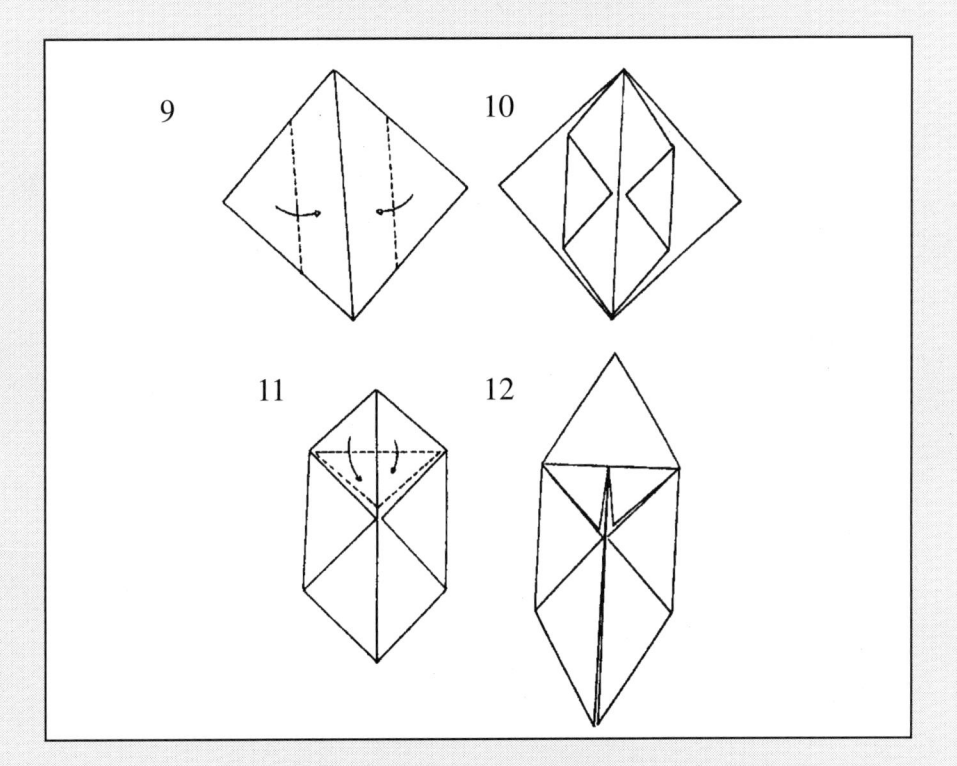

---

10. lleguen

Bomba de agua

Instrucciones IV

13. Las puntas que se han doblado previamente se han de introducir en los bolsillos de las aletas inferiores.

14. Soplar por la abertura del centro, o con una paja llenarla de agua, y ya tendremos nuestra bomba.

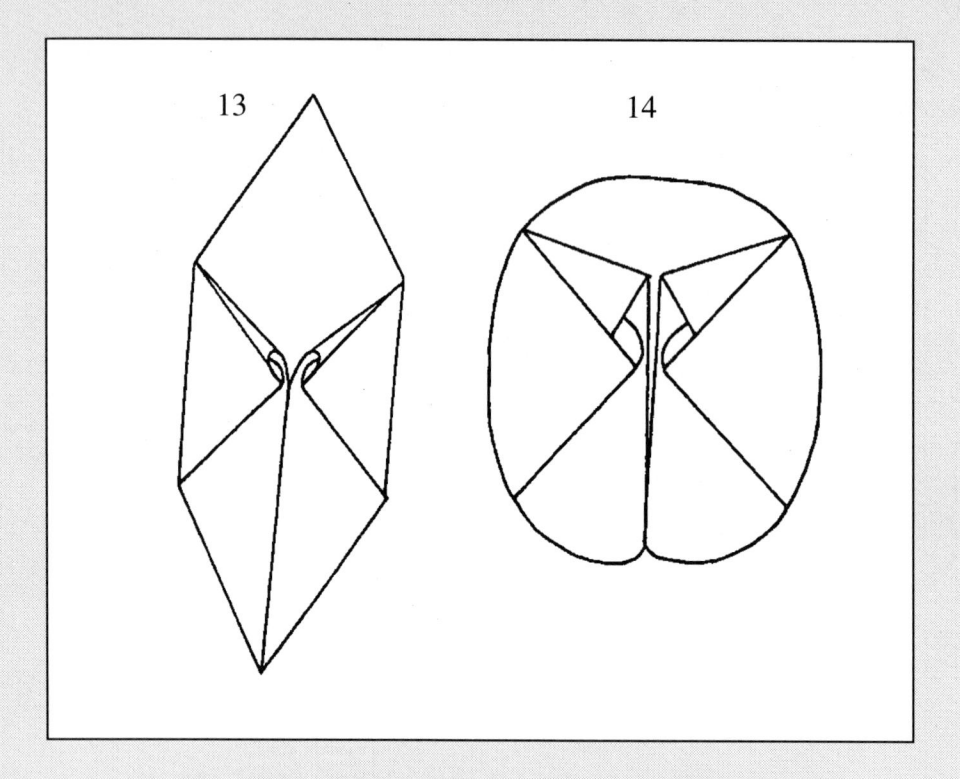

Nota: La bomba de agua se puede llenar de otras cosas o de aire simplemente, y se puede hacer explotar, o se puede jugar con ella como si fuera una pelota.

Cómo dar instrucciones

Punto de mira: La lectura

Actividad A8 El diario del lector. Ahora le toca a usted escribir sus comentarios sobre la lectura con la ayuda de su profesor(a) y la guía presentada en el Capítulo 1, Actividad A8.

Actividad A9 Las instrucciones orales. Trabaje con otro(a) estudiante o en grupo. Ahora que ha hecho una vez el helicóptero y la bomba de agua, vea si puede hacer una de las figuras siguiendo las instrucciones de un compañero. Cada pareja o grupo debe hacer lo siguiente:

1. escoger una de las figuras

2. decidir quién va a hacer la figura y quién va a dar las instrucciones.

    la persona que da las instrucciones debe:

    leer poco a poco

    repetir y hacer pequeños dibujos cuando sea necesario hasta completar el paso

    la persona que escucha debe:

    pedir a su compañero que repita las instrucciones cuando sea necesario

Si quieren, pueden medir el tiempo y ver qué grupo o pareja termina primero.

Actividad A10 Paso a paso. Trabaje individualmente o en grupo. ¿Puede contar cómo hizo la figura que acaba de terminar? Narre, paso a paso, en tiempo pasado, cómo lo hizo.

Modelo:

Primero, tomé un papel cuadrado y lo doblé.

Después,...

Una mirada alrededor

Actividad A11 ¿Qué piensa usted? Comenten en grupo los siguientes temas o escriban sobre ellos. Su profesor(a) puede proponerles realizar uno de los ejercicios del Capítulo 1, Actividad A11, (página 23).

1. Piense en cómo hizo el helicóptero y la bomba de agua. ¿Cuál de las dos figuras encontró más difícil hacer?

2. ¿Por qué cree que una figura le costó más trabajo que la otra? ¿Faltaba algo en las explicaciones? ¿O se debe a alguna otra razón?

3. ¿Podría ser para usted la papiroflexia una forma de ocio? ¿Una manera de pasar el tiempo? En caso contrario, ¿cuáles son sus pasatiempos? Amplíe sus respuestas.

Actividad A12 Taller de teatro. Representen individualmente o en grupo las siguientes situaciones. ¿Cómo se portarían? ¿Qué harían?

Siguiendo las indicaciones de la Actividad A12, Capítulo 1, su profesor(a) puede proponerles representar una improvisación o una dramatización ensayada previamente.

1. **Otra creación de papel:** Explíquele a un(a) compañero(a) cómo hacer algo con el papel.

2. **Un avión de papel:** Demuestre cómo hacer su invención "superaerodinámica" de papel.

3. **¡Socorro! ¿Qué hago con este papel?:** Una persona le da a otra unas instrucciones sobre un papel importante: cómo obtener todas las firmas correctas y cómo, dónde, y cuándo entregarlo. ¡Es importante seguir las instrucciones al pie de la letra!

LECTURA B

"Todo sobre la bici"

A primera vista

Actividad B1 ¿Traigo la bicicleta? Un(a) estudiante que va a trasladarse a su universidad le pregunta si debe traer consigo su bicicleta. Indíquele que sí o que no, y déle tres motivos por los que debería seguir su sugerencia.

ACTIVIDAD B2 ¡VAMOS DE EXCURSIÓN! Trabaje en un grupo pequeño de dos a cuatro personas. Imagínese que va de excursión dominical (un domingo) a un parque público con tres amigos. El parque tiene una piscina, un lago, muchos prados (campos) y senderos por los bosques para las caminatas. Irán en un coche muy pequeño con escaso espacio para el equipo. Primero, cada uno debe hacer una lista de lo quiere llevar. Después, consúltense para portear sólo lo esencial. Indiquen la razón por la que deciden llevar cada cosa.

Mi lista particular:

La lista final:

ACTIVIDAD B3 MANUALES DE TODAS CLASES. Los manuales dan instrucciones para enseñar una gran variedad de cosas. Y claro... ¡algunos tienen más éxito que otros! ¿Ha empleado usted buenos manuales y manuales regulares? ¿Manuales que fracasan completamente? Piense en los elementos como el lenguaje, el orden de presentación, las ilustraciones, las explicaciones, y escriba:

1. cuatro características de un buen manual.
2. cuatro características de un manual regular.

Después, compare sus respuestas con las de sus compañeros para hacer dos listas más completas.

ACTIVIDAD B4 TODO SOBRE LA MOTO. Trabaje individualmente o en un grupo pequeño. Tiene que colaborar en la producción de un manual titulado *Todo sobre la moto*. ¿Cómo ordenaría las siguientes secciones para elaborar un manual ideal para sus lectores? ¿Son todas necesarias? Defienda el orden de presentación escogido. Describa brevemente de qué trata cada sección y si es necesaria o no.

____ "Historia y evolución"

____ "La máquina"

____ "Equipo del motociclista"

____ "¿Qué moto me compro?"

____ "Instrumentos y herramientas"

____ "Introducción y hojeada breve al contenido del manual"

____ "Reparaciones"

____ "Por las calles y las carreteras"

____ "Para aprender más..."

____ "Accesorios para la moto"

____ "La forma de conducir"

ACTIVIDAD B5 Mi bicicleta a punto.

Trabaje con otro(a) estudiante para revisar las piezas de su bicicleta antes de una excursión. El estudiante A toma el papel de ciclista "profesional". Refiriéndose a la ilustración detallada, le da al estudiante B, un neófito en el mundo de la bici, las instrucciones necesarias. Debe indicar con precisión dónde están o cuáles son las partes específicas que menciona.

En la ilustración sin nombres, el estudiante B debe marcar con el número indicado la pieza que acaba de comprobar. Debe hacer preguntas si necesita más información.

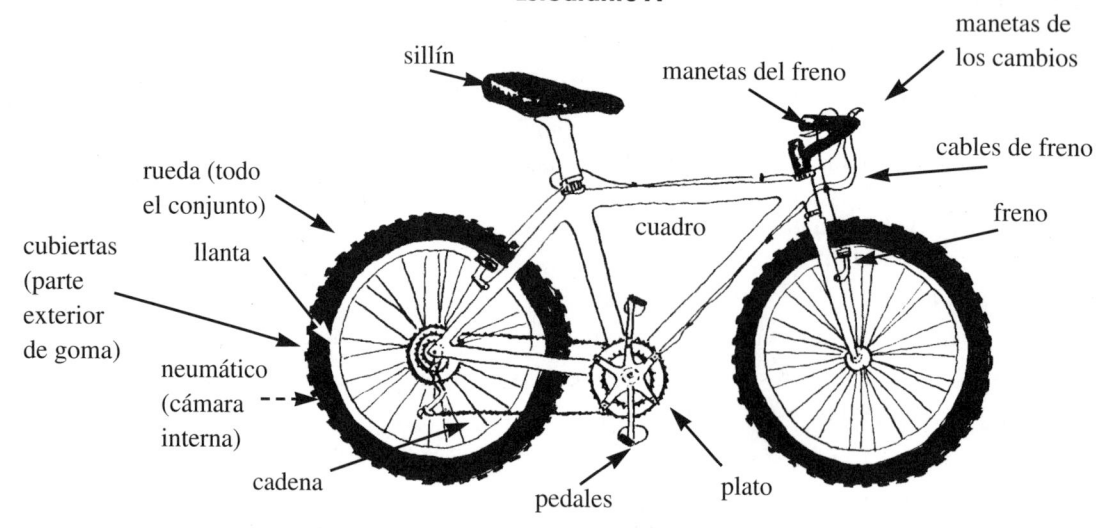

Estudiante A

sillín — manetas del freno — manetas de los cambios — cables de freno — freno — cuadro — rueda (todo el conjunto) — llanta — cubiertas (parte exterior de goma) — neumático (cámara interna) — cadena — pedales — plato

Estudiante B

140   *Cómo dar instrucciones*

Modelo:

ESTUDIANTE A: Uno. Hay que comprobar las ruedas. Tienes que ver si los neumáticos necesitan aire.

ESTUDIANTE B: De acuerdo.

(escribe un **1** al lado de una de las ruedas. Si no comprende, puede preguntar, ¿dónde están? o ¿para qué sirven?)

Piezas de la bicicleta:

1. las ruedas

2. el manillar y las manetas de los cambios

3. los cables de freno

4. el sillín

5. los pedales

6. el plato

7. la cadena

8. el cuadro de metal, el armazón que le da a la bicicleta su estructura

EN PLENA VISTA

"Todo sobre la bici"
¿Ha notado el creciente interés en el ciclismo? Aparte de que esté de moda, es una actividad de indudables beneficios para la salud. Sea como fuere, encontrará interesante esta lectura, extraída de un breve manual, la cual ofrece consejos para su correcta utilización.

El proceso de la lectura: Las generalizaciones y sus modificaciones

Para explicar los aspectos comunes de las actividades, las circunstancias u otros aspectos, muchas lecturas emplean generalizaciones, las cuales expresan una verdad universal o algo aceptado por la mayoría de la gente. En la lectura "Todo sobre la bici", se encuentran numerosas generalizaciones sobre las bicicletas, la dieta, y las excursiones, como por ejemplo:

"Ante todo, para elegir una bicicleta, hay que fijarse de unos criterios de calidad."

"En definitiva, la dieta debe ser escasa, que se adapte a las necesidades reales."

"Y como siempre el consejo del médico nunca viene mal."

"Siempre conviene tener estudiadas posibles rutas alternativas..."

Muchas veces, se limita una generalización con una modificación que la precede o la sigue. Las palabras o las expresiones como **aunque**, **mientras (que)**, **a pesar de que**, **pero**, **sino que**, **sin embargo**, pueden señalar las modificaciones. En el siguiente ejemplo, la última parte de la oración que comienza con **aunque** modifica la generalización sobre el consumo de las grasas:

"También es buena idea consumir las grasas que contienen los pescados como los que recomendábamos en el párrafo anterior, por sus propiedades beneficiosas para el sistema vascular, **aunque no deben ingerirse si el nivel de colesterol es alto.**"

Cuando lea "Todo sobre la bici", preste atención a las generalizaciones para comprender mejor las instrucciones. No olvide emplear la estrategia de leer la obra dos veces para lograr una comprensión inicial, y después una comprensión mayor. Recuerde: después de leer la selección por encima la primera vez, realice la Actividad B6, y después de leer más despacio la segunda vez, realice Actividad B7. Si quiere, puede repasar la estrategia **Leer dos veces** en la página 6, que precede a las actividades A6 y A7 del Capítulo 1.

"Todo sobre la bici"

I
¿PERO QUÉ BICICLETA ME COMPRO?
Existe una larga variedad de bicicletas y modos de practicar este deporte. Por ello el aficionado que empieza a practicar el ciclismo y desea adquirir una bicicleta, se encuentra con la duda de cuál es la que debe elegir entre tan vasta gama. Pero no es el modelo lo único que debe preocuparle. Ante todo, para elegir una bicicleta hay que fijarse de unos criterios de calidad. La solidez, duración y sencillez en las reparaciones, deben ser los factores más importantes a la hora de decidir sobre cuál será nuestra máquina.

En primer lugar tenemos que decidir qué uso vamos a dar a nuestra bici. Lo más habitual resulta que la duda sea entre bicicleta de carretera o todoterreno. Las últimas son en la actualidad las más vendidas, aunque en esto obedece el que es un artículo de moda en nuestra sociedad. Las todoterreno se muestran más estables y fáciles de conducir que las de carretera. Además pueden ser utilizadas para casi todos los usos, no sólo en el campo, sino en ciudad y en trayectos cortos y medios por carretera. Mientras que las bicicletas de carretera no pueden usarse en campo abierto. Sin embargo las prestaciones que ofrecen estas últimas, las convierten en insustituibles en los desplazamientos largos.

La parte más importante de la bicicleta es el cuadro. Además es lo más caro. Tanto si compramos una bicicleta ya montada[1], como si la adquirimos por piezas para montarla después, debemos elegir cuidadosamente el cuadro. En la actualidad los mejores son los llamados monocascos[2], que se fabrican en una sola pieza, sin soldadura[3]. En ellos se conjuga en la mayor expresión conocida

Marcha cuesta arriba
Para subir, debemos mantener una frecuencia de pedaleo (70 rpm) más baja que llaneando (90 rpm).

---

1. construida 2. de una pieza 3. composición metálica que crea adhesión

hasta la fecha, las dos características más buscadas para una bicicleta: resistencia con ligereza[4]. Su elevadísimo precio los hace muy poco recomendables, al menos para nuestra primera bicicleta. Resulta más económico recurrir a los clásicos cuadros fabricados con tubos soldados entre sí. Su precio dependerá del material en que están construidos. Los más modernos materiales son aleaciones[5] de vidrio[6], cerámica, kevlar y titanio[7]; aunque existen mezclas de aceros[8] de resultados más que notables, con la ventaja de su mayor economía.

Porteo de la bici
Cargue la bici al hombro a la hora de cruzar algún riachuelo.

En el resto de los componentes: ruedas, cambio, frenos, platos, piñones, potencia, manillar, tija, cambio, sillín, radios, etc. también existen grandes diferencias tanto en su uso como en su precio. La gran variedad existente hace que sea mejor dejarse asesorar por un experto.

II
La bicicleta todoterreno

Poco podemos decir aquí que no se sepa ya de las populares "mountain bike". La versatilidad y facilidad de manejo de las bicicletas todoterreno han hecho que se divulguen[9] extraordinariamente y sean, con mucho, el tipo de bicicleta más vendido en la actualidad. Son bicicletas con los mismos elementos que las de carretera aunque convenientemente modificados para la práctica de su especialidad.

El cuadro es más reducido y robusto que los de las bicicletas de carretera, mientras que las ruedas son más gruesas[10], con llantas dotadas de profundos dibujos y radios reforzados. El manillar, con una larga potencia y la tija, también muy prolongada, suplen lo reducido del cuadro. Los cambios están situados en el manillar. Resulta habitual que estas bicicletas tengan hasta más de veinte marchas[11], lo que les otorga una extraordinaria versatilidad.

III
Accesorios y herramientas

Podemos afirmar que los accesorios son los elementos destinados a "vestir" nuestra bicicleta, mientras que las herramientas son los

---

4. calidad de pesar poco   5. liga de dos metales por medio de la fusión   6. cristal   7. sustancias metálicas
8. hierro combinado con un poco de carbono, de gran fuerza   9. se publiquen   10. gordas, anchas
11. velocidades

instrumentos que la alivian de sus pequeños males. Es evidente que tanto sin los unos como sin los otros podemos realizar excursiones en bici. Pero los primeros pueden ayudarnos a que aquéllas sean más agradables y las otras nos pueden sacar de más de un problema.

La lista de accesorios es extensa y existen de estos elementos para todos los gustos. Entre ellos quizás debiéramos destacar como prácticamente irrenunciables: portabidón, bidón y bomba. Cadena antirrobo y velocímetro gozan cada día de más popularidad.

Dicen los buenos aficionados que la mejor y más completa caja de herramientas del ciclista se encuentra en su casa. Es evidente; no podemos acarrear[12] en nuestras excursiones un equipo de herramientas demasiado grande, pues precisamente uno de los primeros principios que el ciclista debe tener claro a la hora de salir a la carretera es reducir al máximo tanto el peso como el volumen de su equipaje. Una ojeada a cualquiera de los numerosos aficionados que salen a las carreteras nos descubrirá que, además de los mencionados portabidón, bidón y bomba, apenas llevan nada más; un tubular enrollado y, bajo el sillín, una mínima bolsa. Pero a pesar de tan escueto[13] bagaje, con él pueden solventar cualquiera de las pequeñas averías que pueden sorprenderles en la ruta.

En la bolsa de herramientas hay que llevar un juego de llaves allen, un destornillador de estrella y otro plano, un juego de llaves planas, una llave triple, una llave para radios, unas tenazas, un rollo de repuesto de cinta de manillar, que puede sernos útil para muchas más cosas que para renovar el que está colocado en nuestra bicicleta, una caja con parches y pegamento, así como un tubular de repuesto. Aunque parece un largo arsenal, todas ellas son de reducido tamaño y pueden acoplarse en las clásicas bolsas de herramientas para ciclismo que, una vez enrolladas, pueden sujetarse, sin que apenas sobresalgan, debajo del sillín.

Junto a todo ello no debemos olvidar algo de dinero, preferiblemente en monedas para poder utilizar el teléfono en caso de algún contratiempo, así como alguna identificación personal.

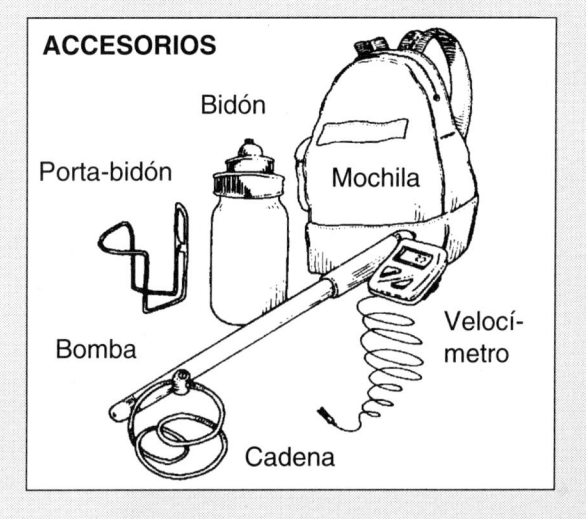

---

12. transportar   13. mínimo

IV
LA ALIMENTACIÓN

En la actualidad el hombre ingiere por lo general 450 calorías diarias de más. Como resultado, en la mayoría de las ocasiones se come en exceso grasas y dulces y se bebe demasiado alcohol. Este error no debe ser nunca cometido por ningún deportista.

Un ciclista normal no tiene que alimentarse de la misma manera que uno de alta competición, pero sí debería seguir determinadas directrices: debe reunir además de las sustancias nutritivas —hidratos de carbono, grasas y proteínas—, todas las vitaminas, minerales y oligoelementos[14] necesarios.

La proporción ideal sería la siguiente: 30 por ciento de grasas, entre el 50 y el 60 por ciento de hidratos de carbono y de un 10 a un 12 por ciento de proteínas.

La distribución debería llegar hasta las 4 ó 6 pequeñas comidas. La más importante de todas es el desayuno, ya que las calorías que se ingieren por la mañana no fomentan[15] tanto la acumulación de grasas como por la noche. El mejor desayuno sería aquel en el que hubiera pan integral[16], muesli de copos integrales[17] con fruta fresca, yogurt o leche fresca, algo de queso poco graso o embutido magro[18], y se puede acompañar con té de frutas, té negro o café, zumo de frutas o agua mineral con magnesio.

En primer lugar se deberían suprimir todos aquellos alimentos que proporcionan lo que se ha dado en llamar "calorías vacías", calorías que no tienen los elementos necesarios para su transformación y aquellos que tienen mucha grasa, como por ejemplo golosinas con mucho azúcar, bebidas azucaradas, pan blanco, bizcochos, tartas, jamón muy graso y carne grasa.

Tendríamos que aumentar el porcentaje de alimentos con alto contenido en hidratos de carbono y alto valor nutritivo, como por ejemplo, el pan integral, galletas integrales, galletas de avena[19], muesli, arroz integral, patatas, fruta fresca, frutos secos, zumos y legumbres, germen de trigo y levadura[20] de cerveza. Para cubrir nuestras necesidades proteínicas, hay que elegir alimentos ricos en proteínas pero con un escaso contenido en grasa. Es recomendable los productos

---

14. elemento en poca cantidad 15. causan 16. pan de harina no refinada 17. cereal nutritivo
18. carne seca sin grasa 19. bizcocho de cereal 20. sustancia que produce fermentación

lácteos con poca grasa, pescado, carnes magras, huevos —la clara, no la yema—, y legumbres. Se puede tomar un par de veces por semana arenques, caballa y salmón[21], y en general todo tipo de pescados azules porque suministran ácidos grasos que nos protegen de la arterioesclerosis.

Es necesaria cierta dosis de grasas, pero que sean de alto valor como los aceites de semillas[22]. También es buena idea consumir las grasas que contienen los pescados como los que recomendábamos en el párrafo anterior, por sus propiedades beneficiosas para el sistema vascular, aunque no deben ingerirse si el nivel de colesterol es alto.

Vitaminas, minerales, oligoelementos y líquidos no deben faltar en la dieta de un ciclista. Se hallan en las frutas, zumos de frutas, frutos secos, verduras y aguas minerales.

La comida tiene que ser para un deportista, y en general para todo el mundo, un placer, ya que se regula mejor el metabolismo y la digestión.

Paso de obstáculo
Al intentar superar algún obstáculo resulta más fácil controlar la bici levantándose del sillín tomando al tiempo impulso con las manos.

Es recomendable beber líquido para compensar su pérdida por el esfuerzo realizado.

Para una escapada en bicicleta de un día se deben llevar suministros[23] para el camino, como son los alimentos ricos en hidratos de carbono y una cantimplora con agua, aunque ahora se pueden adquirir bebidas ricas en minerales en cualquier tienda o supermercado.

En definitiva, la dieta debe ser escasa, que se adapte a las necesidades reales. Y como siempre el consejo del médico nunca viene mal.

V
EXCURSIONES

Una excursión por el campo o la montaña en una bicicleta todoterreno no tiene nada que ver con las salidas dominicales por el parque público a bordo de la misma bicicleta. Conviene señalar esto ya que no son pocos los neófitos que, dominando los estrechos[24] horizontes que ofrece el espacio verde urbano, se aventuran con escasa preparación en aquellos terrenos.

---

21. pescados   22. partes del fruto capaces de germinar; comestibles pequeños   23. comidas
24. limitados

Capítulo 4   147

En esto, como en todo, se precisa una progresión adecuada. De lo contrario estaremos avocados[25] al fracaso.

Tanto si emprendemos[26] una marcha larga, como si es una corta, debemos prepararla de igual manera. Remitimos aquí a los respectivos capítulos que hablan de equipo, accesorios, herramientas e instrumentos. Además de preparar el equipo, los accesorios, las herramientas y los instrumentos, debemos salir con el recorrido[27] perfectamente definido en un mapa. En él deben estar localizados los puntos donde encontrar agua, los lugares donde descansaremos y comeremos, y si se trata de una salida de varias jornadas, los sitios en donde pasaremos las noches. Siempre conviene tener estudiadas posibles rutas alternativas que sorteen[28] obstáculos imprevistos[29], o que nos lleven a lugares en los que podamos ser auxiliados[30] en caso de que se presente cualquier eventualidad tanto de índole[31] física como mecánica.

Conviene realizar el descanso principal de la jornada durante las horas de mayor calor, sobre todo durante la estación estival[32]. Una de las mejores maneras de emprender una jornada de bicicleta todoterreno es iniciar la marcha muy temprano y procurando realizar el recorrido proyectado antes de que lleguen las horas de mayor calor. En caso de ser una etapa demasiado larga, realizaremos la mayor parte durante aquellas horas, dejando el resto para la caída de la tarde[33]. En ambos períodos del día la naturaleza ofrece unas condiciones mucho más favorables para circular. Las excursiones en bicicleta todoterreno pueden ser clasificadas en dos categorías si atendemos a su duración. En primer lugar se encuentran las de una jornada; en segundo las de dos o más.

Las primeras exigen portar un equipo mucho menor, que puede ser transportado en las clásicas bolsas triangulares o en un macuto[34] que llevará el ciclista sobre su espalda. Lo único que se necesita es el botiquín, las herramientas y la comida.

Con respecto a esta última, tanto volumen como peso actúan sobre ella de manera determinante. Alimentos ricos en calorías y energéticos serán los más abundantes, no

---

25. llamados   26. empezamos   27. espacio, viaje   28. eviten   29. no esperados   30. ayudados
31. tipo   32. de verano   33. horas de menos sol   34. mochila

siendo necesario llevar cocinilla[35] de gas ni cacharros[36] en salidas de una jornada.

Las excursiones de varios días exigen, como mínimo, camping gas, un cazo[37] de cocina, un plato y un juego de cubiertos[38]. Además de raciones de comida muy ajustadas, de manera tal que no sobre ni falte nada. Aquí la experiencia siempre acabará siendo la mejor consejera.

A no ser que proyectemos dormir en albergues[39], hoteles o refugios de montaña, las salidas de varias jornadas exigen que llevemos alguna ropa de recambio, ropa de abrigo y de lluvia, así como equipo para dormir. Durante la época del buen tiempo, los menos exigentes se conformarán con un saco y en todo caso, un ligero colchón de goma espuma[40]. Pero la mayoría, además de eso, prefiere llevar una tienda de campaña[41]. Existen en la actualidad modelos hiperligeros de 2/3 plazas con un peso inferior al kilo. Sus formas resultan variables; de la típica canadiense a la semiesférica, pasando por las cuadradas y las tubulares. Los modernos materiales, como el goretex, las hacen resistentes a la lluvia y transpirables al mismo tiempo.

Portear todo ello en nuestra bicicleta exige la instalación de transportín y bolsas de viaje, ya que llevarlo todo en un macuto sobre nuestra espalda aunque sería posible, nos resultaría mucho más cansado y nos desequilibraría continuamente. Por otra parte, dicho peso condicionará nuestra conducción, haciéndola menos deportiva y más cercana a la marcha propia de los cicloturistas. Algo nunca desdeñable[42], pues es un ritmo que propicia un recorrido más tranquilo y, por consiguiente, más integrado en la naturaleza.

---

35. lamparilla de alcohol para cocinar 36. platos, tazas, etc. 37. vasija de metal 38. tenedor, cuchillo y cuchara 39. hostales 40. almohadón para acostarse 41. refugio para acampar 42. despreciable

ACTIVIDAD B6   L A PRIMERA VEZ, CON POCOS DETALLES.
Después de leer la selección por primera vez, escriba:

1. algo muy importante que considerar cuando se compra una bicicleta:

2. un elemento que identifica la bicicleta todoterreno:

3. un accesorio de bicicleta imprescindible:

4. una recomendación sobre la alimentación de cualquier ciclista:

5. una recomendación para cualquier excursión en bicicleta:

ACTIVIDAD B7   LA SEGUNDA VEZ, CON MÁS DETALLES.   Lea la selección por segunda vez; en esta ocasión lea más despacio para captar más detalles. Haga una pausa después de cada sección. Empleando palabras de la lectura, escriba, para las partes indicadas, todas las instrucciones explícitas que puede encontrar. Para repasar las maneras diferentes de comunicar las instrucciones puede volver a la introducción al género, al principio de este capítulo, página 113.

1. Parte I: cómo escoger una bicicleta:

2. Parte III: qué se necesita llevar para las emergencias:

3. Parte IV: las comidas o las bebidas recomendadas:

4. Parte V: los preparativos para las excursiones en bicicleta:

PUNTO DE MIRA: LA LECTURA

ACTIVIDAD B8   EL DIARIO DEL LECTOR.   Ahora le toca a usted escribir sus comentarios sobre la lectura con la ayuda de su profesor(a) y la guía presentada en el Capítulo 1, Actividad A8.

ACTIVIDAD B9   LO ESENCIAL SOBRE LA BICI.   Trabaje en un grupo de 5 personas. Cada uno escoge una las cinco partes de la lectura y presenta dos o tres generalizaciones que resuman lo central de dicha sección del manual.

ACTIVIDAD B10 ¡Así SE DEBE COMER! El manual recomienda que se aumente el porcentaje de alimentos con alto contenido de hidratos de carbono y alto valor nutritivo. El arroz de paella y macarrones al natural lo son. Trabaje con otra persona. Primero, cada uno(a) debe estudiar una de las recetas. Luego, debe explicarle a su compañero(a), con sus propias palabras, cómo hacer la comida, mientras éste(a) escribe sus instrucciones.

Finalmente, comparen ustedes sus apuntes con las recetas originales. ¿Quién ha dado las instrucciones más completas? La receta para el arroz de paella es más complicada, ¡tendrán que explicarla con mucho detalle!

UNA MIRADA ALREDEDOR

ACTIVIDAD B11 ¿QUÉ PIENSA USTED? Comenten en grupo los siguientes temas o escriban sobre ellos. Su profesor(a) puede proponerles realizar uno de los ejercicios del Capítulo 1, Actividad A11, (página 23).

1. ¿Cumple "Todo sobre la bici" los requisitos para un buen manual que se discutieron en la Actividad B3? ¿Por qué sí o por qué no?

2. La lectura representa sólo unos capítulos del manual original. ¿Qué información adicional podría incluirse en el manual?

3. Si ya tiene usted una bicicleta, ¿hay alguna información en el manual que le gustaría haber sabido antes de comprarla? ¿Qué cosas sabía ya? ¿Qué información no le parece muy útil y por qué?

ACTIVIDAD B12 TALLER DE TEATRO. Representen individualmente o en grupo las siguientes situaciones. ¿Cómo se portarían? ¿Qué harían?

Siguiendo las indicaciones de la Actividad A12, Capítulo 1, su profesor(a) puede proponerles representar una improvisación o una dramatización ensayada previamente.

1. **En una tienda de bicicletas:** Un empleado muy resuelto le explica a un cliente por qué necesita muchos accesorios para su bicicleta.

2. **¡Estamos perdidos!:** Dos ciclistas perdidos quieren volver a su hotel y reciben ayuda de una familia que vive en las montañas.

3. **¡En forma!:** Un(a) entrenador(a) de un equipo de ciclistas les da instrucciones sobre su dieta y su preparación para una carrera importante.

LECTURA C

"El Botones Sacarino"   por F. Ibáñez

A PRIMERA VISTA

ACTIVIDAD C1   INNOVACIONES.   ¿Ha tenido algunas experiencias como empleado(a) o voluntario(a)? ¿Ha trabajado en una oficina, restaurante, campamento, o en otro lugar?

1. Escriba el (los) lugar(es) donde ha trabajado:

2. Describa brevemente cuál era su ocupación:

¿Qué innovaciones habrían facilitado su trabajo? ¿Algún producto, aparato, o modificaciones del sistema? Trate de ser inventivo(a), y escriba, en forma de instrucciones, una serie breve (cuatro o cinco frases) de recomendaciones.

ACTIVIDAD C2   ¡CUÁNTAS EXCUSAS!   Frecuentemente, las cosas no salen como uno espera. En los lugares de trabajo, cuando algo no sale bien, hay gente que pone excusas o busca pretextos que justifiquen los malos resultados y hay gente que sugiere cómo arreglar la situación. Para las siguientes situaciones, escriba:

a. quién podría dar la excusa y qué diría.

b. quién trataría de arreglar el problema y una instrucción que daría.

Trabaje individualmente o con otro(a) estudiante.

Modelo:

Un cliente muy importante decide llevar su negocio a otro agente de viajes.

a. Un empleado de la agencia se excusa:

"Lo siento pero el cliente creyó que nuestros precios eran demasiado altos".

b. El jefe de la agencia responde con una instrucción:

"Ahora mismo lo llama usted y le ofrece un precio especial".

1. Un contrato importantísimo llega tarde al presidente de una compañía.

2. Al entrar en su oficina, el jefe se cae porque hay agua en el suelo.

3. Después de seis visitas al dentista, al paciente todavía le duele mucho el diente.

4. Una señora encuentra un cigarrillo en la ensalada que pide en un elegante restaurante francés.

ACTIVIDAD C3 ¡QUÉ PEREZOSO! En la redacción del periódico *La Prensa Diaria*, los empleados son diligentes y trabajadores, con la excepción de uno. ¡Qué perezoso es Marcos! Trabaja como botones; ayuda en las tareas menores. Siempre está tratando de evadir sus deberes, y nunca cumple una orden la primera vez que la oye. Hay muchas maneras de repetir una orden: mostrando enojo, paciencia, frustración. Si fuera usted su superior, ¿cómo repetiría la orden? ¿Qué diría? Sugiera la respuesta de cada compañero de trabajo de Marcos.

1. **Un reportero:** "Marcos, tráeme los recortes de aquellos periódicos. Los necesito para escribir mi artículo."

    Pero Marcos no lo hace.

    El reportero:

2. **La recepcionista:** "Marcos, que me conteste el teléfono hasta que vuelva del baño."

    Pero cuando vuelve, Marcos está durmiendo en su asiento.

    La recepcionista:

3. **El editor:** "¡Marcos, venga aquí ahora mismo! Pero, ¿dónde se habrá metido?"

    Marcos está mirando un partido de fútbol en la sala de recreo de la compañía.

    El editor:

4. **El jefe:** "Por favor, Marcos, limpie las ventanas de la oficina."

    Y Marcos charla con las chicas que pasan por la ventana y no limpia nada.

    El jefe:

5. **Un secretario:** "Marcos, tiene que acompañar al visitante a la oficina del jefe."

    Marcos lo lleva a la cafetería para tomar un café.

    El secretario:

ACTIVIDAD C4 ¡Éxitos! Después de leer la breve historia de las innovaciones realizados en un lugar de trabajo, indique el significado de las palabras en cursiva. Use el contexto presentado para hacerlo.

Los empleados de ¡Éxitos!, una compañía de publicidad, van a *hacer una prueba* de varias innovaciones recientes. El "presi" de la compañía y el arquitecto principal asisten a la ceremonia de inauguración. El jefe del departamento de comunicaciones trata de hablar por el *altavoz*, pero nadie lo oye. Una secretaria *estrena* su teléfono portátil, pero no establece ninguna comunicación con nadie. Un mecánico *afloja una válvula* para permitir la circulación de más aire en el sistema de aire acondicionado, ¡y los presentes casi no pueden *aguantar* el mar de agua que sale! ¡Qué *susto*! La nueva máquina para distribuir el correo deja las cartas *hechas migas*.

El "presi" se pone furioso, y al dirigirse al arquitecto, ve que éste ha desaparecido. "¿Dónde *se habrá metido* nuestro arquitecto? ¿Adónde se habrá escapado?", grita el "presi".

Todos buscan al arquitecto, pero sólo encuentran su nota, escrita muy de prisa:

"Estimado presi:

Recomiendo una solución fácil... Cambiar el nombre de la compañía de ¡Éxitos! a ¿Éxitos? Así todos estarán *la mar de cómodos*. ¡Tan cómodos como los peces en el agua! ¡Y así tendrán ustedes un sistema *bárbaro*!

En el contexto de la historia...

1. *Hacer una prueba* quiere decir…

    a. ver si funciona

    b. escribir un examen

2. *Altavoz* quiere decir…

    a. gritar

    b. aparato para amplificar el sonido o la voz

3. *Estrenar* quiere decir…

    a usar por primera vez

    b. poner lejos

4. *Afloja una válvula* quiere decir…

    a. disminuye la tensión

    b. quita una pieza

5. *Aguantar* quiere decir…

    a. mantenerse de pie

    b. tolerar

6. *Susto* quiere decir…

    a. problema

    b. miedo

7. *Hechas migas* quiere decir…

    a. rotas en pedazos pequeños, en malas condiciones

    b. en la máquina, intactas

8. *Se habrá metido* quiere decir…

    a. se ha introducido, ha entrado

    b. planeó todo esto

9. *La mar de cómodos* quiere decir…

    a. en mucha agua

    b. muy cómodos

10. *Bárbaro* quiere decir…

    a. muy bueno, espléndido

    b. inculto

ACTIVIDAD C5 UN ASIENTO MUY CÓMODO. El señor Robles sufre de dolor de espalda. Le es difícil sentarse durante mucho tiempo, pero tiene que pasar largas horas en avión. Por lo tanto, siempre lleva una almohadilla inflable para aliviar su dolor y tener un viaje más cómodo. ¿Cuándo debe inflar la almohadilla (hincharla) y cuándo debe desinflarla (deshincharla)? Indique las instrucciones apropiadas.

1. Antes de viajar, para poner la almohadilla en el equipaje de mano, debe _____.

2. Al sentarse en el avión, debe _____.

3. Si la bomba de la almohadilla no funciona, debe _____ con la boca.

4. Si es difícil _____ con la boca, tal vez debe _____ con agua.

5. Al final del viaje, debe _____ con mucho cuidado, ¡o habrá agua por todas partes!

Capítulo 4

En plena vista

"El Botones Sacarino"
F. Ibañez
La tira cómica "El Botones Sacarino" cuenta en tono chistoso los problemitas causados por un mozo de oficina. Veamos las aventuras en el lugar de "trabajo" de este simpático personaje.

El proceso de la lectura: Las exclamaciones

Las palabras de exclamación o las interjecciones comunican la energía de alguien o de algo. En la lectura sobre un concierto, sería posible leer "¡Bravo!" como indicio de la reacción del público. Una orden urgente —¡Y rápido...!"— podría indicar la impaciencia de un jefe. Para expresar frío, alguien podría exclamar "¡Brrr!", para expresar furia, alguien exclamaría "¡Grrr!". En una lectura sobre los animales, tal vez aparecerían el "¡Miau!" de un gato o el "¡Guau!" de un perro. "¡Plaf!" o "¡Pum!" describirían la violencia o un golpe.

Muchas veces, las exclamaciones son onomatopéyicas; es decir, las palabras imitan el sonido de la cosa que significa. "¡Plaf!" sugiere que alguien ha recibido un plato de comida en la cara. "¡Brum!" imita el motor de un coche. Estas palabras abundan en las tiras cómicas. Cuando lea "El Botones Sacarino", verá muchas exclamaciones que comunican la energía de los personajes y de las cosas. No olvide emplear la estrategia de leer la obra dos veces para lograr una comprensión inicial, y después una comprensión mayor. Recuerde: después de leer rápidamente por primera vez, realice Actividad C6, y después de leer más despacio la segunda vez, realice Actividad C7. Si quiere, puede repasar la estrategia **Leer dos veces** en la página 6, que precede a las Actividades A6 y A7 del Capítulo 1.

F. Ibañez
"El Botones Sacarino"

Cómo dar instrucciones

Actividad C6 La primera vez, con pocos detalles.
Después de leer la historieta por primera vez, identifique dos problemas que le causa El Botones Sacarino a su jefe:

Problema 1:

Problema 2:

Actividad C7 La segunda vez, con más detalles.
Lea la historieta por segunda vez; en esta ocasión lea más despacio para captar más detalles. Empleando palabras de la lectura, indique:

1. La instrucción que le da el carpintero al jefe:
2. Algunos mandatos que le da el jefe…

    al Botones Sacarino:

    a Míster Dolarini:

Punto de mira: La lectura

Actividad C8 El diario del lector.
Ahora le toca a usted expresar sus comentarios sobre la lectura. Escríbalos con la ayuda de su profesor(a) y la guía presentada en el Capítulo 1, Actividad A8.

Actividad C9 ¡Atención, Botones!
El jefe le da al Botones Sacarino una serie de mandatos. Indique, con detalles de la lectura, cómo responde o actúa cuando el jefe le manda que:

1. esté atento al altavoz:
2. envíe los recortes de sucesos:
3. hinche las almohadillas:
4. ponga la cabeza en el agua:

Actividad C10 ¡Qué excusas!
Trabaje individualmente o en grupos para recoger información sobre los pretextos que buscan el botones y su jefe cuando las cosas salen mal. Para las siguientes situaciones, escriba, con palabras de la lectura:

1. la excusa que da el Botones Sacarino cuando el jefe recibe el golpe en la cara con las pesas:
2. la excusa que da el jefe cuando la almohadilla se rompe y moja a Míster Dolarini:

Capítulo 4

3. la excusa que da el Botones Sacarino por haber hinchado las almohadillas con agua:

4. la excusa que da el Botones Sacarino por haberse quedado más de cuatro minutos con la cabeza en el agua:

Una mirada alrededor

Actividad C 11 ¿Qué piensa usted? Comenten en grupo los siguientes temas o escriban sobre ellos. Su profesor(a) puede proponerles uno de los ejercicios del Capítulo 1, Actividad A11, (página 23).

1. ¿Qué partes de la tira cómica "El Botones Sacarino" puede asociar con una oficina típica?
2. ¿Qué partes de la lectura contribuyen a la presentación de una visión exagerada del lugar del trabajo?
3. ¿Cómo caracterizaría usted al Botones Sacarino?
4. ¿Cómo caracterizaría al jefe? ¿Cómo se ridiculiza el papel del jefe?

Actividad C 12 Taller de teatro. Representen individualmente o en grupo las siguientes situaciones. ¿Cómo se portarían? ¿Qué harían? Siguiendo las indicaciones de la Actividad A12, Capítulo 1, su profesor(a) puede proponerles representar una improvisación o una dramatización ensayada previamente.

1. **¡Lo siento mucho!:** Un(a) empleado(a) muy inepto(a) tiene que explicarle a su enojado(a) jefe las causas de las confusiones sobre un proyecto importantísimo.
2. **¡Innovaciones sorprendentes!:** Los empleados de una oficina se sorprenden al ver las novedades que se acaban de instalar.
3. Ahora me doy cuenta...: Un(a) jefe aprende una lección importante de sus empleados.

Repaso del género

En las tres lecturas de este capítulo ha visto diferentes maneras de dar instrucciones. Indique sus impresiones sobre cómo están expresadas.

Para poder participar en la discusión en clase, apunte alguna evidencia concreta que respalde su selección. Marque con una **X** la lectura que da las instrucciones...

	Papiro-flexia...	*Todo sobre la bici*	*El Botones Sacarino*	*Evidencia*
más detalladas				
menos detalladas				
más complicadas				
menos complicadas				
más personale				
menos personales				

PERSPECTIVAS MÚLTIPLES: EL OCIO Y EL TRABAJO

Síntesis del tema: ¿Y ahora cómo ve el ocio y el trabajo? ¿Recuerda los lugares y las actividades que escribió en la página 87, al principio de la Unidad 2 sobre lo que usted asocia con el ocio y el trabajo? Ahora, escriba algunos lugares y actividades de ocio y trabajo presentados en las lecturas de Capítulos 3 y 4. ¡Sea imaginativo! ¡Tal vez encuentre actividades de ocio en un lugar de trabajo, o actividades de trabajo en un lugar de ocio!

Título de la obra	Lugar	Se asocia con el trabajo / el ocio	Actividad	Se asociacon el trabajo / el ocio
Arráncame la vida				
El hombre que se comieron los papeles				
Papiroflexia...				
"Todo sobre la bici"				
"El Botones Sacarino"				

¿Coinciden estas perspectivas con las asociaciones que hizo usted al principio de la unidad? ¿Cuáles son parecidas?

UNIDAD 3

PERSPECTIVAS DE LA CULPA Y DE LA INOCENCIA

EN ESTA UNIDAD SE PRESENTAN DIVERSAS PERSPECTIVAS DE LA CULPA Y DE LA INOCENCIA.

¿Qué significa ser culpable?

Piense en algunas ideas asociadas a la palabra *culpa*, y complete las frases que figuran a continuación:

- Los gobernantes tienen la culpa de...
- Para mí, lo peor es ser culpable de...
- Me sentí culpable cuando...

¿Qué significa ser inocente?

Piense en algunas ideas asociadas a la palabra *inocencia*, y complete las frases que figuran a continuación:

- En el juicio se demostró la inocencia de...
- Para mí, los seres más inocentes son...
- Tuve dificultades en probar mi inocencia cuando...

Ahora, compare sus respuestas con las de los demás estudiantes de la clase. ¿Qué tienen en común? ¿Qué diferencias hay entre las respuestas?

CAPÍTULO 5

PERIODISMO

LECTURA A *"Una banda roba 750 millones en el aeropuerto de Ibiza"* y *"La herencia"* por Margarita Landi

LECTURA B *"La misión de Jaime Jaramillo"* por Gustavo Gorriti

¿QUÉ ES UN ARTÍCULO PERIODÍSTICO?

En los artículos periodísticos, se comunican al público noticias o información sobre un suceso. Algunos artículos se definen por su objetividad: intentan presentar sólo hechos que se pueden verificar y su meta principal es informar. La primera lectura de este capítulo —"Una banda roba 750 millones en el aeropuerto de Ibiza"— es un ejemplo de esta clase de artículo periodístico. Otros artículos periodísticos se basan en los hechos, pero el periodista deja translucir su preocupación sobre lo ocurrido, o pone énfasis en ciertos elementos positivos, negativos, o sensacionalistas. Esto se verá en la segunda lectura, "La herencia". Los reportajes son artículos especialmente largos e interesantes, muchas veces con fotografías o dibujos. Llevan la firma del(la) autor(a), quien puede expresar su opinión sobre los hechos y desarrollar la información recogida.

La tercera lectura, "La misión de Jaime Jaramillo", artículo de interés humano, es un ejemplo de un reportaje.

El título de un artículo periodístico condensa la información esencial. Por supuesto, necesitamos leer el artículo para determinar qué clase de reportaje es, pero el título nos da una idea de cuál será el contenido. Imagínese que lee este título en un periódico:

"Un hombre pide socorro en el metro"

Piense en los elementos que incluiría el artículo si se tratara de:

a. un reportaje objetivo de los hechos

b. un reportaje sensacionalista

c. un reportaje de interés humano

En este capítulo, se estudian los diferentes elementos de estas tres clases de periodismo.

El diario es uno de los medios de información que más artículos periodísticos reúne.

LECTURA A

"Una banda roba 750 millones en el aeropuerto de Ibiza" y "La herencia"
por Margarita Landi

A PRIMERA VISTA

ACTIVIDAD A1 DELITOS. Hay muchas —¡demasiadas!— clases de delitos (acciones penadas por las leyes).
Hay delitos menores, por ejemplo robos de menor cuantía.

Robar objetos de poco valor sin hacer uso de la violencia se llama hurtar. Esta acción se llama *hurto* o *ratería,* y el criminal se llama ratero.

El ratero suele robar objetos de los bolsillos de los transeúntes (caminantes). Otra palabra para denominarlo es carterista, y en México, bolsista.

Hay delitos mayores o crímenes más graves:

El *crimen de guante blanco* ocurre en el gobierno, los bancos o las grandes compañías. Un ejemplo es la malversación de fondos, es decir, disponer ilícitamente de una gran cantidad de dinero. Otro ejemplo es el soborno, el conseguir el favor de alguien a cambio de regalos o dinero. El chantajista amenaza a su víctima con hacer pública cierta información secreta.

El *crimen violento* puede ser cometido por razones de pasión, locura, o venganza, cuando alguien quiere tomar satisfacción de una ofensa. Los terroristas a veces secuestran a sus víctimas, las amenazan, o las asesinan. Los atracadores de aviones o de bancos muchas veces llevan armas automáticas. Los violadores asaltan sexualmente a sus víctimas.

Los títulos de los reportajes llaman la atención del lector y le dan una idea del contenido de la noticia. Escriba si estos títulos sugieren que la noticia trata sobre :

a. un delito menor

b. un hurto

c. un crimen de guante blanco

ch. un acto de terrorismo

d. un homicidio

____ "Dos explosiones causan 21 muertos en un barco en el puerto de Cádiz"

____ "Detenido un niño de 8 años, acusado de robar panes"

____ "Dimite el presidente del Banco Central en plena crisis financiera"

Capítulo 5   165

_____ "El fiscal pide 113 años para el asesino de Luisa Ochoa y Carmen Rojas"

_____ "Encarcelado un ladrón de 2 Mercedes negros"

Ahora, para cada tipo de delito, escriba el título de un artículo que resuma su contenido y despierte el interés del público.

Un delito menor:

Un hurto:

Un crimen de guante blanco:

Un acto de terrorismo:

Un homicidio:

ACTIVIDAD A2 ¿CÓMO? ¿CUÁNDO? El reportero, a diferencia del narrador, no comienza sus artículos con frases como "Había una vez...". Para informarnos de un crimen, el reportero no escribiría "Había una vez un ladrón que..." sino que comunica los hechos de una manera más directa. La introducción al artículo —la primera oración— trata de contestar brevemente las preguntas **¿Quién?**, **¿Qué?**, **¿Cuándo?**, **¿Dónde?**, **¿Cómo?**, y, a veces, **¿Por qué?**

Empleando la información que sigue a continuación, escriba las frases iniciales de cuatro artículos periodísticos. Resuma cada suceso en una oración. No olvide que debe haber correspondencia entre los verbos y los sujetos.

Modelo: *Un anciano de Taos, Nuevo México, ha acusado a su nuera de haberle maltratado y de negarle comida durante un período de dos meses.*

	¿Quién?	¿Qué?	¿Cuándo?	¿Dónde?	¿Cómo?	¿Por qué?
	mujer suegro	maltratos	en abril y mayo	un pueblo de Nuevo México	no darle comida ni cama	?
1.	viejo cazador	llevarse un venado	martes por la tarde	pueblo rural del suroeste	con la ayuda un perro	?
2.	dos atracadores	robar	ayer por la tarde	banco	enmascarados	
3.	ex trabajadores	tratan de matar al presidente de la compañía	11 mayo por la mañana	la oficina	con cuchillos	perdieron sus trabajos

ACTIVIDAD A3 CUÉNTAME MÁS COSAS. Trabaje individualmente o con otro(a) estudiante. El cuerpo de un reportaje nos da más información sobre los elementos mencionados en la introducción. Amplíe las noticias de la Actividad 2 teniendo en cuenta las preguntas ¿Quién? ¿Qué? ¿Cuándo? ¿Dónde? ¿Cómo? o ¿Por qué? Escriba las frases en el tiempo pasado.

Modelo: La noticia 3 puede ampliarse con más información sobre el lugar dónde ocurrió:

La elegante oficina se convirtió en un campo de batalla. Después de romper la puerta, los trabajadores destruyeron las estatuas de cristal que había sobre el escritorio del presidente y arrojaron gran cantidad de papeles por la ventana.

ACTIVIDAD A4 ¡AL LADRÓN! Trabajen en parejas para hacer esta actividad. Uno de ustedes es la víctima de un robo. El otro es un detective / artista que necesita hacer un dibujo del ladrón. El detective debe pedirle a la víctima del robo toda la información posible sobre el ladrón. Empleen las descripciones de la siguiente lista.

- **El aspecto general**

    Era bajo(a), alto(a)

    Era gordo(a), delgado(a)

    Era viejo(a), joven

- **El pelo y el rostro**

    Tenía el pelo (cabello) moreno, rubio, largo, corto

    Tenía canas (pelo gris o blanco de viejo)

    Era calvo (sin pelo).

    Tenía ojos..., nariz..., boca..., espuma cerca de la boca (burbujas de saliva)

    Tenía dientes..., dentadura postiza (falsa)

    Tenía barba, barba postiza, bigotes

- **La ropa**

    Llevaba pasamontañas (máscara que cubre la cabeza, como la de los esquiadores), ropa...

    Llevaba un suéter de cuello alto, una almohada debajo del suéter

- **Los objetos**

    Llevaba pistola, escopeta (arma de fuego con uno o dos cañones, que se usa generalmente para cazar)

    Llevaba gas lacrimógeno, un cuchillo

- **Otros detalles notables:**

ACTIVIDAD A5 UN CRIMEN TERRIBLE. Trabaje solo(a) o con otro(a) estudiante. A continuación sigue parte de un reportaje sobre el acto cruel de un parricida (persona que mata a uno de sus padres, hijos o a su esposo(a); o a una persona con quien tiene relación similar). Después de leer lo que hizo José el Malo, escriba los motivos que pudieron impulsarlo a realizar estas acciones.

Puede comenzar sus razonamientos con la expresión "Tal vez lo hizo porque..."

JOSÉ EL MALO MATA OTRA VEZ

"Según un comunicado difundido ayer por la Guardia Civil (policía civil de España), después de un mes de torturarla, José el Malo mató a su madrastra, la Duquesa de Castro, en su casa de verano. Se sabe que..."

Modelo:

    HECHO: José el Malo le había pedido a su madrastra una gran cantidad de libras esterlinas (dinero inglés).

USTED RAZONA: Tal vez lo hizo porque tenía deudas de juego.

HECHOS

1. José la acusó de ser codiciosa (avara y ambiciosa), fría e hipócrita.

2. Un día José le lanzó a su madrastra unos gases lacrimógenos, que le irritaron los ojos.

3. José el Malo privaba a su madrastra de las más elementales comodidades: agua, comida, luz.

4. Inmediatamente antes de matarla, José la obligó a tirarse al suelo, la maniató (le ató las manos), y la amordazó (le aplicó algo a la boca para impedirle hablar).

5. Después de matarla, José intentó huir (escaparse) en una furgoneta (pequeño vehículo comercial).

EN PLENA VISTA

"Una banda roba 750 millones en el aeropuerto de Ibiza" y "La Herencia"
Margarita Landi

El primer artículo, que describe un espectacular robo, ha sido extraído del diario *El País,* con fecha del 15 de julio de 1992. El segundo, "La herencia", artículo de interés humano, es de *El Caso,* periódico semanal conocido por sus reportajes de sucesos sensacionalistas o escandalosos. A causa de esta reputación, en España se emplea la exclamación "Es de *El Caso*" para expresar su asombro ante situaciones espantosas o increíbles.

EL PROCESO DE LA LECTURA: LOS HECHOS CENTRALES

En la introducción de un artículo periodístico se presenta un breve resumen del **quién**, el **qué**, el **cuándo**, el **dónde**, y, a veces, el **porqué** de un suceso. Después, en el cuerpo del artículo, se desarrolla la información en orden de importancia. Trate de determinar cuáles son los hechos esenciales de los siguientes reportajes y las preguntas que reciben más atención:

las personas implicadas (el **quién**)

el suceso mismo (el **qué**)

la fecha, el día, o la hora (el **cuándo**)

el lugar de los hechos (el **dónde**)

las razones o motivos de la acción (el **porqué**)

No olvide emplear la estrategia de leer la obra dos veces para lograr una comprensión inicial, y después una comprensión mayor. Recuerde: después de leer el artículo la primera vez, realice la Actividad A6, y después de leerlo más despacio la segunda vez, realice Actividad A7. Si quiere, puede repasar la estrategia **Leer dos veces** en la página 6, que precede a las actividades A6 y A7 del Capítulo 1.

Margarita Landi
"Una banda roba 760 millones en el aeropuerto de Ibiza"

A. MANRESA, **Palma de Mallorca.** Una banda internacional, al parecer formada por italianos y árabes, asaltó ayer por la tarde la terminal de carga del aeropuerto de Ibiza y se llevó 760 millones de pesetas preparados para ser transportados en un vuelo hacia Palma de Mallorca. Alrededor de las 16.30, siete individuos que camuflaban su identidad con pasamontañas y barbas postizas entraron en el almacén de carga[1] del aeropuerto y amenazaron a cinco empleados de Iberia y vigilantes jurados[2] de las empresas Prosegur y Tablisa, que en ese momento trasladaban en 13 carros las sacas con los 760 millones de pesetas, la mayoría en marcos y libras esterlinas.

Los delincuentes, armados con pistolas, escopetas y un arma larga similar a un cetme[3], encañonaron a los empleados y, tras obligarles a tirarse al suelo, les maniataron, amordazaron y les quitaron las sacas.

"Pensamos que nos iban a matar", manifestó uno de los empleados. "Eran muy violentos y, por las expresiones parecían italianos y árabes". Los delincuentes, antes de huir, lanzaron con unos *sprays* gases lacrimógenos sobre los empleados. Toda la banda escapó en una furgoneta blanca, localizada horas después en el aparcamiento[4] del hospital de Can Mises, en las afueras de la capital de Ibiza.

El espectacular golpe movilizó a todas las fuerzas de seguridad de la isla de Ibiza, que establecieron controles en carreteras[5], muelles[6] e incluso en el aeropuerto de Mallorca. La magnitud de la operación y el conocimiento de los movimientos de sumas tan elevadas de dinero, hace suponer que los autores del asalto son especialistas internacionales. De hecho[7], conocían este movimiento de dinero, realizado cada jornada, según un comunicado difundido anoche por la Guardia Civil. Este cuerpo alertó a todas las unidades de vigilancia de los aeropuertos españoles y a la Interpol.

Un portavoz[8] de Iberia manifestó que todo el dinero está asegurado[9]. La responsabilidad es absolutamente de la compañía aérea, ya que las sacas ya habían sido facturadas[10] y eran transportadas en una carretilla[11] hacia un avión.

> **Los delincuentes, armados con pistolas, escopetas y un arma larga similar a un cetme, encañonaron a los empleados y, tras obligarles a tirarse al suelo, les maniataron...**

---

1. sitio para guardar   2. policía de seguridad   3. tipo de arma parecida al rifle   4. estacionamiento
5. caminos para automóviles   6. lugares de un puerto para la carga de los barcos   7. así es
8. el que habla por otro   9. garantizado   10. registradas   11. carro pequeño de mano

Margarita Landi
"La herencia[1]"

El deseo imperioso[2] de matar fue lo que convirtió a un hombre ambicioso en parricida. Ocurrió hace muchos años en un cortijo[3] aislado de la provincia de Almería habitado por un matrimonio desigual; el marido era un hombre de mediana edad, bien conservado, hipócrita y codicioso; la mujer, vieja, fea, gorda y muy rica. Se llevaban mal[4] porque ella sabía que él se había casado sólo por su fortuna, por lo que le privaba de las más elementales comodidades y le trataba con desprecio[5].

El hombre se impacientaba y una noche que no podía dormir, mientras ella roncaba[6] a su lado, pensó que ya había esperado bastante por la herencia y la mató poniéndole su propia[7] almohada sobre la cara, y al rayar[8] el día, seguro de que había cometido el "crimen perfecto", cogió[9] el coche y se fue en busca del médico del pueblo más cercano, fingiendo[10] ante él, muy angustiado[11], al pedirle que le acompañara al cortijo porque "su mujer no se despertaba". No tuvo la suerte que deseaba, porque aquel médico rural, descubrió el crimen en cuanto examinó la boca abierta de la mujer y vio en su interior la dentadura postiza atravesada[12] en la garganta. Sin decir nada de lo que había descubierto, se incorporó[13] para pedir al hombre un vaso de agua. Al quedarse solo dio la vuelta[14] a su almohada, encontrando en ella varios cabellos de la muerta y señales de saliva con espuma, y volvió a colocarla como estaba.

Tras[15] beberse el agua que le había traído el cortijero, le pidió que le llevara de nuevo a su casa, pues tenía que recoger un impreso[16] para certificar la defunción[17] de su esposa, y así lo hizo el ya viudo[18], quedándose a la espera ante la puerta, tras oír un "salgo en seguida". El médico avisó inmediatamente a la Guardia Civil, que les estaba esperando cuando regresaron al cortijo, para detener al parricida, a quien le esperaba también una sorpresa; su acaudalada[19] esposa había testado[20], dejando toda su fortuna, pero a él, ¡ni una peseta, ni un palmo[21] de tierra!

> ...mientras ella roncaba a su lado, pensó que ya había esperado bastante por la herencia y la mató poniéndole su propia almohada sobre la cara...

---

1. bienes que deja una persona al morir   2. absoluto   3. finca o casa de finca   4. peleaban   5. odio
6. hacía ruido cuando dormía   7. de sí misma   8. llegar   9. tomó   10. aparentando   11. apenado
12. clavada   13. se levantó   14. volvió   15. después de   16. papel oficial   17. muerte   18. sin esposa
19. rica   20. escrito el testamento   21. pedazo

ACTIVIDAD A6 La primera vez, con pocos detalles.

Parte 1: Después de leer "Una banda roba…" por primera vez, escriba la siguiente información sobre el reportaje, contestando las preguntas indicadas. Si no recuerda toda la información después de la primera lectura, ¡no se preocupe! Tendrá oportunidad de comprender más aspectos del reportaje al leerlo por segunda vez. Es suficiente escribir palabras sueltas o escribir frases breves.

1. ¿Quién(es)?
2. ¿Qué?
3. ¿Dónde?
4. ¿Cuándo?
5. ¿Por qué?

Parte 2: Después de leer "La herencia" por primera vez, escriba la siguiente información sobre el reportaje, contestando las preguntas indicadas. Si no recuerda toda la información después de la primera lectura, ¡no se preocupe! Tendrá oportunidad de comprender más aspectos del reportaje al leerlo por segunda vez. Es suficiente escribir palabras sueltas o frases breves.

1. ¿Quién(es)?
2. ¿Qué?
3. ¿Dónde?
4. ¿Cuándo?
5. ¿Por qué?

ACTIVIDAD A7 La segunda vez, con más detalles.

Parte 1: Lea "Una banda roba…" por segunda vez; en esta ocasión lea un poco más despacio para captar más detalles. Repase lo que ha escrito en la Actividad A6 y añada detalles adicionales. Después, indique qué pregunta recibe más atención.

Detalles adicionales

1. ¿Quién?
2. ¿Qué?
3. ¿Dónde?

4. ¿Cuándo?

5. ¿Por qué?

¿Qué pregunta recibe más atención en el artículo?

Parte 2: Lea "La herencia" por segunda vez; en esta ocasión lea un poco más despacio para captar más detalles. Repase lo que ha escrito en la Actividad A6 y añada detalles adicionales. Después, indique qué pregunta recibe más atención.

Detalles adicionales

1. ¿Quién?

2. ¿Qué?

3. ¿Dónde?

4. ¿Cuándo?

5. ¿Por qué?

¿Qué pregunta recibe más atención en el artículo?

PUNTO DE MIRA: LA LECTURA

ACTIVIDAD A8 EL DIARIO DEL LECTOR. Ahora le toca a usted escribir sus comentarios sobre la lectura con la ayuda de su profesor(a) y la guía presentada en el Capítulo 1, Actividad A8.

ACTIVIDAD A9 ¿SON CULPABLES O NO? Trabaje individualmente o en un grupo pequeño. Emplee el vocabulario de las lecturas para describir las acciones de los protagonistas de los sucesos. ¿Qué evidencias hay en los artículos sobre las siguientes cuestiones?

"Una banda..."   "La herencia"

La culpabilidad de los agresores

La violencia de los agresores

Los esfuerzos de otros para
impedir el crimen

ACTIVIDAD A 10 COMPARACIÓN DE LOS DOS ARTÍCULOS.
Comente las siguientes cuestiones en un grupo de tres o cuatro estudiantes.

1. ¿En qué se diferencian los dos artículos? ¿Ponen énfasis en elementos diferentes?

2. ¿Cómo nos informa cada artículo sobre las víctimas?

3. ¿Quiénes son los protagonistas del artículo? ¿Cómo están descritos? ¿Qué tipo de persona son? ¿Cómo caracterizaría su personalidad?

4. ¿Informan los dos artículos cuál fue el desenlace de los sucesos? ¿Qué conclusiones sacamos del desenlace de cada incidente?

UNA MIRADA ALREDEDOR

ACTIVIDAD A 11 ¿QUÉ PIENSA USTED?
Comenten en grupo los siguientes temas o escriban sobre ellos. Su profesor(a) puede proponerles realizar uno de los ejercicios del Capítulo 1, Actividad A11, (página 23). ¿Son objetivos los dos reportajes? ¿Recibimos información sólo por medio de testigos presenciales de los hechos?

1. Piense en el artículo "Una banda..." ¿De quién(es) podríamos haber recibido la información? ¿Cree que haya elementos inventados posiblemente por el / la periodista?

2. Piense en el artículo "La herencia". ¿De quién podríamos haber recibido la información? ¿Cree que hay elementos inventados por el (la) periodista?

ACTIVIDAD A 12 TALLER DE TEATRO.
Representen individualmente o en grupo las siguientes situaciones. ¿Cómo se portarían? ¿Qué harían? Siguiendo las indicaciones de la Actividad A12, Capítulo 1, su profesor(a) puede proponerles representar una improvisación o una dramatización ensayada previamente.

1. **Un día en el aeropuerto de Ibiza:** Una dramatización del reportaje.

2. **Una visita del otro mundo:** La esposa muerta vuelve para contar su versión de lo que pasó esa noche fatal.

3. **En el tribunal:** El médico presta testimonio contra el cortijero que mató a su esposa.

4. **En el tribunal:** El cortijero niega que ha matado a su esposa para obtener su herencia.

LECTURA B

"La misión de Jaime Jaramillo"   por Gustavo Gorriti

A PRIMERA VISTA

ACTIVIDAD B1 UN RELATO DE INTERÉS HUMANO. Un artículo de interés humano es más que un relato de los hechos. En estos artículos, el periodista, además de narrar los sucesos, expresa sus opiniones personales sobre los mismos, y nos da una buena idea de la personalidad de los protagonistas.

1. Piense en un personaje famoso contemporáneo sobre el que podría escribir un reportaje:

2. Escriba a qué se dedica esta persona (la razón principal de su fama):

3. Además de los datos básicos de su vida, ¿qué más le interesaría saber sobre él o ella?

ACTIVIDAD B2 EL ÁNGULO DEL AUTOR. Imagínese que usted va a escribir un reportaje sobre un personaje muy polifacético. El artículo debe estar estructurado en torno a un tema central.

Por ejemplo, si fuera a escribir sobre Paloma Picasso, podría escoger uno o varios de los ángulos siguientes:

1. Paloma Picasso, hija de Pablo Picasso

2. Paloma Picasso, creadora de perfume

3. Paloma Picasso, miembro de la jet-set

Piense de nuevo en el personaje de la Actividad B1, o en otro personaje diferente. Escriba varios ángulos posibles desde los que podría enfocar un artículo de interés humano sobre el personaje seleccionado.

ACTIVIDAD B3 MI ÁNGEL CUSTODIO. Si usted tuviera un ángel custodio o protector(a), ¿qué querría que hiciera por usted? Escriba cuatro deseos que le pediría.

Después de escribir los deseos que pediría a su ángel custodio, busque a otros compañeros que tengan deseos parecidos a los suyos. Los estudiantes deben pasearse por la sala de clase para encontrar a otras personas con deseos semejantes. Converse al menos con cuatro compañeros.

Organice en la siguiente tabla la información conseguida:

Mis deseos	Compañero(a)	Deseo parecido Marcar con una "X"	Deseos diferentes Indicar deseos de su compañero.
1.			
2.			
3.			
4.			

Modelo:

ESTUDIANTE A: (Expresa su deseo) *Hola... Desearía un ángel custodio que me protegiera de...*

ESTUDIANTE B: (Responde) *Hola... Yo también desearía tener un ángel custodio que...*

O TAL VEZ: *Yo no. Desearía tener un ángel custodio que...*

Después de que todos hayan conversado con cuatro compañeros, la clase puede reunirse para comentar sus deseos e ilusiones. ¿Tienen algunos en común?

ACTIVIDAD B4 UN ACTO DE GENEROSIDAD. Después de leer el siguiente relato sobre un acto de generosidad intente hallar por el contexto el significado de las palabras en cursiva. ¡Ojo! A veces se presentan dos definiciones correctas, pero sólo una es apropiada en el contexto presentado.

"Pedro Perales, dueño de una *finca cafetalera* en las afueras de la ciudad, llegó a Bogotá por la mañana para hacer un negocio con una *empresa* internacional de café. Después de terminar el negocio, entró en una *pastelería* para comprar una tarta de cumpleaños para su hija de seis años. Luego, fue a una juguetería para comprarle una *muñeca* nueva. Con la tarta y la muñeca caminaba por las calles cuando se perdió en un barrio muy pobre. Vio *basura* por todas partes. Vio a muchos pobres *menesterosos* que *deambulaban* lentamente por las calles y que pedían *limosna* con la mano extendida.

Una mujer se sentaba cerca de una *cloaca* abierta, lugar donde van a parar las aguas sucias y los excrementos de la ciudad. Gritó, "¡Por favor! ¡Algo para mi hija enferma! ¡Su *cobija* es un periódico viejo! ¡Nuestro *hogar* es la cloaca! ¡Vivimos en el frío y la *desnudez*!".

Pedro *se arrodilló* para hablar con la mujer. "Toma este regalo para tu hija", le dijo. La mujer *se lanzó* hacia la *caja*. La abrió, y con expresión de *asombro*, le dio las gracias a Pedro por su acto de generosidad."

Según el contexto del relato:

1. *finca cafetalera* quiere decir…
    a. campo donde se cultiva el café
    b. lugar donde se sirve café

2. *empresa* quiere decir…
    a. líder de un país
    b. compañía

3. *pastelería* quiere decir…
    a. tienda donde se venden panes y pasteles
    b. mercado

4. *muñeca* quiere decir…
    a. parte del cuerpo junto a la mano
    b. juguete, figurilla humana

5. *basura* quiere decir…
    a. suciedad
    b. excremento de caballos

6. *menesteroso* quiere decir…
    a. activo
    b. necesitado

7. *deambulaban* quiere decir...

    a. lloraban

    b. andaban

8. *limosna* quiere decir...

    a. auxilio, caridad

    b. bebida

9. *cloaca* quiere decir...

    a. alcantarilla, lugar inmundo e infecto

    b. puerta

10. *cobija* quiere decir...

    a. ropa de cama

    b. libro

11. *hogar* quiere decir...

    a. mundo

    b. casa

12. *se arrodilló* quiere decir...

    a. se humilló

    b. se puso de rodillas

13. *se lanzó* quiere decir...

    a. golpeó

    b. se precipitó, se arrojó

14. *caja* quiere decir...

    a. recipiente

    b. lugar para guardar dinero

15. *asombro* quiere decir...

    a. miedo, terror

    b. sorpresa

ACTIVIDAD B5 UN RESCATE DRAMÁTICO. Trabaje individualmente o en un grupo pequeño para realizar esta actividad. Un niño de ocho años se cayó por una cloaca abierta. Usted es parte de un escuadrón especial de rescate. ¿Cómo lo ayudaría? Indique con **sí** o con **no** lo que haría. (Si está trabajando con otros estudiantes, razone su respuesta.)

1. Iría recorriendo toda la ciudad en busca de otras personas para ayudar en el rescate.
2. Trataría de calmar a los asistentes que estaban esperando en la calle.
3. Se quedaría mudo de terror.
4. Le brindaría al niño esperanzas de una pronta salvación.
5. Trataría de derribar o destruir los obstáculos para poder entrar en la cloaca y estar más cerca del niño.
6. Recogería el juguete perdido por el niño en la cloaca.
7. Embestiría a la persona que había removido la cubierta de la cloaca.
8. Demoraría el rescate del niño hasta la llegada de sus padres.
9. Abordaría (detendría y hablaría) a la gente de la calle para decirle lo que ocurre.
10. Trataría de alejar a la gente que trataba de averiguar lo que ocurre.
11. Hablaría con el niño de la dificultad de la operación.
12. Bajaría con muchísimo cuidado a la cloaca, adentrándome poco a poco.
13. Llevaría uniforme especial de buzo (persona que trabaja sumergido en el agua), calzando zapatos especiales de hule (goma, materia impermeable).
14. Hablaría con el niño de la hediondez (la horrible suciedad) que lo rodea.
15. Levantaría con mucho cuidado al niño tendido (extendido en posición horizontal) en el suelo.
16. Esperaría al médico para administrarle primeros auxilios al niño.
17. Le diría al niño, "¡Es posible que no sobrevivas a esta experiencia!"
18. Después de rescatarlo, le daría al niño un discurso sobre los peligros de caminar cerca de las cloacas.
19. Aceptaría un gran premio por mi heroísmo.

En plena vista

"La misión de Jaime Jaramillo"
Gustavo Gorriti

El reportaje de Gorriti nos conduce al mundo de unos pobres inocentes. Relata cómo Jaime Jaramillo dedica su vida a una conmovedora misión. Cuando era joven, los amigos de Jaramillo lo llamaban "Machete"[1] por su capacidad para derribar obstáculos. Como adulto, Jaime no usa machete, pero lucha victoriosamente usando las armas de la compasión y la voluntad de ayudar a los necesitados.

El proceso de la lectura: El tema central y la tesis

Después de identificar los hechos centrales de un artículo periodístico (el **quién, qué, dónde, cuándo, y porqué**) y después de buscar el aspecto en el que se ha centrado el periodista, el siguiente paso es averiguar cuál es el tema central y la tesis.

En el caso de "La misión de Jaime Jaramillo", artículo de interés humano, el título nos ayuda a determinar el **quién** y nos da una idea muy general del **qué**. ¿Qué quiere decir misión? ¿Es un viaje? ¿Es el lugar donde viven los misioneros? ¿Es un deber moral o un oficio? Apenas comience la lectura, comprobará que el tema central es **Jaime** y **su misión**.

La tesis, es el punto de vista que se expresa sobre un tema. Por ejemplo, supongamos por un momento que la misión de Jaime fuera robar. ¿Cuál sería el punto de vista del autor del reportaje? ¿Lo presentaría como un Robin Hood moderno? ¿O tal vez como un *gángster* cruel y violento?

A veces la tesis es explícita, es decir, una o dos oraciones del texto indican directamente el punto de vista. Pero a veces es implícita, y hay que derivarla de la información presentada.

Cuando lea "La misión de Jaime Jaramillo," trate de buscar la tesis por medio de los muchos datos sobre el personaje y su misión. No olvide emplear la estrategia de leer la obra dos veces para lograr una comprensión inicial, y después una comprensión mayor. Recuerde: después de leer el reportaje rápidamente por primera vez, realice la Actividad B6, y después de leer más despacio el reportaje la segunda vez, realice la Actividad B7. Si quiere, puede repasar la estrategia **Leer dos veces** en la página 6, que precede a las actividades A6 y A7 del Capítulo 1.

---

1. cuchillo grande

Gustavo Gorriti
"La misión de Jaime Jaramillo"

Desde hace años, este próspero hombre de negocios colombiano ha dedicado su tiempo, sus energías y buena parte de sus ingresos a ayudar a los niños abandonados de Bogotá.

I

El 22 de noviembre de 1988, en una reunión de gala de la elite de Bogotá, se le entregó a Jaime Jaramillo, próspero hombre de negocios colombiano de 32 años, un premio por ser uno de los más importantes ejecutivos de su país. El público esperaba escuchar el típico discurso de aceptación. Sin embargo, lo que no sabían los asistentes era que Jaime Jaramillo llevaba una vida paralela, recorriendo por las noches los barrios más peligrosos de Bogotá, incluso las cloacas, para rescatar a niños abandonados en la calle, que en Colombia se conocen como gamines. En el momento de recibir el premio, Jaime tenía reservada una sorpresa a sus oyentes. Les recordó que todos ellos habían visto a los gamines, pero que la mayoría jamás se había puesto a pensar en lo que significaba ser uno de ellos. "Permitan que un gamín se exprese por mi boca", pidió, y prosiguió[1]:

"Apenas tengo 11 años. Nací en la miseria, el frío y la desnudez. Mis canciones de cuna[2] fueron los insultos y el desprecio. Mi dieta balanceada dependía de la basura que a mi paso tiraban. Mi cobija era el periódico del día anterior. ¡Cuánto hubiera dado por una sonrisa y unas dulces palabras! El frío y la falta de cariño se sienten más en el alma[3] que en el cuerpo. Por eso les digo que no me condenen, pues soy el resultado de lo que me dieron y, más aún, de lo que me quitaron". Algunos funcionarios del gobierno se quedaron mudos, escandalizados; pero la mayoría del público aplaudió entusiasmado.

Los niños abandonados en las cloacas de Colombia se conocen como gamines y sobreviven a base de limosnas, basura y hurtos.

---

1. continuó 2. canciones para bebés 3. espíritu

II

Aproximadamente 5000 gamines deambulan por las calles de Bogotá, sobreviviendo día con día a base de limosnas, basura, del producto de sus hurtos, o de lo que ganan lustrando[4] zapatos o vendiendo latas[5] vacías o periódicos. Unos 200 de estos muchachos duermen en las cloacas de la ciudad. Se han refugiado allí para escapar de los escuadrones de la muerte: organizaciones clandestinas creadas para "limpiar" las calles asesinando a criminales notorios, a presuntos guerrilleros[6] e incluso a enfermos mentales, homosexuales, prostitutas y gamines. Jaime ha dedicado mucho tiempo y gran parte de su fortuna a rescatar a los gamines y brindarles la oportunidad de llevar otra clase de vida.

Jaime creció en un hogar fervorosamente católico, donde ayudar a los menesterosos era parte importante de la vida cotidiana. Su padre poseía una ferretería[7] en la ciudad de Manizales y una finca cafetalera en las afueras de la misma. Animados por él, Jaime y sus dos hermanos trabajaban en la ferretería todos los fines de semana, y destinaban sus ingresos[8] a comprar juguetes y ropa para los hijos de los trabajadores de la finca. Su madre trabajaba de voluntaria en un hogar para ancianos pobres.

El padre de Jaime solía decirles a sus hijos: "Si ustedes creen que pueden lograr algo, sin duda lo lograrán". Jaime asimiló bien las lecciones de su padre, que luego reforzó cuando ingresó en los Niños Exploradores. Comenzó a ayudar a los menesterosos de Manizales con la misma energía que dedicaba a los deportes. Inteligente y dinámico —sus amigos lo apodaban "Machete" por su capacidad para derribar obstáculos—, Jaime se convirtió en un muchacho apuesto[9] y robusto. En 1973 se fue a Bogotá a estudiar administración agrícola e ingeniería geográfica en la universidad.

III

La víspera[10] de la Navidad de 1973 estaba comprando regalos en el centro de Bogotá cuando vio a alguien arrojar, desde un automóvil, una caja de muñeca, de brillantes colores. De pronto, una gamincita se lanzó corriendo, entre los vehículos en movimiento, a recoger la caja. Jaime vio, horrorizado, cómo un enorme camión embestía y arrollaba a la niña. Corrió hacia ella con la intención de ayudarla, pero ya era demasiado tarde. Después cruzó la calle y recogió la caja. Estaba vacía: la pequeña había muerto en vano.

A través de la dureza y la desconfianza del rostro de la chiquilla vio brillar el asombro y la felicidad. Luego, conforme fueron llegando más gamines, Jaime repartió todos los juguetes.

---

4. brillando   5. recipiente de metal   6. guerreros ("soldados")   7. tienda de utensilios de metal
8. dinero   9. guapo   10. la noche antes

Reprimiendo un grito de rabia y dolor, Jaime comprendió de pronto cuál era su misión en la vida. "Debo ayudar a los niños de la calle", pensó. Incapaz de alejar de su pensamiento la muerte de la gamincita, compró unos 300 regalos de Navidad y un traje de Santa Claus. De vuelta en la calle, abordó a la primera gamina con la que se encontró y le regaló un reluciente juguete. A través de la dureza y la desconfianza del rostro de la chiquilla vio brillar el asombro y la felicidad. Luego, conforme fueron llegando más gamines, Jaime repartió[11] todos los juguetes.

En 1976 obtuvo una beca para estudiar geofísica y mineralogía en Mainz, Alemania Occidental. Dos años después regresó a Bogotá para casarse con Patricia, su novia de sus años universitarios, y luego la llevó a Austria, donde obtuvo un diploma en prospección y exploración petrolera.

Regresaron a Bogotá en 1983 y, después de trabajar para varias compañías petroleras importantes, Jaime fundó[12] su propia empresa de prospección, en la que tuvo mucho éxito. En sus ratos libres, llevaba comida y ropa a varios lugares en donde solían reunirse[13] los niños de la calle, y sufragaba[14] algunos de sus gastos médicos.

La mayoría eran adictos al alcohol barato y a una sustancia llamada boxer, droga parecida a la benzina, que inhalaban para que les ayudara a sobrellevar la vida en la cloaca.

IV

Un día, Jaime caminaba por la calle cuando vio a una pequeña tendida en el pavimento, presa[15] de violentas convulsiones. Se arrodilló a recogerla y la llevó a un hospital. Los médicos le informaron que la niña había sufrido un ataque epiléptico. Se recuperó rápidamente y, al otro día, Jaime regresó a verla. Se llamaba Rebeca y tenía 11 años. Cuando se le preguntó dónde vivía, respondió: "En las cloacas".

Cuando se dio de alta a Rebeca, Jaime pagó la cuenta y la llevó a su "casa", a lo que ella llamaba su "parche". Cuando llegaron a la calle donde vivía, Rebeca se metió en una alcantarilla. Mientras Jaime se asomaba a verla, pensó: "Cueste lo que cueste, tengo que ayudarla". La noche siguiente llevó alimentos a Rebeca y a los demás ocupantes de aquel lugar.

Por fin, una noche bajó a la alcantarilla. Calzando botas de hule, Jaime caminó en medio de una pestilencia casi insoportable. "Al principio", recuerda, "sólo pude percibir la espantosa hediondez, el suelo resbaladizo[16] y los excrementos de rata". El frío calaba hasta los huesos[17]. Luego vio a unos niños sentados en angostas[18] salientes encima de las aguas negras. "No podía

---

11. distribuyó   12. estableció   13. generalmente se encontraban   14. pagaba   15. prisionera de
16. en que se desliza fácilmente, como en el hielo   17. era terrible   18. estrechas

entender cómo alguien podía permanecer allí siquiera una hora", comenta. "Sin embargo, ése era su hogar".

En aquella primera visita, Jaime conoció a siete niños de entre 5 y 12 años de edad. Uno de ellos, Jairo, tenía labio leporino[19]; otro, Javier, padecía[20] del corazón; y todos estaban desnutridos. La mayoría eran adictos al alcohol barato y a una sustancia llamada boxer, droga parecida a la benzina, que inhalaban para que les ayudara a sobrellevar[21] la vida en la cloaca. Consternado, Jaime les dijo a los niños: "Voy a sacarlos de aquí y a buscarles un hogar".

Pero los chicos no le creyeron. A la noche siguiente Jaime regresó con ropa y alimentos. Poco a poco los convenció de que se salieran de las cloacas, y consiguió atención médica para Rebeca, Javier y Jairo. Luego, por medio de organizaciones de caridad, logró encontrar hogares para los siete niños.

Pronto descubrió que, aun cuando se les ofreciera ayuda económica, pocas familias estaban dispuestas[22] a recibir a gamines, así que alquiló una casa en el barrio de la Perseverancia, en el centro de la ciudad, e instaló en ella a 47 gamines. Con la ayuda de un reducido personal, trató de inculcar[23] en los chicos los principios de la filosofía de los Niños Exploradores, en particular los que tenían que ver con los deportes, el trabajo, la disciplina de grupo y las técnicas de supervivencia.

V

Mientras tanto, Jaime seguía adentrándose más y más en las cloacas de la ciudad, llevando a cuestas[24] tanques de oxígeno por si se presentaba una inundación[25] repentina, y un equipo completo de primeros auxilios. Una noche oyó gritos. En una saliente[26] cercana, Liliana, de 15 años, estaba dando a luz[27]. Jaime atendió el parto[28], y luego llevó a la muchacha y a su bebé a un hospital. Cuando llegaron, la madre y el hijo aún estaban unidos por el cordón umbilical. El espectáculo de un hombre vestido de buzo y salpicado[29] de sangre impresionó incluso a los más curtidos[30] profesionales de la medicina. En poco tiempo Liliana y su bebé, que recibió el nombre de John Jairo, salieron del hospital y se fueron a vivir a uno de los hogares de la fundación.

Durante ese tiempo aumentó el número de niños de las cloacas asesinados de noche por los escuadrones de la muerte de Bogotá. Colombia siempre ha sido un país asolado[31]

> **Huber estaba sentado en el piso de la alcantarilla, en estado casi catatónico por la ingestión de drogas, y todo lleno de excrementos humanos. Jaime lo llevó a vivir a la fundación.**

---

19. deforme, partido   20. sufría   21. soportar   22. preparadas   23. enseñar   24. sobre los hombros
25. corriente de agua   26. salida   27. teniendo un bebé   28. nacimiento   29. manchado con gotas
30. acostumbrados   31. destruido

por la violencia. En 1988 la tasa de homicidios era de 47.8 por cada 100.000 habitantes (en comparación con 19.5, en México). Ante la impotencia del Estado para poner fin a la matanza o impartir justicia de manera eficiente, muchos individuos y grupos decidieron hacer justicia por su propia mano, y los escuadrones de la muerte empezaron a rondar[32] durante las noches las ciudades y el campo.

Jaime pasaba mucho tiempo en hospitales, identificando cadáveres; supo de más de 150 asesinatos de gamines en el trascurso de dos años. En octubre de 1989, un escuadrón de la muerte disparó contra seis gamines adolescentes que vivían en un "parche" en el centro de Bogotá. Sólo dos sobrevivieron al ataque: el "Negro" y Julián, cuyo hermano, Andrés, vivía en la fundación. Cuando Jaime acudió[33] al hospital, encontró a Julián en muy mal estado, por lo que dispuso que lo trasladaran a otro pabellón[34], donde lo atenderían mejor. Luego se retiró, con la intención de regresar temprano al otro día. Esa noche, un hombre vestido con uniforme de la policía llegó al hospital y se identificó como oficial que trabajaba en la fundación. Dijo que tenía órdenes de trasladar a ambos muchachos a otro hospital, y preguntó por Julián. Por equivocación, el personal de turno le informó que Julián había fallecido[35]. Entonces, el supuesto oficial se llevó al "Negro". Julián sobrevivió y más adelante se fue a vivir a la fundación. Nunca se volvió a saber del "Negro".

VI

Dos meses después Jaime encontró a Huber en una cloaca del centro de la ciudad. El robusto muchacho negro de 16 años, había llegado en calidad de "refugiado", procedente[36] de otro "parche", en donde cerca de 30 gamines habían sido asesinados en una sola noche. Huber estaba sentado en el piso de la alcantarilla, en estado casi catatónico por la ingestión de drogas, y todo lleno de excrementos humanos. Jaime lo llevó a vivir a la fundación. Allí, el muchacho pronto le encontró un propósito a su vida: se le confió la administración de la panadería.

El cuidado diario de las seis casas hogar y sus 300 residentes (desde bebés hasta muchachos de 18 años) es responsabilidad de 40 entusiastas voluntarios y de otros 40 empleados que trabajan arduamente. Nancy Ramírez, ex gamina, es la coordinadora de los talleres[37] de la fundación. El director es Pedro Fernández, contador[38] de la empresa de Jaramillo. "Jaime es un hombre de gran integridad", asegura. "Inspira confianza e irradia energía positiva."

En la casa hogar, los gamines primero se desintoxican y descansan; luego se les envía a la escuela pública. Su convivencia con los niños de la escuela acarrea[39] dificultades. Los chicos, me explicó Pedro cuando visité la fundación, son mucho más maduros que los niños que viven con sus familias, por lo que les resulta difícil relacionarse con muchachos de su misma edad. Constituyen un grupo cerrado, y se ayudan unos a otros

---

32. andar amenazante 33. fue 34. sección 35. muerto 36. venido 37. lugares de trabajo 38. administrador 39. causa

cuando los ataca alguien que no sea gamín. "Tuvimos que explicarles la diferencia entre la escuela y el 'parche'", precisa Pedro. Pero acabaron por entender. En el penúltimo[40] año lectivo[41], dos de los niños de la fundación obtuvieron premios de excelencia académica, y otro ganó el primer lugar en un concurso de dibujo.

Cuando llega el momento de dejar la fundación, los adolescentes y adultos jóvenes rehabilitados suelen obtener empleo por medio de Jaime. Hasta la fecha, 100 ex gamines han sido contratados por las grandes compañías petroleras, y a la mayoría le ha ido muy bien. Hugo, por ejemplo, entró a trabajar en una compañía petrolera irlandesa en 1988, como miembro de un equipo de prospección. Mientras tanto, su esposa, Luz Mary, trabajó como tejedora en el taller de la fundación hasta que nació el hijo de ambos, en noviembre de 1989. Poco después abrieron su primera cuenta de ahorros para adquirir un apartamento.

A finales de 1989, Jaime comenzó a anotarse pequeñas victorias en su cruzada en favor de los gamines. La prensa extranjera empezó a publicar artículos que denunciaban la indiferencia con que algunos sectores del gobierno de Colombia veían la persecución y la matanza, y Jaime comenzó a recibir ayuda de muchos colombianos. El municipio de Tauramena, donde fundó una casa hogar y una pequeña escuela, organizó una ceremonia en su honor. Luego, en 1990, recibió el Premio Mundial de la Paz de manos de la Cámara Júnior Internacional en San Juan, Puerto Rico, evento que reseñó ampliamente la prensa colombiana.

El 24 de diciembre de 1990, Jaime inauguró en Cajicá, en las afueras de Bogotá, una casa nueva y más grande (prestada por el departamento de bienestar social del gobierno). Y en 1991 fundó un hogar para los niños de mayor edad en el barrio de Ciudad Jardín. La primera casa hogar de la fundación es ahora un centro de recepción inicial para los niños rescatados de las cloacas. Jaime ha emprendido[42] una campaña de recaudación[43] para que la fundación se vuelva autosuficiente, "de modo que, si algo me ocurre, los niños no se vean afectados".

Patricia, la esposa de Jaime, se preocupa por él, pues está en constante peligro debido a su labor con los niños de la calle. Pero, se apresura a añadir: "parece que está protegido..., quizá por Dios".

"Si mi Dios quiere que muera, moriré; pero no puedo renunciar. Cuando tienes 300 niños en las casas y miles más en las calles a los cuales ayudar, no puedes dar marcha atrás. Pase lo que pase, tengo que seguir".

---

40. antes del último   41. escolar   42. ha organizado   43. acción de ganar dinero

ACTIVIDAD B6 LA PRIMERA VEZ, CON POCOS DETALLES.

Después de leer el reportaje por primera vez, ¿puede decir cuál es la misión de Jaime Jaramillo? Identifique la tesis del artículo, o el punto de vista expresado por el periodista sobre Jaime y su misión. Es suficiente escribir palabras sueltas o frases breves.

La misión de Jaime:

La tesis del artículo:

ACTIVIDAD B7 LA SEGUNDA VEZ, CON MÁS DETALLES.

Lea el reportaje por segunda vez; en esta ocasión lea un poco más despacio para captar más detalles. Deténgase después de cada sección. Empleando palabras de la lectura, escriba algunos detalles sobre la misión de Jaime:

1. El nombre dado a los que reciben la ayuda de Jaime:

2. Los peligros a que están expuestos:

3. Lo que ocurrió en la víspera de la Navidad de 1973:

4. Lo que vio Jaime cuando bajó a la alcantarilla:

5. El trabajo de Jaime en el hospital:

6. Las actividades de la "casa hogar":

PUNTO DE MIRA: LA LECTURA

ACTIVIDAD B8 EL DIARIO DEL LECTOR.

Ahora le toca a usted expresar sus comentarios sobre la lectura. Escríbalos con la ayuda de su profesor(a) y la guía presentada en el Capítulo 1, Actividad A8.

ACTIVIDAD B9 ¿QUÉ HA VISTO USTED?

Repase con otro(a) compañero(a) la Actividad B6 para identificar el punto de vista presentado en el artículo sobre Jaime y su misión. Juntos, comenten y comparen sus ideas. ¿Es explícita la tesis? En tal caso, escriba una o dos oraciones de la lectura en que la tesis aparece explícitamente.
¿O es la tesis implícita? Si es así, ¿cómo la ha deducido? Razone su respuesta, presentando ejemplos extraídos de la lectura.

ACTIVIDAD B10 LOS OLVIDADOS. Trabaje en un grupo de cuatro estudiantes. Piensen cuál puede ser el punto de vista de los gamines. Este artículo se centra en la misión de Jaime Jaramillo, poniendo énfasis en el aspecto humano de la historia, mediante el relato de las circunstancias individuales de los protagonistas.

Vuelva a la lectura y repase lo que aprendió sobre los gamines de la lista siguiente. Luego, sin mirar el texto, relate las historias de los niños con el mayor detalle posible. ¡Todos los miembros del grupo deben colaborar!

1. De la sección III: la niña arrollada por el camión
2. De la sección IV: Rebeca
3. De la sección V: Liliana
4. De la sección VI: Huber

UNA MIRADA ALREDEDOR

ACTIVIDAD B11 ¿QUÉ PIENSA USTED? Comenten los siguientes temas o escriban sobre ellos. Su profesor(a) puede proponerles realizar uno de los ejercicios del Capítulo 1, Actividad A11, (página 23).

1. Después de leer el artículo, ¿qué ha averiguado del carácter o de la personalidad de Jaime? ¿Cómo lo caracterizaría? ¿Por qué?
2. Se puede decir que Jaime tiene dos "vidas" paralelas. ¿Cuáles son? ¿Es posible que entren en conflicto? ¿Cómo?
3. ¿Se puede decir que los gamines son "inocentes"? ¿Por qué?
4. ¿Hay gente "culpable" retratada en el artículo? ¿Quiénes son? ¿Cómo están representados?

ACTIVIDAD B12 TALLER DE TEATRO. Representen individualmente o en grupo las siguientes situaciones. ¿Cómo se portarían? ¿Qué harían? Siguiendo las indicaciones de la Actividad A12, Capítulo 1, su profesor(a) puede proponerles representar una improvisación o una dramatización ensayada previamente.

1. **¡Qué hombre es mi esposo!:** Patricia, esposa de Jaime, es entrevistada en la televisión.
2. **Cómo Jaime Jaramillo nos cambió la vida:** Uno de los gamines cuenta cómo fueron rescatados por Jaime.

3. **¡Qué problema tenemos!:** Un político habla con un periodista sobre la situación de los gamines de Bogotá.

4. **¡Necesitamos su ayuda!:** Jaime Jaramillo habla con … para tratar de recaudar más dinero para las casas hogares de su fundación.

Repaso del género

Los tres reportajes de este capítulo presentan los hechos de maneras distintas. "Una banda roba 750 millones en el aeropuerto de Ibiza" es el artículo más objetivo. "La herencia" es el más sensacionalista. "La misión de Jaime Jaramillo" desarrolla más un punto de vista relacionado con las personas y los hechos. Imagine que usted es editor(a) y presente sus sugerencias para cambiar la manera de presentar los hechos. Escoja uno de los artículos y una de las opciones.

1. Proponga sugerencias para convertir "Una banda…" en:
    a. un artículo de interés humano
    b. un artículo más sensacionalista

2. Proponga sugerencias para convertir "La herencia" en:
    a. un artículo más objetivo
    b. un artículo de interés humano

3. Proponga sugerencias para convertir "La misión de Jaime Jaramillo" en:
    a. un artículo más objetivo
    b. un artículo más sensacionalista

Comenten en clase sus propuestas.

CAPÍTULO 6

NARRACIÓN

LECTURA A   *El muchacho y el abuelito* y *El que se llevó el venado*   dos cuentos tradicionales

LECTURA B   *Fin*   por Edgar Neville

¿QUÉ ES UNA NARRACIÓN?

Una narración es el relato de una historia pasada, presente, o futura. El estilo literario que usa la narración se llama estilo narrativo. Muchos escritos tienen secciones narrativas, como por ejemplo las biografías, los ensayos sobre un tema, y los reportajes periodísticos, aunque a menudo en estas obras el propósito de narrar es secundario frente a otros fines como los de informar o persuadir. Hay varios tipos de narraciones: las históricas, las épicas, las novelas, los cuentos, las leyendas, las fábulas, y los mitos.

Las narraciones históricas y las épicas pueden relatar sucesos reales o ficticios. Las narraciones épicas relatan las hazañas de los héroes; la narración histórica puede referirse a varios tipos de narrativa en prosa. Por ejemplo, se podría contar la "historia" de su vida, "la historia" de la vida de Cristóbal Colón, o "la historia" de Romeo y Julieta.

Las novelas y los cuentos son narraciones de ficción. Una novela es una obra relativamente larga con un argumento complejo, en la que se relata una serie de eventos relacionados con los sentimientos, pensamientos, y acciones de varios personajes. El cuento es una obra narrativa más corta y sencilla que la novela. Generalmente desarrolla un tema central, y presenta a los personajes de forma más limitada. Hay cuentos literarios, escritos por autores de menor o mayor talla, y cuentos tradicionales, contados y transmitidos por la gente del pueblo.

A veces los términos **fábula, leyenda,** y **mito** se confunden, porque todos son formas populares del cuento; pero se pueden distinguir en cada uno ciertas características especiales. Las fábulas son obras con fines didácticos de estilo narrativo o poético en las que suelen aparecer animales o cosas inanimadas para enseñar un precepto moral. Las leyendas narran acontecimientos maravillosos y son transmitidas de generación en generación; generalmente tienen base histórica, aunque a menudo no es comprobable. Los mitos también son cuentos tradicionales; frecuentemente tratan de dioses o héroes y ofrecen una explicación de aspecto religioso sobre fenómenos de la naturaleza.

Lea los siguientes títulos de narraciones. En su opinión, ¿qué tipo de narración indica cada uno? Puede haber más de un término aplicable a cada título. Si no está seguro(a), escriba algunos elementos de la narración que puedan justificar una u otra elección.

	El zorro y las uvas	Caperucita Roja	El ingenioso hidalgo don Quijote de la Mancha	Venus y Marte	Las aventuras de Tom Sawyer	Crónica de Alfonso X	La ilíada
histórica							
épica							
novela							
cuento literario							
cuento popular							
fábula							
leyenda							
mito							

En este capítulo se presentan dos cuentos tradicionales con moraleja y un cuento literario. Preste atención a cómo están narrados los acontecimientos.

LECTURA A

El muchacho y el abuelito y *El que se llevó el venado*
dos cuentos tradicionales

A PRIMERA VISTA

ACTIVIDAD A1 HABÍA UNA VEZ. La primera oración de un cuento tradicional nos lleva al pasado y nos da una idea de los personajes: cómo eran, dónde vivían, o qué hacían. Por lo tanto, suele comenzar en tiempo **imperfecto**: "**Había** una vez un niño ciego que **vivía** con su madre y su hermano mayor en una casita del bosque."

Escriba la introducción de un cuento, empleando una de las frases que figuran a continuación. Sus personajes pueden ser los crueles agresores o las víctimas inocentes de una injusticia o un crimen. ¡Trate de despertar el interés del público! En las actividades A2 y A3, va a desarrollar su cuento añadiendo algunos detalles más.

1. Había una vez un niño que...
2. Érase una vez una vieja que...
3. Había una vez una princesa que...
4. Érase una vez un perro que...
5. Había una vez un estudiante que...

ACTIVIDAD A2 ENTONCES... La parte central de un cuento suele contener mucha acción. Si la acción es continua, se puede narrar en tiempo **imperfecto**: "El niño gritaba y gritaba, pero su madre **estaba** ocupada..."

La conclusión de una acción se expresa en tiempo **pretérito**. Es posible que este momento sea el clímax o el punto culminante del cuento: "El niño gritaba y gritaba, y por fin **llegó** su hermano para ayudarlo."

Piense ahora en los protagonistas de la Actividad A1. ¿Cuál podría ser la continuación de la historia?

1. El niño llamaba y llamaba, pero...
2. La vieja pensaba y pensaba, y...
3. La princesa lloraba y lloraba, pero...
4. Aunque el perro ladraba y ladraba...
5. El joven estudiante esperaba y esperaba, y...

ACTIVIDAD A3 Y COLORÍN COLORADO... El final de un cuento indica cómo ha cambiado la situación de los personajes. Si el final narra una acción continua, se puede relatar en tiempo **imperfecto**: "Desde entonces, el niño **cuidaba** de su hermano mayor y **se llevaban** muy bien."

Se emplea el **pretérito** si el cuento termina con una acción completa o con una frase que resume todo lo que pasó. Es posible que el cuento tenga características de fábula y al final comuniquen una lección o moraleja: "Así **aprendió** el niño la importancia de ser generoso y pensar en los demás."

Los cuentos tradicionales españoles suelen terminar con una frase hecha, en forma de verso, como "Y colorín colorado, este cuento se ha acabado", o "Y fueron felices, comieron perdices, y a nosotros nos dieron con los huesos en las narices". Escriba los desenlaces de los cuentos:

1. Desde entonces, el niño...

2. Y de ese momento, la vieja...

3. Y nunca jamás la princesa...

4. Y al final, el perro...

5. ¿Y qué ocurrió con el joven estudiante? Pues...

ACTIVIDAD A4 UNA HISTORIA DE FAMILIA. Añada más detalles a la historia de esta familia. Trabaje individualmente o con otro(a) estudiante.

1. Carlos y Sara eran esposos. El anciano padre de Carlos tenía que vivir con ellos porque...

2. A la nuera, Sara, no le gustaba que su suegro viviera con ellos porque...

3. Sara no permitía que el suegro tomara comida de la despensa, y por eso el pobre viejo...

4. El suegro no tenía nada para cobijarse por la noche y por eso siempre estaba helado de frío. Una noche...

5. Después de esa noche,...

ACTIVIDAD A5 UN CUENTO DE ANIMALES. Trabaje individualmente o con otro(a) persona. ¿Recuerda algunos de los cuentos que leía o escuchaba cuando era niño(a)? Algunos de los cuentos más populares son sobre animales. ¿Conoce el cuento de Bambi, el pequeño e inocente venado a cuya madre mató un cazador? ¿O el cuento de Ricitos de Oro y los tres osos que la encontraron en la cama del osito pequeño? ¿O el cuento de Caperucita Roja y el lobo feroz que se tragó a la abuelita? Escoja uno de estos cuentos u otro cualquiera. Cree una breve narración de cinco o seis oraciones, siguiendo este bosquejo:

1. Describir la situación de los animales: una oración

2. Contar brevemente la acción principal : una o dos oraciones

3. Narrar cómo se complica la historia: una o dos oraciones

4. Resumir el final del cuento: una o dos oraciones

Opcional:

5. Terminar con una lección o una moraleja: una oración

EN PLENA VISTA

El muchacho y el abuelito y *El que se llevó el venado*
Los colonizadores españoles y mexicanos de los siglos XV y XVI llevaron sus tradiciones literarias populares al suroeste de los Estados Unidos. Su cultura se mezcló con el espíritu indígena para producir cuentos como *El muchacho y el abuelito* y *El que se llevó el venado*.

EL PROCESO DE LA LECTURA: EL CONTEXTO

En algunas lecturas, el vocabulario utilizado corresponde a una época, un lugar, o un grupo de personas. El vocabulario de *El muchacho y el abuelito* y *El que se llevó el venado* es fruto de la fusión de las culturas hispana e india del suroeste de los Estados Unidos. Es necesario tener en cuenta el contexto de una palabra desconocida para determinar su significado.

a. A veces, el vocabulario es "único", empleado casi exclusivamente por un grupo particular de personas. Por ejemplo, en *El que se llevó el venado*, la palabra *cuasho,* que quiere decir *buldog,* es una palabra empleada solamente por unos indios del suroeste.

Podemos deducir por el contexto que *cuasho* describe al perro:

"...un perro amarillo que era cuasho."

Más adelante, leemos que el perro tiene una cola muy corta:

"...y el rabo de la cola lo enterró en la tierra y eso me indica que era cuasho."

b. A veces, el vocabulario es arcaico, de siglos pasados. Por medio del contexto, trate de adivinar la forma moderna de *vide*, *traiba*, y *trujo*.

"*Vide* que era más pequeño que yo." _____

"El hombre *trujo* a su padre anciano a casa." _____

"*Traiba* un perro amarillo que era cuasho." _____ *

c. A veces, el vocabulario de una lectura tiene un significado distinto del habitual. Por ejemplo, el significado habitual de la palabra *garra* es "pata de un animal con uñas fuertes y corvas" (la garra del gato). Y el significado habitual de la palabra *jerga* es "lenguaje de un grupo o una profesión" (jerga publicitaria, jerga de los adolescentes). Pero, ¿qué quieren decir *garra* y *jerga* en el cuento El muchacho y el abuelito? Por medio del contexto, trate de determinar su significado:

"Hijito, búscame una *garra* por ahí para cubrirme. Me estoy helando de frío."

"...El niño buscó una *garra* y encontró un pedazo de *jerga* para llevar a su abuelo."

Según el contexto lingüístico y el contexto cultural del suroeste de los Estados Unidos, *garra* quiere decir *manta* o *pedazo viejo de cuero* y *jerga* quiere decir *tela gruesa* o *alfombra ruda*. ¿Se parecen sus definiciones a éstas?

Cuando lea los dos cuentos, verá otras palabras (*despensa* y *chopo*) que tienen un significado particular en el contexto y que reflejan la cultura del suroeste estadounidense. No olvide emplear la estrategia de leer la obra dos veces para lograr una comprensión inicial, y después una comprensión mayor. Recuerde: después de leer rápidamente el cuento la primera vez, realice la Actividad A6, y después de leer más despacio la segunda vez, realice la Actividad A7. Si quiere, puede repasar la estrategia **Leer dos veces** en la página 6, que precede a las actividades A6 y A7 del Capítulo 1.

---

*Respuestas: *Vide:* vi;   *trujo:* trajo;   *traiba:* traía

El muchacho y el abuelito

Éste era un hombre que no tenía más familia que su esposa y un hijito de cinco años. El hombre también tenía a su cargo[1] a su padre anciano a quien lo asistían en la casa. Mas como la nuera no quería a su suegro, mandó apartar al anciano, retirándolo de la casa donde vivían ellos. Allá le mandaban de comer algunos días y otros días no. En tiempos fríos no cuidaban de él y el pobre viejito sufría mucho. Un día se arrimó[2] su nietecito a donde él estaba y le dijo el anciano:

—Hijito, búscame una garra por ahí para cobijarme. Me estoy helando de frío.

El muchachito fue corriendo a la despensa a buscar una garra y halló un pedazo de jerga. Le llevó el pedazo de jerga a su padre y le dice:

—Córteme esta jerga por la mitad[3].

—¿Para qué? ¿Qué vas a hacer con ese pedazo?

—Voy a llevárselo a mi abuelito, porque tiene frío.

—Pues llévasela entera.

—No,—le dijo—no la llevo toda. Quiero que me la corte en la mitad porque quiero guardar el otro pedazo para cuando usted esté como mi abuelito. Entonces se la llevo a usted para que se cobije.

Aquella respuesta del muchachito fue suficiente para que el hombre reconociera la ingratitud que estaba haciendo con su padre. El hombre trujo a su padre anciano a su casa e hizo que le prepararan un cuarto y le dieran asistencia adecuada a sus necesidades. De ese tiempo en adelante él mismo cuidaba de su padre en la tarde y en la mañana.

---

1. cuidaba de 2. se acercó, visitó 3. en dos partes iguales

El que se llevó el venado

Un cazador que andaba cazando mató un venado ya muy tarde y no pudo llevárselo. Lo desolló[2] y lo colgó[3] de un pino alto donde él mismo apenas podía alcanzarlo. El siguiente día volvió por su venado y ya no lo encontró. Buscó a ver qué huellas[4] había. Inspeccionó todo el lugar y luego se fue a buscar al juez[5] a pedirle protección para que fueran a ayudarle a buscar su venado.

El juez le preguntó si no sabía poco más o menos quién se lo había llevado. Él no lo había visto y no sabía quién, pero dijo que le podía dar una identificación de la persona que se lo había robado.

—Si sabes algo, ¿qué clase de hombre era?

—Pues era un hombre más mediano[6] que yo. Era viejo. Traiba un perro amarillo que era cuasho.

—¿Cómo sabes tú todo eso?

—Vide que era más chopo[7] que yo porque no alcanzó a agarrar el venado donde yo lo colgué y puso palos[8] abajo para alcanzarlo.

—¿Pero cómo sabes que era viejo?

—Porque los pasos que daba eran cortitos.

—¿Y cómo sabes que traiba un perro amarillo?

—Porque rastreé[9] al perro, y donde se embocaba[10] por abajo de palos muy bajitos dejaba pelos amarillos.

—Pero ¿cómo sabes que era cuasho?

—Porque cuando el viejo bajaba el venado, el perro estaba sentado cerca de él y el rabo de la cola lo enterró[11] en la tierra y eso me indica que era cuasho.

Pues entonces le concedió el juez que fueran a buscar al hombre, y tuvieron éxito. Llegaron a una casa donde estaba un perro amarillo cuasho y ahí salió el hombre viejo y chopo. Esto fue suficiente prueba para saber que aquel se había traído el venado, y en su caballeriza[12] lo encontraron.

> ...el perro estaba sentado cerca de él y el rabo de la cola lo enterró en la tierra y eso me indica que era cuasho.

---

1. robó   2. le quitó la piel   3. suspendió   4. pasos   5. árbitro, el que da sentencia en una discusión
6. más bajo   7. más bajo   8. maderos cilíndricos   9. seguí los pasos   10. se metía en un lugar estrecho
11. lo puso debajo de la tierra   12. establo para los caballos y otros animales

Narración

ACTIVIDAD A6 POR PRIMERA VEZ, CON POCOS DETALLES.

Parte 1: Después de leer *El muchacho y el abuelito* por primera vez, escriba qué quería hacer el nieto con el pedazo de jerga. Es suficiente escribir frases breves.

Parte 2: Después de leer *El que se llevó el venado* por primera vez, escriba dos o tres de las preguntas que el juez le hizo al cazador para saber si podía identificar al culpable. Es suficiente escribir frases breves.

ACTIVIDAD A7 LA SEGUNDA VEZ, CON MÁS DETALLES.

Parte 1: Lea el cuento *El muchacho y el abuelito* por segunda vez; en esta ocasión lea más despacio para comprender la moraleja del cuento. ¿Cómo cambió la actitud del padre después de oír qué quería hacer su hijo con el pedazo de jerga?

Parte 2: Lea el cuento *El que se llevó el venado* por segunda vez; en esta ocasión lea más despacio para ver las respuestas del cazador. Escriba, empleando palabras de la lectura, cómo adivina el cazador:

1. la estatura del ladrón:

2. la edad del ladrón:

3. el animal del ladrón:

PUNTO DE MIRA: LA LECTURA

ACTIVIDAD A8 EL DIARIO DEL LECTOR.

Ahora le toca a usted escribir sus comentarios sobre la lectura con la ayuda de su profesor(a) y la guía presentada en el Capítulo 1, Actividad A8.

ACTIVIDAD A9 ¿QUÉ HA VISTO USTED?

Trabaje individualmente o en grupo para encontrar elementos de las narraciones que dan evidencia de:

1. la crueldad de la nuera:

2. la pasividad del esposo:

3. la madurez del niño:

4. la astucia del cazador:

5. la justicia del juez:

Capítulo 6

ACTIVIDAD A 10 **LOS CULPABLES.** Comente los siguientes temas en un grupo de tres o cuatro estudiantes.

1. ¿Quiénes son los culpables en las dos narraciones? Compárelos.

2. ¿Cómo están descritas las víctimas? Compare cómo están presentadas en los cuentos.

3. ¿Tiene cada cuento un clímax o punto culminante? ¿Cuándo?

4. ¿Es uno de los cuentos más "dramático" que el otro? Razone su respuesta.

5. ¿Tienen estos cuentos un mensaje o una moraleja? ¿Cuál?

UNA MIRADA ALREDEDOR

ACTIVIDAD A 11 **¿QUÉ PIENSA USTED?** Comenten en grupo los siguientes temas o escriban sobre ellos. Su profesor(a) puede proponerles realizar uno de los ejercicios del Capítulo 1, Actividad A11, (página 23).

1. ¿Tiene el cuento *El muchacho y el abuelito* un sentido universal? ¿Refleja la situación de la nuera, el hijo, el abuelo, y el niño un conflicto generacional existente en las familias de hoy día?

2. ¿Es posible defender a la nuera y a su esposo y justificar su actitud?

3. La presentación de pruebas es esencial para establecer la culpabilidad del viejo en *El que se llevó el venado*. Si alguien le robara la comida (no necesariamente un venado recién cazado), algo que acababa de comprar, preparar, o poner en conserva, ¿cómo trataría de identificar al ladrón?

ACTIVIDAD A 12 **TALLER DE TEATRO.** Representen individualmente o en grupo las siguientes situaciones. ¿Cómo se portarían? ¿Qué harían? Siguiendo las indicaciones de la Actividad A12, Capítulo 1, su profesor(a) puede proponerles representar una improvisación o una dramatización ensayada previamente.

1. **La nuera cruel:** Una escena entre la nuera y su suegro después del cambio de actitud por parte del esposo.

2. **¡Padre mío!:** Una reunión entre el padre y el abuelo después de que el padre se da cuenta de su error.

3. **La sentencia:** El proceso del viejo ladrón y su perro cuasho. El ladrón es arrestado y procesado por su crimen. Un juez o un jurado escucha al acusado y a la víctima del robo y pronuncia su sentencia.

4. **Otro cuento popular, otra moraleja:** Cambien unas de las circunstancias de uno de los cuentos y elaboren una versión original con otra moraleja.

LECTURA B

Fin por Edgar Neville

A PRIMERA VISTA

ACTIVIDAD B1 LA PRIMERA VEZ. ¿Recuerda la experiencia de haber visto algo o haber hecho algo por primera vez cuando era un(a) niño(a)? ¿Recuerda la primera vez que vio la nieve, que tomó un helado, o que fue a la playa? Si no lo recuerda, ¿le ha contado alguien cómo reaccionó? Para contar sus experiencias de la niñez, complete tres de las frases siguientes:

1. La primera vez que vi la nieve...
2. La primera vez que comí...
3. La primera vez que fui a...
4. La primera vez que toqué...
5. La primera vez que yo...

"¡Abuelita! ¡Debía de ser un conejo grandísimo!"

ACTIVIDAD B2 EL FIN DEL MUNDO. Trabaje individualmente o en un grupo pequeño. Hay muchos cuentos de ciencia-ficción que describen el fin del planeta Tierra. Escriba aquí su propia versión. ¿Qué pasaría? ¿Quiénes serían los últimos sobrevivientes? Puede usar algunas de las frases siguientes para organizar su cuento.

1. Todos se preparaban para...
2. Toda la gente necesitaba...
3. Creían que el fin de la Tierra iba a ocurrir cuando...
4. El día fatal llegó y...

5. Nadie se había imaginado que...

6. Los últimos sobrevivientes eran...

7. No había...

8. Y después de todo...

ACTIVIDAD B3 ¡QUÉ SOLO ESTOY! Trabaje individualmente o en un grupo pequeño. ¿Le gustaría estar solo(a) en una isla desierta o en otro lugar? Imagínese estar solo(a) en los lugares siguientes. Cuente lo que haría. Después, la clase entera debe reunirse para comparar las respuestas.

1. Si estuviera solo(a) en una isla desierta...

2. Si estuviera solo(a) en mi ciudad o pueblo...

3. Si estuviera solo(a) en un supermercado...

4. Si estuviera solo(a) en una tienda de aparatos y regalos electrónicos...

ACTIVIDAD B4 UNA RAUDA HUIDA. Lea la descripción de la rauda huida —el escape rápido— de Sofía y Antonio. Por medio del contexto, trate de comprender el significado de las palabras en cursiva. Después de leer el relato, trabaje con otro estudiante para reconstruirlo según las instrucciones que siguen a las oraciones.

1. La tierra *se sacudió* violentamente.

2. Por el pueblo, *los pitidos* de las alarmas *se desbordaron* en el silencio de la noche.

3. Sofía y Antonio *se incorporaron* lentamente.

4. Sus *gruñidos* por no querer *desvelarse* fueron interrumpidos por los gritos de "*¡Socorro!*" en la calle, *las bocinas* de los coches, y el ruido de las *campanas* de la iglesia.

5. No tuvieron tiempo para *esmerar* su *toilette*.

6. Ni para *elegir* qué ropa ponerse.

7. Antonio *derribó un cristal* con *el tacón* de un zapato y con prisa *se empujaron* por la ventana.

8. Al salir, la alta *bóveda* de su casa se cayó.

9. Sofía *se echó a llorar* y *se echó en los brazos* de Antonio.

10. Había gente en la calle. En el bar junto a su casa, quedaban en el *mostrador* los *postreros retales* de las bebidas que habían dejado con prisa los clientes.

11. *Asombrados* por la vista de tantos coches en *fila*, Sofía y Antonio pensaron en escaparse en coche también.

12. Pero descubrieron que un *neumático* de su coche estaba desinflado, y no tuvieron tiempo para *inflarlo*.

13. No había más *remedio* que escaparse andando.

14. Llegaron a pie la *encrucijada* de las calles Bolívar y Castro.

15. La *circulación* había *cesado* completamente porque el movimiento de la tierra había derrumbado el *puente* que atravesaba el río.

16. Miraron al cielo, y de repente, Sofía *balbuceó,* "¡M-m-mira Antonio! ¡Un he-he-helicóptero!"

17. "¡Otro *remedio*!" exclamaron.

18. Fueron salvados todos —de los menores a los mayores— los bebés vestidos en sus *abriguitos de punto*, tejidos por las mamás, las hermanas, las tías, y las abuelas ya menos histéricas, los niños ya no tan *espantados*, las parejas jóvenes como Sofía y Antonio, y los viejos *centenarios*.

Ahora, vamos a reconstruir el relato de la rauda huida. Un(a) estudiante hace las preguntas que figuran a continuación. Los números de las preguntas corresponden a las oraciones del relato. El(la) otro(a) debe mirar el relato para contestar las preguntas, pero no debe leer la respuesta. Después de escuchar cada pregunta,

- lea en silencio la oración apropiada
- piense en la respuesta
- trate de practicar el vocabulario en cursiva
- mire a su compañero cuando conteste la pregunta

Opción: Después de contestar a nueve preguntas, los estudiantes pueden intercambiar papeles.

1. ¿Cómo se agitó la tierra?
2. ¿Qué se oyó en el silencio de la noche?

3. ¿Cómo se despertaron Sofía y Antonio?

4. ¿Qué evidencia hay de que no querían despertarse? ¿Qué sonidos los despertaron?

5. ¿Tardaron mucho tiempo en lavarse y en vestirse?

6. ¿Qué ropa escogieron para llevar?

7. ¿Cómo se escaparon de la casa?

8. ¿Qué sucedió con el techo de la casa?

9. ¿Estaba tranquila Sofía?

10. En su prisa por escaparse, ¿qué se habían dejado los clientes del bar?

11. ¿Les sorprendió a Sofía y Antonio la larga cola de coches?

12. ¿Por qué no pudieron usar su coche?

13. ¿Qué solución encontraron para huir?

14. ¿A qué cruce llegó la pareja?

15. ¿Por qué estaba parado el tráfico?

16. ¿Pudo hablar fácilmente Sofía después de mirar al cielo?

17. ¿Se sintieron emocionados al ver el helicóptero?

18. ¿Quiénes fueron rescatados?

ACTIVIDAD B5 LA INMOVILIDAD Y EL SILENCIO. Las descripciones que figuran a continuación nos hacen formar una imagen gráfica del fin del mundo. Nos dan una impresión de destrucción, de inmovilidad, y de silencio. Después de leerlas, indique qué actividades no son posibles ahora.

Modelo: *Parecía que el conductor de la orquesta iba a dar con la batuta en el atril, pero nada...*

Ahora, no hay concierto alguno.

o *Ahora, la orquesta no va a tocar.*

o *Ahora, los músicos...*

1. Parecía que el conductor de la orquesta iba a dar con la batuta en el atril, pero nada... Ahora,...

2. El río Sena (de París) corría de puntillas (sobre las puntas de los pies). Ahora,...

3. El despertador aguardaba el momento de "dar su broma" (sonar y así burlarse de los que están durmiendo). Ahora,...

4. En un almacén, los maniquíes de cera (materia de que están hechas las velas) tenían un aspecto de desalmados (inhumanos, sin conciencia). Parecían estar "helados" en medio de una fiesta. Ahora,...

5. Las campanas de la iglesia parecían bailarinas ahorcadas (colgadas del cuello). Ahora,...

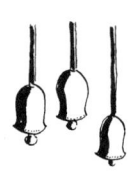

6. En las casas se habían quedado encerradas las moscas (insectos a los que atrae la basura y los excrementos) dándose cabezazos (golpes con la cabeza) contra las ventanas. Parecían relojes, todavía con cuerda (con capacidad de indicar la hora). Ahora,...

7. Los perros se habían muerto sobre las tumbas, como si durmieran en forma de media luna. Ahora,...

8. Se les terminó la gasolina a los sobrevivientes que trataban de escaparse en coche. Ahora,...

En plena vista

Fin
Edgar Neville

Edgar Neville (1899-1967) fue un polifacético autor de cuentos, novelas, poesía, y obras de teatro y de cine. También fue diplomático, periodista, director de cine, y pintor. Lo que escribió Neville sobre su teatro en el periódico *ABC* (14/1/55), se puede aplicar a sus cuentos: "...que todo sea leve[1], sencillo y natural para que la condición humana de los personajes resalte con más vigor. Ni tesis ni lección." Lleno de un fino humor e ingeniosas descripciones, el cuento *Fin* nos conduce por la historia de Susana, la última sobreviviente del mundo.

El proceso de la lectura: El lenguaje figurado

El autor de una historia puede crear una impresión gráfica de los sucesos usando **imágenes**. Una imagen es una asociación entre elementos que generalmente no están relacionados.

Una comparación entre dos objetos o ideas se llama **símil**, y emplea la palabra **como**. Por ejemplo, Edgar Neville describe cómo los retratos de actores y actrices han caído en fila de la pared de un casino. Los retratos generalmente no tienen relación con los soldados de metal con que juegan los niños, pero el autor crea una imagen de la muerte escribiendo:

---

1. ligero, no muy serio

"…retratos de actores y actrices desaparecidos [...] que habían caído en fila como los soldados de plomo."

La asociación directa de dos ideas se llama **metáfora**; a veces emplea el verbo **ser**. Por ejemplo, Neville describe el paso del tiempo en términos de las palpitaciones del corazón; también establece una metáfora entre la Tierra y una persona cuyo pulso son los segundos: "Los segundos eran el pulso de la Tierra."

Las metáforas pueden emplear **símbolos**; por ejemplo, Neville establece una metáfora entre el tic-tac de los relojes y los puntos suspensivos. Puesto que los puntos suspensivos (…) son un signo de la escritura que indican que una frase se deja incompleta, la metáfora de Neville produce la impresión de que la vida queda incompleta: "…su tic-tac eran los puntos suspensivos después de la palabra vida."

Las **personificaciones**, son metáforas que consisten en atribuir propiedades humanas a objetos inanimados. Neville describe diversas cosas como personas tristes: " Máquinas, casas, ciudades, en espera, a punto de echarse a llorar."

Describe las alcantarillas o canales subterráneos para aguas sucias como personas que respiran profundamente, como si se acabara su vida: "Las alcantarillas daban el último suspiro de la ciudad."

Describe el despertador como una persona que emite sonidos de enfado: "El despertador seguía gruñendo en el suelo."

Describe las ciudades llenas de plantas que crecen sin control, como hombres que no se afeitan: "A las ciudades muertas les crecía la barba."

Describe el reflejo de una estrella como alguien que toca el agua con los pies: "Una estrella bajó a mojarse las puntas en el mar."

Describe el último lugar donde se trata de conservar la civilización como una mujer que trata cuidadosamente de no arruinar sus medias de nilón: "Aquel fin de raza había enrollado las medias por debajo de las rodillas para no romperlas."

Cuando lea *Fin*, verá que hay muchas otras imágenes. No olvide emplear la estrategia de leer la obra dos veces para lograr una comprensión inicial, y después una comprensión mayor. Recuerde: después de leer la obra por encima la primera vez, realice la Actividad B6, y después de leerla más despacio la segunda vez, realice la Actividad B7. Si quiere, puede repasar la estrategia **Leer dos veces** y en la página 6, que precede a las actividades A6 y A7 del Capítulo 1.

Edgar Neville
Fin

I

Se venía diciendo hacía mucho tiempo: la gente se moría cada vez más y cada día se hacían menos abriguitos de punto. Por si era poco, vinieron dos guerras seguidas de epidemias; la muerte era el pan nuestro de cada día[1]. Hasta los que tenían que dar ejemplo de vida, que son los centenarios, se morían también; era espantoso; se morían hasta los portugueses[2]...

Era tan inevitable la catástrofe, que la gente la había aceptado sin histerismo; pero el tono de la vida había cambiado, adaptándose a la realidad. Ya no se daban citas, ya no se decía "hasta mañana"; la gente vivía al día, a la hora, preocupándose sólo de morirse lo mejor posible, de morirse sobre el lado derecho[3].

Hubo un momento en que apenas quedaba nadie, y los pocos que eran se reían al cruzarse en la calle, estoicos ante lo inevitable.

—Y usted, ¿cuándo se muere? —se oía decir de vez en cuando.

La tierra se puso nerviosa y se sacudió varias veces; Italia dejó de tener la forma de una bota[4].

Y una mañana no hubo nadie para hacer los desayunos: es que se había muerto todo el mundo.

Susana no había muerto, porque alguien había de ser el último en morir...

Había un silencio tan grande, que parecía que alguien iba a dar con la batuta en un atril; pero nada, ni un pitido, ni una orden, un silencio asombrado. Después de haber oído bien el silencio se percibía el tenue siseo[5] de una cañería[6] rota, que lo imponía más.

Las cosas esperaban al hombre, como todas las mañanas; lo esperaban angustiadas, sin comprender nada, destemplándose. Máquinas, casas, calles, ciudades, en espera, a punto de echarse a llorar.

Por las calles volaban frases últimas en demanda de un oído, y sombras de cuerpo, sin amo, corrían en su busca hasta encontrar la muerte al mediodía. Las alcantarillas daban el último suspiro de la ciudad.

La torre Eiffel, cruzando la boca de París, imponía el silencio de Occidente; el Sena corría de puntillas. De las estaciones habían salido todos los trenes. Era el 1º de mayo de la muerte[7]. Los muertos dormían.

Los carteles aumentaban el drama, prometiendo lo que ya no se podría dar: retratos de actores y actrices desaparecidos, y las ¡100 girls, 100!, del Casino, que habían caído en fila como los soldados de plomo.

---

1. lo habitual   2. "todos"   3. cómodamente   4. se desintegró   5. sonido "s"   6. tubo del agua o gas
7. el día que la muerte no trabajaba

Sólo había vida en los relojes que tienen cuerda para muchos años, y su tic-tac eran los puntos suspensivos después de la palabra vida. A cada hora se ponían a sonar como unos tontos, recordando la hora que era a nadie, y a lanzar señales de auxilio con su telégrafo de banderas. Los segundos eran el pulso de la Tierra.

Un despertador que aguardaba el momento de dar su broma se desbordó en la habitación de Susana, tan violentamente, que la muchacha se incorporó.

Susana no había muerto, porque alguien había de ser el último en morir, y ése era precisamente su caso. Ella había seguido su vida ordinaria a través de la catástrofe. Por la noche había bailado y bebido en el mismo cabaret de siempre, y casi siempre había vuelto a su casa en compañía de un señor que nunca era el mismo y que la había abandonado a la mañana siguiente, dejándole 50 francos encima de la cómoda. A veces menos.

No leía periódicos, y sólo se levantaba para ir a su cabaret; el mundo, para ella, terminaba allí, en la puerta que da[8] a las cocinas.

La noche anterior sólo habían sido seis o siete; faltaba el dueño y dos o tres parroquianos. A Susana no le había importado volver sola, porque al día siguiente quería levantarse temprano para ir a comprarse unos zapatos.

El despertador seguía gruñendo en el suelo, tratando de incorporarse, y eso acabó de desvelar a Susana, que miró a su lado para ver si había alguien y luego se levantó.

Susana, pensando que era el primer día que salía temprano a la calle y que iba a pasearse por tiendas y calles, quiso esmerar su *toilette,* eligió sus mejores medias y se pasó una hora larga ante el espejo maquillándose.

Mientras tanto, la hierba[9] aplastada[10] por la ciudad, dándose cuenta de lo ocurrido[11], pugnaba[12] por levantar su losa[13].

Susana salió a la calle. —Parece domingo —pensaba, al notar el silencio.

Caminaba sin darse cuenta del drama. Miraba a derecha e izquierda antes de cruzar las calles. No se daba cuenta de su soledad, a causa del reflejo de los escaparates, que multiplicaban su imagen y le producían sensación de multitud. Era como si una amiga fuese con ella. Entró en los Grandes Almacenes. Las altas bóvedas infladas de silencio parecía que iba a subir.

> **El que nadie la contestase le dio miedo y salió a la calle gritando. Corría en busca de alguien con quien hablar, pedía socorro en las encrucijadas, llamaba a todos los teléfonos para caso de incendio y siempre el silencio negro.**

---

8. da entrada a 9. planta 10. aplanada 11. comprendiendo lo que pasó 12. luchaba 13. piedra llana usada en los cementerios

En los mostradores estaban los postreros retales con el último sobo[14] humano. Los cartones de los precios eran las esquelas[15] de las cosas. Susana empezó a sentir miedo y trató de vencerlo, haciéndose la distraída, interesándose en los objetos expuestos[16].

Cruzó el patio central tocándolo todo, pero sus tacones hacían tanto ruido que parecía que la seguían. Huyendo de sí misma, caminando de puntillas, llegó al departamento de los trajes de señoras. Allí había docenas de maniquíes de cera, y respiró más tranquila porque le parecía haber entrado en una casa donde hubiera una fiesta.

Susana se sentó en una butaca[17] y empezó a hablar. Contaba cosas a las muñecas, teniendo mucho cuidado de no hacerles preguntas. Sin embargo, en los silencios volvía el miedo y los maniquíes aumentaban su aspecto de desalmados, de muertos sorprendidos en un gesto difícil.

El que nadie la contestase le dio miedo y salió a la calle gritando. Corría en busca de alguien con quien hablar, pedía socorro en las encrucijadas, llamaba a todos los teléfonos para caso de incendio y siempre el silencio negro.

> ...donde los perros habían muerto sobre las tumbas de los turcos, como si durmieran: en forma de media luna.

Se sentó en un banco al aire libre, tenía menos miedo; pero pensó en la noche y comprendió que no podría pasarla en la ciudad, especialmente por las esquinas que era lo que le hacía echar más de menos[18] a la humanidad. Aquellas esquinas sin nadie detrás, sin la posibilidad de esconder a nadie.

Susana cogió un automóvil abandonado y partió en busca de alguien. Al principio todavía tocaba la bocina en los cruces, y sacaba la mano en las vueltas[19]; al reflexionar, se indignaba con ella misma, y su mal humor le alejaba[20] el miedo.

Rompió el espejo retrovisor[21], tiró el sombrero a la calle y se quitó el traje; era su respuesta al estado de cosas. En la plaza de la Ópera se quedó completamente desnuda. —Si queda alguien ahora viene— pensó.

Pero nadie llegó a la oportunidad y en vista que no la querían desnuda entró en la mejor peletería[22] y se puso el abrigo más caro. Pero nada. Huyendo de la noche en la ciudad, se alejó de ella en automóvil, no sin derribar un quiosco de periódicos llenos de noticias que ya no interesaban a nadie.

II

A cien por hora[23] regresaba hacia Oriente todo lo que quedaba de la humanidad, lo que quedaba después de millares de años de la emigración humana en sentido inverso.

---

14. acción de tocar   15. anuncios de muerte   16. exhibidos   17. sillón   18. sentir nostalgia
19. al doblar   20. apartaba   21. para ver lo que está detrás   22. tienda de abrigos de piel
23. velozmente

Era un regreso al hogar; aquel fin de raza se había enrollado las medias por debajo de las rodillas para no romperlas.

Munich, Viena, Budapest; a las ciudades muertas les crecía la barba, y el auto de Susana espantaba perdices[24] en las plazas de la Ópera.

Las ruinas traen el otoño, y los pájaros cantaban sobre la ciudad como sólo cantan en un octubre húmedo.

En las casas se habían quedado encerradas las moscas y sus cabezazos contra los cristales eran como un reloj más, con cuerda aún.

En las torres de las iglesias, las campanas parecían bailarinas ahorcadas.

A la tierra se le había quitado la fiebre[25] y descansaba tranquila; nacieron árboles y nacieron piedras. Se movió lo inanimado y los continentes, al notar que no había nadie para corregirlos[26], cambiaron de estructura.

Los mapas, en las escuelas desiertas, tomaron pátina[27] de grabado[28] antiguo. Una estrella bajó a mojarse las puntas en el mar.

Entonces Inglaterra, no pudiendo resistir el sonrojo[29] ante el caos, se hundió[30] en el agua.

Susana se quitó el *soutien*[31] en Budapest y lo dejó abandonado en la vía pública.

Poco a poco había ido perdiendo el miedo y ahora distraía su rauda huida cantando cuplés del bulevar[32].

Así llegó a Constantinopla, donde los perros habían muerto sobre las tumbas de los turcos, como si durmieran: en forma de media luna.

Por esa calle que indudablemente lleva a Asia, Susana enfiló su automóvil. En medio del puente tuvo que detenerse.

Había una bicicleta tirada a través del paso. Un caballero inflaba un neumático.

—A su edad podría usted saber no interrumpir la circulación —dijo Susana enfadada.

El caballero cesó en su tarea y miró a la muchacha, que se echó a llorar y se echó en sus brazos. Juntos siguieron el viaje; el desierto sonreía como el que está de vuelta de las cosas[33].

El caballero, profesor de historia, hacía vagos gestos de mano. Citaba grandes nombres inmortales, que sonaban extrañamente en aquella desolación. Explicó a Susana el ciclo de las civilizaciones y tuvo frases de elogio[34] para los griegos.

Susana poseía un concepto menos amplio[35] de la humanidad. Sus grandes admiraciones eran para una prima suya,

> **La conversación de los dos últimos humanos quedaba detrás del automóvil, vibrando un momento, para caer después y confundirse con la arena.**

---

24. aves   25. calentura   26. ponerlos en orden   27. aspecto   28. dibujo en relieve, madera
29. vergüenza   30. sumergió   31. sostén (ropa interior)   32. canciones de cabaret   33. ha visto de todo
34. comentario positivo   35. grande

casada con un hombre que se emborrachaba[36] mucho, pero que estaba empleado en la Dirección del Catastro[37]. Esa prima hacía unos bordados[38] como nadie en París, y en cuanto a coger un punto[39] en una media, no había quien la igualase... La conversación de los dos últimos humanos quedaba detrás del automóvil, vibrando un momento, para caer después y confundirse[40] con la arena[41].

El aire ceñía[42] el fino tul[43] al cuerpo de Susana.

—¿No le da a usted pena —prosiguió ésta— pensar que somos los últimos?

—Tal vez tenga remedio —contestó el caballero galantemente. —Además —añadió intencionadamente—, los últimos serán los primeros.

Hubo un silencio embarazoso[44] y llegaron a la confluencia del Tigris y el Éufrates. Allí se les terminó[45] la gasolina.

Se sentaron en el suelo buscando temas de conversación; el caballero era el que los encontraba con más facilidad, diciendo de vez en cuando: —Pues, sí; eso de que somos los últimos es porque queremos, señorita...

Tal vez fuera porque Susana había dejado el abrigo en el coche.

Y en esas estaban cuando llegó un señor de barba larga y aspecto bondadoso; junto a Él, el ángel de la espada[46] de fuego[47]. Venían del Paraíso terrenal, que está allí mismo.

Susana no lo reconoció al pronto.

¿Quién es usted? —fue lo primero que le dijo.

El Señor estaba sonriente, lleno de buena voluntad.

—¿Que hacéis aquí? —preguntó, y a su voz se hizo el eco donde no lo había.

—Señor —balbució el caballero—. Yo soy alemán, luterano. Esta señorita es francesa y católica; nosotros...

Dios interrumpió cortésmente.

—Ustedes me dispensarán[48] si les digo que no entiendo nada de esto. Quiero saber qué hacen ustedes fuera del Paraíso, que es más bonito y más agradable que el descampado[49].

El ángel terció[50].

—Señor, los expulsó porque se comieron la manzana.

Dios: —¿Qué manzana?

Y el ángel, con un gruñido: —La manzana.

Dios rió de buena gana, y les empujó suavemente, diciéndoles:

—Vaya, vaya; veo que han interpretado con demasiada severidad el reglamento; volved a entrar, hijos, y aquí no ha pasado nada.

Y una brisa[51] nueva remozó el planeta, mientras que Eva entraba buscando fruta.

---

36. se intoxicaba 37. organización estatal 38. coser 39. arreglar 40. mezclarse 41. tierra cerca de la playa 42. ajustaba 43. tejido de seda 44. difícil 45. se acabó 46. arma de metal 47. incendio 48. disculparán 49. terreno vacío 50. intervino, contribuyó 51. viento delicado, vientecillo

Narración

ACTIVIDAD B6   LA PRIMERA VEZ, CON POCOS DETALLES.

Después de leer la obra por primera vez, escriba algunos elementos centrales de la aventura de Susana:

1. En qué ciudad está Susana al principio del cuento:
2. Su medio de transporte:
3. A quién encuentra Susana:
4. Dónde está la pareja al final del cuento:
5. Con quién habla la pareja al fin del cuento:

ACTIVIDAD B7   LA SEGUNDA VEZ, CON MÁS DETALLES.

Lea la obra por segunda vez; en esta ocasión lea más despacio para captar más detalles. Haga una pausa después de cada sección. Empleando palabras de la lectura, escriba algunos detalles más sobre la aventura de Susana. Hay varias respuestas posibles.

Parte I: Evidencias en la ciudad de Susana de que ha llegado el fin del mundo:

Parte II: La ruta del viaje de Susana y lo que va encontrando:

PUNTO DE MIRA: LA LECTURA

ACTIVIDAD B8   EL DIARIO DEL LECTOR.

Ahora le toca a usted escribir sus comentarios sobre la lectura con la ayuda de su profesor(a) y la guía presentada en el Capítulo 1, Actividad A8.

ACTIVIDAD B9   ¿QUÉ SABEMOS DE SUSANA?

Trabaje individualmente o en un grupo pequeño para recoger más información sobre Susana, la última sobreviviente del mundo. Escriba lo que sabemos sobre:

1. su trabajo:
2. sus intereses:
3. su habitación:
4. su miedo y su soledad:
5. su ropa:
6. su inteligencia:
7. su inocencia:
8. su otro nombre y su papel simbólico:

ACTIVIDAD B10 **LA COSAS VIVAS.** Trabaje con otro(a) estudiante o en un grupo pequeño. En la sección **El proceso de la lectura**, leyó varios ejemplos de personificaciones que consisten en atribuir a las cosas propiedades humanas. Lea los siguientes ejemplos adicionales de la personificación. ¿Con qué tipo de persona o actividad humana los puede asociar? Sea creativo al completar las frases.

Parte I:

1. "La tierra se puso nerviosa y se sacudió varias veces..."

    Una persona se pone nerviosa y se sacude cuando...

2. "...el tenue siseo de una cañería rota..."

    Se oye el siseo de una persona cuando...

3. "El despertador […] tratando de incorporarse..."

    Una persona trata de incorporarse cuando...

4. "...la hierba, aplastada por la ciudad, dándose cuenta de lo ocurrido, pugnaba por levantar su losa".

    Una persona pugna cuando...

Parte II:

5. "A la tierra se le había quitado la fiebre y descansaba tranquila..."

    Una persona en esta condición puede haber acabado de...

6. "...el desierto sonreía..."

    Una persona sonríe cuando...

7. "El aire ceñía el fino tul al cuerpo de Susana"

    Una persona puede ceñir(se)...

UNA MIRADA ALREDEDOR

ACTIVIDAD B11 ¿QUÉ PIENSA USTED? Comenten los siguientes temas o escriban sobre ellos. Su profesor(a) puede proponerles realizar uno de los ejercicios del Capítulo 1, Actividad A11, (página 23).

1. El título del cuento es *Fin*, ¿pero sería apropiado titularlo *"Comienzo"*? Razone su respuesta.

2. El fin del mundo generalmente está asociado a tragedia y tristeza. En esta historia, sin embargo, ¿hay circunstancias cómicas? ¿Dónde? ¿Por qué cree que son cómicas?

3. ¿Por qué cree que Susana y el caballero son seleccionados para ser los últimos sobrevivientes del mundo?

4. En su opinión, ¿cuál es el punto culminante del cuento?

5. La frase de Neville que aparece en la sección biográfica dice "ni tesis ni lección". Es decir, *Fin* no tiene propósito didáctico alguno, no intenta enseñar nada. ¿Pero es posible deducir de este cuento sobre la destrucción y la creación una moraleja relacionada con la culpa y la inocencia? ¿Se podría añadir una moraleja a *Fin*?

ACTIVIDAD B12 TALLER DE TEATRO. Representen individualmente o en grupo las siguientes situaciones. ¿Cómo se portarían? ¿Qué harían? Siguiendo las indicaciones de la Actividad A12, Capítulo 1, su profesor(a) puede proponerles representar una improvisación o una dramatización ensayada previamente.

1. **¡Ay de mí!:** Susana viaja sola por Europa hacia Asia. Dramaticen sus aventuras como la última sobreviviente.

2. **Otro "*Fin*":** Una versión original del fin del mundo.

3. **Cómo llegamos aquí:** Susana y el caballero hablan con sus hijos sobre la creación de su familia.

4. **¡El coche tiene más gasolina!:** Susana y el caballero pueden continuar su viaje. ¿Hasta dónde llegan? Ustedes deciden.

REPASO DEL GÉNERO

Repasemos las tres narraciones de este capítulo: los dos cuentos tradicionales y un cuento literario. En la tabla que sigue, escriba, con palabras o frases breves, la siguiente información:

	El muchacho y el abuelito	*El que se llevó el venado*	*Fin*
Personajes principales			
Argumento central			
El clímax			
Moraleja (si la hay)			

En cada narración, ¿qué elemento aparece más destacado? Razone su respuesta brevemente.

Perspectivas múltiples: LA CULPA Y LA INOCENCIA

¿Y ahora como ve los conceptos de la culpa y la inocencia?

¿Recuerda las ideas que escribió al principio de la Unidad 3 sobre los conceptos de la culpa y la inocencia? Imagine que es usted un(a) juez(a) que debe decidir si los personajes de las tres lecturas de la unidad son inocentes o culpables. Si son culpables, decida cuál es el grado de culpabilidad y escriba una evidencia de la misma. Use este sistema para juzgar:

a. muy culpable

b. culpable

c. un poco culpable

ch. inocente

Obra	Personaje	Culpable	Inocente	Evidencia
El muchacho y el abuelito	El abuelo			
	La nuera			
	El hijo			
El que se llevó el venado	El cazador			
	El hombre cuasho			
Fin	Susana			
	El caballero			
"Una banda roba..."	Los atracadores			
	Los empleados del aeropuerto			
"La herencia"	La vieja esposa			
	El marido			
"La misión de Jaime Jaramillo"	Los gamines			
	Los escuadrones de la muerte			

Según sus ideas originales de la culpa y de la inocencia, ¿quiénes son los más culpables de todos? ¿Quiénes son los más inocentes?
Compare sus respuestas con las de sus compañeros.

UNIDAD 4

Perspectivas del arte y de la ciencia

Esta unidad presenta diversas perspectivas del arte y de la ciencia.

La palabra *arte* tiene varias definiciones. Puede referirse a:

- Una actividad humana: el arte de cocinar.
- El conjunto de reglas de una profesión: el arte militar, el arte drámatico.
- Actividades artesanales que crean cosas útiles, como por ejemplo la carpintería.
- Las bellas artes: actividades humanas dedicadas a crear cosas bellas: pintura, escultura, música, arquitectura, literatura.

La poesía puede definirse como "el arte de hacer versos". También puede asociarse la poesía a la inspiración artística, o a la elevación de ideas o de estilo. En este sentido, puede decirse de algunas obras en prosa o de obras artísticas como pinturas, esculturas, o composiciones musicales que están llenas de elementos poéticos.

La palabra *ciencia* también puede tener varias definiciones:

- *Ciencia* puede significar conocimientos sobre algo.
- Hay *ciencias ocultas*, como la alquimia y la astrología.
- Hay *ciencias exactas*, como las matemáticas.
- Las *ciencias naturales* estudian los reinos animal, vegetal, o mineral: la astronomía, la botánica, la biología, la química.

A veces se oponen los conceptos de arte, relacionado con la distracción y el placer estético, y de ciencia, relacionada con lo práctico y lo racional.

Escriba dos palabras asociadas al arte:
Escriba dos palabras asociadas a la ciencia:

Indique algo sobre su experiencia con las bellas artes y con las ciencias exactas y las ciencias naturales. Marque una "X" en las columnas apropiadas.

	La he estudiado	La he practicado	Me interesa mucho	Me interesa, aunque no la he estudiado	No me interesa mucho
pintura					
música					
arquitectura					
poesía					
matemáticas					
botánica					
química					

En términos generales, ¿es usted más aficionado(a) a las artes o a las ciencias?

Ahora, compare sus respuestas con las de los otros estudiantes de la clase. ¿Quién tiene experiencias e intereses semejantes a los suyos? ¿Quién tiene experiencias e intereses muy diferentes de los suyos?

Compruebe si lo que han escrito coincide con las perspectivas del arte y de la ciencia en los Capítulos 7 y 8.

CAPÍTULO 7

EL LENGUAJE DEL CORAZÓN

LECTURA A Dos poemas: *"Ritos"* por Nicanor Parra
"Cosas inolvidables" por Carlos Sahagún

LECTURA B *"Mozart, K 124, para flauta y orquesta"* por José Ferrer-Vidal

LECTURA C *"Vida interminable"* por Isabel Allende

¿CUÁL ES EL LENGUAJE DEL CORAZÓN?

El lenguaje del corazón es el empleado para comunicación de sentimientos intensos y profundos. La palabra **corazón** se define en sentido literal o científico como el órgano principal de la circulación de la sangre, pero también se emplea figuradamente en expresiones relacionadas con los sentimientos o emociones. **Corazón** puede querer decir *valor* o *ánimo*: *No tiene corazón para eso*. **Corazón** significa *carácter* o *espíritu*: *Tiene un mal corazón*. Puede sugerir *amor* o *afecto*: *Lo ama de todo corazón*. Al que siente una honda tristeza *se le parte el corazón*; alguien que habla con toda sinceridad lo hace *con el corazón en la mano*; una persona generosa tiene *un corazón de oro*.

Hay maneras diferentes de expresar en forma escrita los sentimientos del corazón. ¿Lo ha hecho usted alguna vez? ¿Escribiendo cartas o un diario personal? ¿Mediante un poema?

Compare sus experiencias con las de sus compañeros. ¿Escriben cartas regularmente? ¿Tienen o han tenido un diario, (aparte del diario del lector de este libro)? ¿Escriben o han escrito poesía?

¿Qué sentimientos han intentado comunicar?

Alegría ___   Amor ___   Nostalgia ___   Otro ___
Frustración ___   Esperanza ___   Enojo ___

El lenguaje del corazón también puede ser expresado mediante canciones y poesías.

Piensen en algunas situaciones en las que se expresan estos sentimientos. En este capítulo, se presentan dos poemas y dos cuentos que emplean el lenguaje del corazón para expresar sentimientos y emociones.

LECTURA A

Dos poemas: *"Ritos"* por Nicanor Parra
"Cosas inolvidables" por Carlos Sahagún

A PRIMERA VISTA

ACTIVIDAD A1   LOS RITOS. Un rito es un acto que se realiza en un orden establecido de actividades. Hay ritos especiales para las ceremonias religiosas, los funerales, las bodas, o las ceremonias de iniciación. También hay ritos personales, ritos de asociaciones, y ritos de grupos étnicos o sociales. Describa a sus compañeros los sentimientos asociados a un rito que usted conozca. Puede realizar esta actividad en un grupo de tres o cuatro personas o con la clase entera.

ACTIVIDAD A2   UNA POSESIÓN INOLVIDABLE. Piense en una posesión suya inolvidable. ¿Cómo la recuerda? ¿Evoca en usted sentimientos de alegría, de amor, de miedo, de disgusto? Sin mencionar explícitamente el objeto de que se trata, describa en un breve poema cómo era y cuáles eran los sentimientos asociados a él. Puede hacer esta actividad en un grupo de tres o cuatro personas o con la clase entera.

Modelo:

> El azar la puso en mis manos,
> pues le tocó a mi tío en la tómbola[1],
> y él me la regaló al cumplir yo siete años.
> Era linda, con su vestido de bailarina
> y aquel descomunal[2] moño[3] sujeto
> con una cinta azul.
> Era casi tan alta como yo y
> yo creía que entendía mis palabras,
> y hasta adivinaba mis pensamientos.
> Yo le decía: cuando seamos grandes
> bailaremos juntas en el teatro y
> seremos famosas.
> Ella no decía nada, pero le
> brillaban los ojos.

---

1. lotería   2. enorme   3. lazo de cintas

El lenguaje del corazón

Sus compañeros tratarán de identificar el objeto. Siga el modelo; si lo desea, incluya algunos de los siguientes elementos en su presentación:

1. cuándo lo recibió:
2. cómo lo recibió:
3. su reacción al obtenerlo:
4. dónde lo puso:
5. su relación con el objeto:
6. por qué es inolvidable:

ACTIVIDAD A3 ¡RECUERDE! ¿Tiene el anuario (libro) de su escuela secundaria? ¿Lo firmaron muchos de sus amigos? Y usted ¿firmó sus anuarios? Usted y sus compañeros de la clase de español podrían diseñar un álbum del semestre o del trimestre con los recuerdos de sus experiencias de la clase de español y de otras clases de la universidad. Piense en un mensaje para escribir en el álbum de un(a) compañero(a) o de varios compañeros. Las frases que expresan nostalgia pueden comenzar con "Recuerda cuando..." o "Nunca te olvides de...". El uso de la forma familiar de la segunda persona es apropiado para este tipo de comunicación entre amigos. Comparta su mensaje con sus compañeros.

ACTIVIDAD A4 MI PATRIA. Trabaje individualmente o con otro(a) estudiante. ¿Cuál es su país natal? ¿De qué nación es ciudadano(a)? Cuando alguien habla de su nación, puede usar el sinónimo *patria*. *Patria* también puede referirse al conjunto de personas asociadas entre sí por vínculos culturales, sociales o emotivos. ¿Cuáles son sus actitudes hacia su patria? Complete las frases siguientes; si trabaja con otra persona, pueden transformar las oraciones en preguntas.

1. Como ciudadano de _____, me importan mucho los derechos (la libertad o capacidad de hacer algo) de...
2. Me importan las tradiciones de...
3. A veces me siento desamparado (abandonado sin protección) cuando...
4. Como ciudadano de _____, a veces siento rencor (resentimiento) cuando pienso en...
5. A veces me siento bombardeado por...
6. Creo que lo que está sucediendo (pasando) en mi país es...
7. Creo que a pesar de todo (incluso con esos obstáculos) mi patria...
8. Creo que vivimos solidariamente / insolidariamente (con o sin actitud generosa), por ejemplo, cuando...

ACTIVIDAD A5 MI PATRIA Y YO. Repase lo que ha escrito en la Actividad A4. Ahora, escriba un poema de cuatro a ocho versos que describa sus sentimientos hacia su patria. Después de escribir el poema, anote las palabras principales que definan lo que siente usted por su patria.

EN PLENA VISTA

"Ritos"
Nicanor Parra

El poema "Ritos", del poeta chileno Nicanor Parra (1914-) forma parte de la colección de poemas *Canciones rusas* (1963-1964), que sigue a sus famosos *Poemas y antipoemas*. La "antipoesía" repudia las abstracciones poéticas y declara la guerra a la metáfora. ¿Qué sentimientos del corazón expresa Parra en "*Ritos*"?

"Cosas Inolvidables"
Carlos Sahagún

"Cosas inolvidables" del poeta español Carlos Sahagún (1938-) forma parte de su colección de poemas *Como si hubiera muerto un niño* (1961). Su obra presenta elementos de la poesía social de los años de la posguerra (los cuarenta y los cincuenta): el testimonio crítico de su época, el tono narrativo. El poeta se ve a sí mismo como sobreviviente de la Guerra Civil Española (1936-1939). Sahagún también tiene relación con los poetas de los sesenta, quienes ponen énfasis en los aspectos personales y emplean un lenguaje poético pero sencillo. ¿Qué dice el poeta de las "cosas inolvidables"?

EL PROCESO DE LA LECTURA: LAS CONNOTACIONES

En muchas lecturas, y especialmente en la poesía, es muy importante pensar en la connotación de las palabras. En primer lugar, es esencial saber la definición de la palabra (su significado común); puede haber más de una.

Por ejemplo, dos definiciones de la palabra *sol* son *astro luminoso, centro de nuestro sistema planetario*. Después de comprender el significado común de la palabra, el lector debe pensar en su valor connotativo, es decir lo que la palabra sugiere. La palabra *sol* puede sugerir el comienzo de un día, un comienzo en general, o el calor. La connotación de una palabra depende de:

- el contexto
- las experiencias del lector

Cuando lea un poema, trate de hacer lo siguiente para mejorar su comprensión del texto:

El lenguaje del corazón

1. Busque las palabras claves.
2. Piense en su definición. (Si es necesario, búsquelas en el diccionario. Si no sabe la definición común de una palabra, no va a poder pensar en cuáles son sus connotaciones.)
3. Piense en las connotaciones posibles de las palabras importantes. ¿Qué sugieren estas palabras en este contexto?

Es esencial leer los poemas más de dos veces para buscar y examinar el valor connotativo de las palabras. Pero para comenzar, emplee la estrategia de **Leer la obra dos veces** para lograr una comprensión inicial, y después una comprensión mayor.

Recuerde: después de leer por encima cada poema por primera vez, realice la Actividad A6, y después de leerlo más despacio por segunda vez, realice la Actividad A7. Si quiere, puede repasar la estrategia **Leer dos veces** en la página 6, que precede a las actividades A6 y A7 del Capítulo 1.

NICANOR PARRA
"Ritos"

1   Cada vez que regreso
    A mi país
        después de un viaje largo
    Lo primero que hago
5   Es preguntar por los que se murieron:
    Todo hombre es un héroe
    Por el sencillo hecho de morir
    Y los héroes son nuestros maestros.

10 Y en segundo lugar,
        por los heridos.
    Sólo después,
        no antes de cumplir
    Este pequeño rito funerario
15 Me considero con derecho a la vida:
    Cierro los ojos para ver mejor
    Y canto con rencor
    Una canción de comienzos de siglo.

Nicanor Parra
"Cosas inolvidables"

Pero ante todo piensa en esta patria,
en estos hijos que serán un día
nuestros: el niño labrador[1], el niño
estudiante, los niños ciegos. Dime
qué será de ellos cuando crezcan, cuando
sean altos como yo y desamparados.
Por mí, por nuestro amor de cada día
nunca olvides, te pido que no olvides.
Los dos nacimos con la guerra. Piensa
lo mal que estuvo aquella guerra para
los pobres. Nuestro amor pudo haber sido
bombardeado, pero no lo fue.
Nuestros padres pudieron haber muerto
y no murieron. ¡Alegría! Todo
se olvida. Es el amor. Pero no. Existen
cosas inolvidables: esos ojos
tuyos, aquella guerra triste, el tiempo
en que vendrán los pájaros, los niños.
Sucederá en España, en esta mala
tierra que tanto amé, que tanto quiero
que ames tú hasta llegar a odiarla. Te amo,
quisiera no acordarme de la patria,
dejar a un lado todo aquello. Pero
no podemos insolidariamente
vivir sin más, amarnos, donde un día
murieron tantos justos, tantos pobres.
Aun a pesar de nuestro amor, recuerda.

---

1. persona que labra o trabaja la tierra

ACTIVIDAD A6 LA PRIMERA VEZ, CON POCOS DETALLES.

Parte 1:

Después de leer "Ritos" por primera vez, escriba, empleando palabras del poema:

1. cuál es la primera cosa que hace el poeta al volver a su país después de un viaje largo:

2. por quiénes pregunta en segundo lugar el poeta:

3. cómo se siente el poeta después de cumplir este pequeño rito funerario:

4. por qué cierra los ojos:

5. qué canta:

Parte 2:

Después de leer "Cosas inolvidables" por primera vez, escriba, empleando palabras del poema:

6. en qué quiere el poeta que piense el interlocutor (la persona a quien está dirigido el poema):

7. cuándo nacieron el poeta y el interlocutor:

8. qué cosas son inolvidables:

9. cuáles son los sentimientos del poeta hacia la persona a quien se dirige:

ACTIVIDAD A7 LA SEGUNDA VEZ, CON MÁS DETALLES.

Parte 1:

Lea "Ritos" por segunda vez; en esta ocasión lea el poema más despacio. Haga una pausa después de la primera estrofa (grupo de versos) y escriba, empleando palabras del poema:

1. las palabras que describen en primera persona lo que hace el poeta:

2. por qué dice el poeta que cada hombre es un héroe:

Capítulo 7

Ahora lea la segunda estrofa y escriba, con palabras específicas del poema:

3. las palabras que describen en primera persona lo que hace el poeta:

4. unas palabras opuestas o ideas contradictorias que expresa el poeta:

Parte 2:

Lea "Cosas inolvidables" por segunda vez; en esta ocasión lea el poema un poco más despacio. Haga una pausa después de la primera estrofa (grupo de versos) y escriba, empleando palabras del poema:

5. cómo relaciona el poeta el amor con la idea de no olvidar:

Ahora lea la segunda estrofa y escriba, empleando palabras del poema:

6. dónde relaciona el poeta el amor con la idea de olvidar:

De las cosas inolvidables que menciona el poeta, ¿cuáles se pueden asociar con:

7. el presente:

8. el pasado:

9. el futuro:

Punto de mira: La lectura

Actividad A8   El diario del lector.
Ahora le toca a usted escribir sus comentarios sobre la lectura con la ayuda de su profesor(a) y la guía presentada en el Capítulo 1, Actividad A8.

Actividad A9   Las connotaciones.
Trabajen individualmente o en grupo para comentar el valor connotativo de algunas de las palabras de los poemas. Para cada poema escriba en español en la primera columna la definición de las palabras. En la segunda columna, escriba lo que pueden connotar esas palabras; es decir, lo que le sugieren a usted, el lector, en el contexto del poema.

Nota: a veces, una palabra tiene dos definiciones posibles, y por lo tanto, tendrá aún más connotaciones. Vea el ejemplo de la palabra *héroe*.

	Definición	**Connotación**
	¿Qué quieren decir las palabras?	¿Qué sugieren las palabras?
"Ritos"		
héroe	*El que se distingue por una acción extraordinaria o por su grandeza de ánimo.*	*Persona especial, noble, valiente, modelo.*
maestros		
heridos		
funerario		
vida		
comienzos de siglo		
ritos		
"Cosas inolvidables"		
el niño labrador		
el niño estudiante		
los niños ciegos		
los pobres		
amor		
pájaros		

ACTIVIDAD A10 EL SENTIDO DEL POEMA. En las actividades A6, A7, y A9, escribió las palabras claves de los poemas y algunas de sus posibles connotaciones. Repase sus notas y trabaje con otro estudiante para tratar de formar una visión en conjunto de cada poema. Completen las frases siguientes y traten de dar una evidencia que respalde su interpretación. Después, compartan su visión con la clase.

"Ritos"   **Evidencia**

"Ritos" describe...

Los ritos que describe el poeta son...

Se ve la preocupación del poeta por el tiempo y el espacio en...

La actitud del poeta hacia su siglo es...

El tema central de "Ritos" es...

"Cosas inolvidables"   **Evidencia**

El poeta se dirige a (habla con)...

Para el poeta, el amor...

El poeta indica que es importante recordar...

La relación entre amar y recordar es...

La actitud del poeta hacia su patria es...

El tema central de "Cosas inolvidables" es...

UNA MIRADA ALREDEDOR

ACTIVIDAD A11 ¿QUÉ PIENSA USTED? Comenten los siguientes temas o escriban sobre ellos. Su profesor(a) puede proponerles realizar uno de los ejercicios del Capítulo 1, Actividad A11, (página 23).

1. En los dos poemas se alude a la patria del poeta. ¿Hay semejanzas entre los países mencionados? ¿Son los sentimientos hacia la patria más importantes para uno de los poetas que para el otro?

2. El poema de Parra nos dice que "Todo hombre es un héroe/ Por el sencillo hecho de morir/ Y los héroes son nuestros maestros". ¿Tiene el poema de Sahagún relación con estos versos de Parra? ¿Nos dice el poema de Sahagún qué podemos aprender de los muertos?

3. ¿Se puede decir que la perspectiva de Parra es más personal o individual que la de Sahagún? ¿En qué sentido es egocéntrico el poema de Parra? En cambio, ¿cómo procura Sahagún que los demás compartan su punto de vista?

4. ¿Por qué cree que estos dos poetas necesitan recordar a los muertos?

ACTIVIDAD A12 TALLER DE TEATRO. Representen individualmente o en grupo las siguientes situaciones. ¿Cómo se portarían? ¿Qué harían? Siguiendo las indicaciones de la Actividad A12, Capítulo 1, su profesor(a) puede proponerles representar una improvisación o una dramatización ensayada previamente.

1. **Un rito fascinante:** La dramatización de una ceremonia oficial de un grupo verdadero o imaginario.

2. **Una cosa inolvidable:** La dramatización de la importancia de una posesión inolvidable en la vida de alguien.

3. **Mi país:** Una escena en que se comunica lo que le significa para alguien su país o su patria.

LECTURA B

"Mozart, K 124, para flauta y orquesta" por Jorge Ferrer-Vidal

A PRIMERA VISTA

ACTIVIDAD B1 AMIGOS DE LA INFANCIA. Seguramente, hace muchos años que no ve a sus compañeros de la infancia. Quizás haya sentido nostalgia en algún momento por ellos. ¿Qué personas recuerda especialmente? ¿Cómo eran? Escriba:

1. el nombre de un individuo "inolvidable":

2. lo que recuerda sobre él o ella:

3. su relación con esta persona:

Compare sus respuestas con las de sus compañeros. ¿Recuerdan anécdotas serias o cómicas sobre estos compañeros inolvidables?

ACTIVIDAD B2 ¡CONFIESE! ¿Se ha saltado una clase alguna vez para estar con un(a) amigo(a)? Imagine que tiene que darle una explicación a su profesor(a) por haber faltado a clase. ¡Ah!, y si es usted un(a) estudiante modelo que jamás se ausenta de una clase, invente una circunstancia personal en la que se encuentra su amigo y por cuyo motivo no ha asistido usted a clase.

ACTIVIDAD B3 ¡QUÉ CAMPUS MÁS BONITO! Trabaje individualmente o en pareja con otro(a) estudiante. Imagine que es usted empleado(a) de la oficina publicitaria de una universidad urbana que participa en una campaña para atraer a más estudiantes. Su jefe necesita su ayuda para crear un folleto que describa el campus como "una isla de verdor" en medio de la ciudad. Diseñe un folleto que pueda servir para la campaña. El objetivo de su tarea es evocar algunos sentimientos intensos y románticos sobre la universidad. ¡Quiere que los futuros estudiantes esperen con mucha ilusión su llegada al idílico campus! Las palabras que siguen a continuación le serán útiles para describir el lugar y las actividades de los estudiantes en el campus. Trate de incluir algunos de estos elementos en su descripción.

El campus	**Cómo disfrutan los estudiantes del campus**
• cielo azul con nimbos blancos	• se tumban (descansan) sobre el césped
• céspedes verdes y hermosos	• caminan cogidos de las manos
• el verdor de la hierba y su frescura	• toman bocadillos y refrescos
• praderas (campos) agradables	• se tienden con los libros en el suelo
• el bochorno (calor húmedo) de las tardes de la primavera	• interpretan música
• los días tibios (templados, entre caliente y frío)	• tocan flautas, guitarras, u otros instrumentos
• instrumentos	• juegan deportes
	• toman el sol

ACTIVIDAD B4 UN CONCIERTO AL AIRE LIBRE. Lea individualmente o con otro(a) estudiante la siguiente invitación a un concierto al aire libre, escrita con una letra muy esmerada y pulida (escrita muy cuidadosamente). Trata de hacer atractivo el concierto, pero no logra comunicar todo lo necesario para que podamos asistir. Después de leer el anuncio, conteste algunas preguntas sobre él.

¡ACUDAN[1] A LA CELEBRACIÓN DE LA MÚSICA Y LA PRIMAVERA!

En los céspedes del campus,

Bajo un cielo arrebolado[2] con nimbos ovejiles[3] y rosáceos[4] y estratos como amapolas gigantes...

Un concierto de música clásica

Enrique Ribera, flautista principal

El domingo a las cinco de la tarde

Conteste con **SÍ** o **NO** las siguientes preguntas. Si contesta afirmativamente, escriba como ejemplo algunas palabras de la invitación.

Palabras de la invitación

¿Está fechada la invitación?

¿Menciona la invitación el nombre del catedrático en cuyo honor se ofrece el concierto?

¿Consigue (tiene éxito en) presentar la invitación una vista pintoresca de la primavera?

¿Indica la invitación dónde se va a dar el concierto?

---

1. vengan 2. rojos por el sol 3. nubecillas 4. color rosa

ACTIVIDAD B5 DIEZ AÑOS MÁS TARDE. ¿Es posible volver al pasado? Primero, lea solo la descripción del intento fracasado de Arturo Solé. Después, converse con otro(a) estudiante sobre la nostalgia que se siente al recordar el pasado.

Arturo Solé, de unos 35 años, es periodista; vive bajo la presión de su trabajo, de las directrices (instrucciones) conformistas y burguesas (de la clase media-alta acomodada) de su jefe. Intenta sacudirse (quitarse, escaparse) del torpe embotamiento (lento debilitamiento) de un día malo, casi aciago (fatal, con indicios de mala suerte). ¿Cómo puede hacerlo? ¡Volviendo a los años de ser estudiante universitario! La vida de aquel entonces no exigía (demandaba) tanto.

Arturo regresa a casa. Busca entre los cajones de su armario hasta encontrar un jersey de cuello alto y un pantalón vaquero que hace muchos años —diez años— que no se los pone. ¡Uy! Le van estrechos (demasiado pequeños) porque ha engordado. Se mira en el espejo y se halla (se encuentra) disfrazado (con una ropa que no es suya, como un disfraz). ¡Qué ridículo! No alcanza (llega) a mover mucho los miembros (los brazos y las piernas). Arturo se dice, "La esbeltez (delgadez, finura) de mi juventud no ha perdurado (continuado, durado). Mejor volver a los compromisos previos (responsabilidades) que me están esperando en la oficina, especialmente la cita de las siete para tomar una copa con un cliente y la cita de las diez para cenar con otro. ¡Volver a la juventud de talla pequeña es una meta (fin) imposible para mí!"

Después de leer la historia de Arturo, contada en tercera persona, trabaje con otra persona. Uno de ustedes debe tomar el papel de Arturo y contar su experiencia en primera persona. El otro estudiante debe escuchar, y después, contar su propia historia, que resulta ser similar a la de Arturo. El segundo estudiante podría comenzar así: "¡Lo mismo me ha pasado a mí!" Debe seguir la historia de Arturo, pero puede cambiar algunos de los detalles de su vida de adulto, de su ropa, o de cómo intentó volver al pasado.

EN PLENA VISTA

"Mozart, K 124, para flauta y orquesta"
José Ferrer-Vidal

Jorge Ferrer-Vidal, español, tiene reconocida fama como traductor y novelista, pero sobre todo como cuentista. Algunos de sus cuentos más recientes, con elementos de amor y nostalgia, están teñidos[1] de neorromanticismo. "Mozart, K 124, para flauta y orquesta", es la expresión autobiográfica de un hombre que trata de combatir la soledad.

---

1. tienen tonos

EL PROCESO DE LA LECTURA: EL AUTOR Y EL LECTOR

Hay varias maneras de definir al autor y al lector de una obra. Un primer tipo de autor es el autor real, es decir, el escritor de carne y hueso; en este caso Jorge Ferrer-Vidal. El segundo tipo de autor es el autor ficticio, un autor imaginario que puede tener ideas filosóficas o políticas, o un carácter muy diferente del autor real. También puede llamarse autor intratextual.

Asimismo, pueden definirse tres tipos de lectores: el lector real, el lector hipotético, y el lector intratextual. El lector real es la persona de carne y hueso que lee la obra, es decir, ustedes, o el profesor, en este caso. El lector hipotético es una persona o un colectivo real pero abstracto, alguien difícil de identificar, que el autor real tiene en mente a la hora de escribir. Toda obra tiene un lector hipotético.

Finalmente, el lector intratextual (literalmente: dentro del texto) es una persona que forma parte de la misma obra, un personaje imaginario a quien el autor ficticio o intratextual se dirige en primera persona.

En el relato "Mozart...", el lector intratextual es Carmen, ese personaje ausente y silencioso para quien el narrador escribe. En la lectura que le sigue, "Vida interminable", del libro Cuentos de Eva Luna, la autora real es Isabel Allende y la autora ficticia es Eva Luna. ¿Hay un lector intratextual? ¿Qué evidencia hay de la existencia de un lector hipotético? ¿Cómo influye este lector hipotético en la estética y la forma de "Vida interminable"?

Cuando lea "Mozart, K 124, para flauta y orquesta", trate de centrarse en las funciones de Carmen como lectora intratextual del relato.

No olvide emplear la estrategia de leer la obra dos veces para lograr una comprensión inicial, y después una comprensión mayor.

Recuerde: Después de leer la obra por encima la primera vez, realice la Actividad B6, y después de leerla más despacio la segunda vez, realice la Actividad B7. Si quiere, puede repasar la estrategia **Leer dos veces** en la página 6, que precede a las actividades A6 y A7 del Capítulo 1.

Jorge Ferrer-Vidal
"Mozart, K. 124, para flauta y orquesta"

I

Cuando en los veranos nos escribíamos, Carmen, decías en tus cartas, en todas ellas, sin falta, como si fuese algo tan esencial y rutinario como fecharlas: "tienes letra de niña, tan esmeradita y tan pulida que resulta difícil de identificar, Jorge, tu corazón tras ella".

Y me parecía oír tus carcajadas[1], abiertas y que te brotaban del corazón, porque reías con el corazón y entonces te recordaba: cabello rojizo[2], esbeltez, rostro ovalado, ojos azules y los dientes graciosamente irregulares, y deseaba que concluyesen las vacaciones para volver a las aulas[3] universitarias, Carmen, a corretear[4] de clase en clase sin enterarnos de lo que decían los no numerarios[5], porque, a los otros, a los catedráticos y aun a los adjuntos[6], ni verlos, y hacíamos verdad lo que decía el profesor de prehistoria: una clase universitaria consiste en un señor que, en voz alta, impide oír lo que cincuenta alumnos hablan entre sí, en voz baja.

Lo mejor comenzaba con las tardes de finales de marzo, ya más largas y lentas, con arreboles de timidez en el cielo y con nimbos blancos que anticipaban el arribo de la primavera... Y lo bueno perduraba[7] ya hasta el final del curso, a través de abril y de mayo, cada vez los días más tibios, incluso calurosos.

Era entonces, Carmen, cuando nos saltábamos la clase de sociología, de cinco a seis de la tarde, y salíamos a tumbarnos sobre los céspedes recién resucitados del letargo[8] invernal que cubrían el *campus* entre la Facultad de Derecho y la nuestra, y extraíamos, tú del bolso, yo de la cartera, nuestras flautas y de espaldas, tendidos sobre el bendito suelo, interpretábamos fragmentos[9] del *Concierto para flauta y orquesta, K. 124,* de Mozart, sólo que a dos flautas y sin orquesta. Un día, te hice notar ese extremo, te dije:

—Carmen, y la orquesta, ¿qué? Porque el concierto fue concebido con acompañamiento y a lo mejor así no le gustaría al bueno de Wolfgang.

Y tú, tus ojos tiñéndose del propio azul del cielo, tú:

—La orquesta es esto —y dibujabas un amplio círculo con la mano, abarcándolo[10]

---

1. risas fuertes   2. rojo   3. clases   4. correr jugando   5. profesores no fijos   6. profesores con categoría superior a los no numerarios e inferior a los catedráticos   7. continuaba   8. sueño   9. secciones   10. incluyendo

todo—, la orquesta es la tarde, el cielo azul y el mundo, tú y yo, la orquesta es Dios.

Y, en efecto, nos parecía ciertamente que el gran orquestador de nuestras vidas era el buen Dios, porque todo a nuestro alrededor trascendía buenandanza[11], hasta el punto de que tú decías a menudo, Carmen, mientras caminábamos por la Avenida Complutense, cogidos de las manos, que lo nuestro era inmoral e injusto y que no debería caber tanta felicidad y tanto egoísmo en un mundo en el que privaba el hambre, la injusticia, el desamor total, y yo que sé, pero la verdad era que entonces no consideraba a los hambrientos[12] como los considero ahora y los tengo presentes, ya perdido para ti y para mí mismo, sólo capaz de hallarme y de identificarme en el prójimo[13].

II

Hoy, Carmen, día 16 de mayo de 1974, miércoles, me he sentido incómodo en casa. Ha sido un día malo, casi aciago, y he tenido una discusión larga con el editor porque me exige directrices conformistas, burguesas, que no comprendo y, en consecuencia, sobre las que no puedo escribir ni una palabra y porque el periódico local ha publicado una crítica no demasiado favorable de mi novela última y, de pronto, me ha dado la ventolera[14] de recordarte, de preguntarme qué habría sido de ti, si te casaste o no, al fin, con Fernando, y de que solamente podría sacudirme el torpe embotamiento de hoy, día de primavera ya declarada, como los de hace diez años, volviendo, al igual que Raskolnikov[15], al lugar de los hechos, y he comenzado a revolver entre los cajones de mi armario hasta encontrar un jersey de cuello alto y un pantalón vaquero que hacía tiempo y tiempo que no me había puesto y que me van estrechos, porque he engordado, Carmen, y así vestido, disfrazado, he salido de casa, he tomado el coche y aquí estoy, aquí me tienes, recordándote, bajo un cielo inmisericorde[16] e inmovilista, arrebolado aún en timideces y abundante en pequeños nimbos ovejiles, blancos.

El césped entre la Facultad de Derecho y la nuestra ya está crecido y verde y grupos de estudiantes, como tú y yo hace diez años, se tumban con dejadez[17] de miembros sobre la hierba, aunque miro y observo, no descubro a ninguna pareja que, en dúo de flauta, interprete a Mozart, con acompañamiento de Dios–orquesta.

Carmen, recuérdalo y acepta la realidad, convén[18] en que hice por ti lo inusitado[19], la locura. Aquel sábado, tú tenías que salir con Fernando y yo, en protesta, porque no imaginaba la Facultad sin ti, busqué una excusa y acudimos los dos, recuerda, Carmen, a ver a don Ginés Amillo, que había convocado examen para aquel día de su asignatura, paleografía[20], de la que tú nunca tuviste la menor idea, incapaz que eras de leer algo

---

11. felicidad   12. deseosos   13. las demás personas, la humanidad   14. golpe de viento fuerte, fig. pensamiento extravagante   15. protagonista de la novela *Crimen y castigo* del ruso Fedor M. Dostoievsky. Raskolnikov, obsesionado por un sentimiento de culpabilidad, regresa al lugar del crimen   16. sin compasión   17. apatía, o con indicio de ser perezosos   18. estarás de acuerdo   19. raro
20. descifrar escrituras antiguas

que no fuese nítido[21] y claro como la letra femenil de mis cartas, y encontramos a don Ginés en el Seminario.

—Doctor Amillo, ni la señorita Romera ni yo podemos acudir al examen del sábado, por compromisos previos.

Y lo conseguimos. Logramos que don Ginés nos examinase un miércoles, 16 de mayo, a las cuatro de la tarde, en el Seminario, cuarto piso, aula 401, edificio A y el miércoles comimos de bocadillo y con cerveza sobre el verdor de la hierba y su frescura, y después nos echamos de espaldas y tocamos la flauta, hasta que el bochorno de la primera tarde nos adormiló, los dos tendidos sobre el césped, nuestras frentes tocándose, sólo las frentes, entendámonos, porque entre tú y yo todo resultaba limpio y traslúcido[22], orquestado por Dios.

Carmen, ahora vuelvo a estar aquí, ante la misma pradera, ante el mismo césped y a través de la ventanilla abierta de mi coche, detenido frente a la Facultad, ante la acera[23] de Derecho, contemplo los ventanales, amplios, abiertos de par en par[24], del Seminario 401, paleografía, y me pregunto si estará examinándose con don Ginés alguna pareja, tal y como lo hicimos tú y yo, y lo dudo. Como tú y yo, nada, nadie jamás. Porque recuérdalo, Carmen, lo que yo hice por ti en los escasos[25] segundos en que don Ginés salió del aula para pedir al bedel[26] que le subiese un refresco del bar, tanto era el calor, no lo repite nadie. Lo hice porque hasta tu flaca[27] voluntad me enamoraba y porque estaba convencido de que, de otro modo, nunca lograrías acabar la carrera, puesto que eso de andar leyendo letra carolina[28] en latín o cortesana y procesal[29] en castellano antiguo, te resultaba insuperable, meta[30] imposible de alcanzar con tu esbeltez, rostro ovalado, ojos azules y dientes graciosamente irregulares, me miran y sonríen.

Y yo sigo tocando en la esperanza de que, en algún lugar del mundo, sea donde sea, en lo más remoto imaginable, otra flauta me marque la segunda[31], y que la tarde, lenta y larga, como moribunda por excesos de calmas y languideces[32], con rosáceos nimbos y estratos como amapolas gigantes hacia poniente, orquesten mi solo de flautín. Pero por mucho que intento imaginarlo, ni tu instrumento suena ya a mi lado ni responde a mi llamada el Dios–orquesta. "Carmen —me pregunto—, ¿qué habrá sido de ti?, ¿por qué Dios no responde...?"

> **Y yo sigo tocando en la esperanza de que, en algún lugar del mundo, sea donde sea, en lo más remoto imaginable, otra flauta me marque la segunda...**

---

21. claro   22. que deja pasar la luz   23. orilla de las calles, para el camino de los peatones   24. abiertos
25. pocos   26. portero   27. débil, sin fuerza   28. tipo de letra antigua   29. tipo de letra antigua
30. fin   31. acompañe   32. indolencia, falta de energía

ACTIVIDAD B6 LA PRIMERA VEZ, CON POCOS DETALLES.

Es obvio que Carmen, la lectora intratextual, ha tenido un papel muy importante en la vida del narrador. Escriba algunos detalles sobre:

1. dónde pasaban el tiempo juntos:
2. la pieza de música que tocaban juntos:
3. la soledad del narrador:

ACTIVIDAD B7 LA SEGUNDA VEZ, CON MÁS DETALLES.

Lea la obra por segunda vez; en esta ocasión lea más despacio para captar más detalles. Haga una pausa después de cada sección. Empleando palabras de la lectura, escriba algunos detalles más sobre lo que recuerda el narrador de Carmen y de sus experiencias juntos. Hay varias respuestas posibles.

Parte I

1. Características físicas de Carmen:
2. Carmen y la vida universitaria:
3. La definición de Carmen de *orquesta:*

Parte II

4. La ropa que llevaba el narrador:
5. Carmen y la clase o el examen de paleografía:

PUNTO DE MIRA: LA LECTURA

ACTIVIDAD B8 EL DIARIO DEL LECTOR

Ahora le toca a usted escribir sus comentarios sobre la lectura con la ayuda de su profesor(a) y la guía presentada en el Capítulo 1, Actividad A8.

ACTIVIDAD B9 ¿QUÉ SABEMOS DE JORGE?

Trabaje individualmente o en grupo para recoger más información sobre los sentimientos y las emociones del narrador, Jorge. La ausencia de Carmen en la vida presente de Jorge tiene gran influencia sobre cómo se expresa Jorge y sirve para que éste se defina a sí mismo más claramente. Basándose en la lectura, escriba algunos detalles para retratar a Jorge.

1. la actitud de Jorge hacia su trabajo:
2. la razón por la que Jorge vuelve al campus después de diez años:

3. evidencias de que Jorge estaba enamorado de Carmen:

4. las preguntas que se hace Jorge a sí mismo:

5. la esperanza de Jorge:

ACTIVIDAD B 10 ENTONCES ÉRAMOS JÓVENES. Reconstruya con otro estudiante el pasado de Jorge y Carmen. Un estudiante desempeña el papel de Jorge; siguiendo el texto de la lectura, y hablando en primera persona, presenta la perspectiva de Jorge. El(la) otro(a) estudiante desempeña el papel de Carmen y debe imaginar cuál es su perspectiva. Escojan ustedes entre lo siguiente:

1. aquellas tardes en las que tocaban la flauta juntos
2. lo que hizo Jorge para que Carmen pasara la clase de paleografía
3. el papel de Fernando

UNA MIRADA ALREDEDOR

ACTIVIDAD B 11 ¿QUÉ PIENSA USTED? Comenten los siguientes temas o escriban sobre ellos. Su profesor(a) puede proponerles realizar uno de los ejercicios del Capítulo 1, Actividad A11, (página 23).

1. ¿Qué quiere Jorge del pasado?
2. ¿Cree usted que Jorge tiene una memoria muy "selectiva"? ¿Por qué cree usted que el cuento se titula "Mozart, K. 124, para flauta y orquesta" en vez de "Carmen" o "Mis días de estudiante"?
3. ¿Cómo interpreta el fin del cuento? ¿Qué mensaje puede deducir de la pregunta con que termina el relato autobiográfico de Jorge?

ACTIVIDAD B 12 TALLER DE TEATRO. Representen individualmente o en grupo las siguientes situaciones. ¿Cómo se portarían? ¿Qué harían? Siguiendo las indicaciones de la Actividad A12, Capítulo 1, su profesor(a) puede proponerles representar una improvisación o una dramatización ensayada previamente.

1. **¡Cuánto has cambiado!:** Una escena de una reunión entre dos adultos que ahora tienen casi 40 años. Eran novios cuando eran estudiantes universitarios, y después de casi veinte años, vuelven a encontrarse.

2. **¡Es nuestra canción!:** La importancia especial de una canción en la vida de dos novios, dos amigos, dos hermanos, u otra pareja de personas.

3. **Si pudiéramos retrasar el reloj...:** Dos (o más) personas vuelven a un pasado de hace 10 años para vivir de nuevo su experiencia juntos.

LECTURA C

"Vida interminable" por Isabel Allende

A PRIMERA VISTA

ACTIVIDAD C1 CRUZANDO EL CHARCO. El siglo veinte ha visto la salida de muchísima gente de su país natal. Muchas personas han emigrado de su lugar de origen para buscar su fortuna en otro país. Llegan como inmigrantes, y trabajan para establecerse y comenzar una nueva vida. En español, el viaje desde Europa al continente americano se llama "cruzar el charco", es decir, cruzar el océano Atlántico. ¿Fueron inmigrantes sus antepasados? Piense en una historia real de inmigrantes y escriba:

1. las razones por las que emigraron de su país natal:

2. cómo fue su largo viaje:

3. las experiencias que tuvieron los inmigrantes al llegar al nuevo país:

ACTIVIDAD C2 ¡TIERRA A LA VISTA! Trabaje individualmente o con otro(a) estudiante. El siguiente párrafo describe el difícil viaje de una pareja de inmigrantes. Pasan dos años a la deriva —dos largos años en el mar. Por fin, llegan a tierra firme.

Imagínense que son historiadores que están realizando una investigación sobre estos inmigrantes. Después de leer la historia, piensen cómo pueden organizar la información recopilada. Siga el modelo.

La guerra los sorprendió antes que alcanzaran[1] a casarse y, como millares de judíos[2] alucinados[3] por el espanto[4] de las persecuciones, tuvieron que escapar de Europa. Se embarcaron[5] en un puerto de Holanda, sin más equipaje que la ropa puesta, algunos libros, y un violín. El buque[6] anduvo dos años a

---

1. consiguieran 2. de la religión judía 3. espantados 4. horror 5. salieron en barco
6. barco

la deriva, sin poder atracar[7] en ningún muelle[8], porque las naciones del hemisferio no quisieron aceptar su cargamento de refugiados...

Después de dar vueltas[9] por varios mares, arribó a las costas del Caribe. Durante la noche, todos los habitantes de esa nave desdichada[10] descendieron de los botes[11], pisaron[12] las arenas[13] cálidas de aquel país cuyo nombre apenas podían pronunciar...

Así comenzaron sus destinos de inmigrantes, primero trabajando como obreros para subsistir y, más tarde, cuando aprendieron las reglas de esa sociedad voluble[14], echaron raíces[15] y él pudo terminar sus estudios de medicina interrumpidos por la guerra. Se alimentaban[16] de banana y café y vivían en una pensión humilde, en un cuarto de dimensiones escasas[17]...

Modelo para organizar los datos:

Categoría	Datos específicos
motivo de la emigración	la guerra
	el espanto de las persecuciones
el grupo de emigrantes	judíos
_____	holanda
_____	la ropa puesta, libros, un violín
_____	dos años a la deriva
_____	las costas del Caribe
_____	durante las noche, descendieron de los botes, pisaron las arenas
_____	trabajando como obreros
_____	estudios de medicina
_____	banana y café
_____	pensión humilde, un cuarto de dimensiones escasas

---

7. llegar al puerto   8. lugar para cargar los barcos   9. moverse en círculos   10. infeliz
11. pequeños barcos   12. pusieron los pies en   13. la tierra de la playa   14. cambiante
15. se establecieron   16. comían   17. pocas

ACTIVIDAD C3 MUERTE SIN DOLOR. Lea la siguiente descripción sobre la eutanasia; es decir, la muerte sin dolor, o la práctica de acortar la vida de un enfermo incurable. Después, ayudándose con el contexto indique el significado de las palabras en cursiva.

El doctor Villegas proponía en su libro que la muerte, con su ancestral carga de terrores, es sólo el abandono de una *cáscara* inservible, mientras el espíritu se *reintegra* en la energía única del cosmos. La agonía, como el nacimiento, es una etapa del viaje y *merece* la misma *misericordia.* No hay la menor virtud en prolongar los *latidos y temblores* de un cuerpo más allá del fin natural. La labor del médico debe ser facilitar el *deceso,* en vez de contribuir a la *engorrosa* burocracia de la muerte. Pero tal decisión no podía depender sólo del discernimiento de los profesionales o la misericordia de los parientes. Era necesario que la ley *señalara* un criterio.

La proposición de Villegas provocó un *alboroto* de *sacerdotes,* abogados y doctores. Pronto el asunto trascendió de los círculos científicos e invadió la calle, dividiendo las opiniones. El pobre Villegas se refugió en su trabajo, escandalizado ante la *desvergüenza* con que explotaron su teoría con fines comerciales. La muerte pasó a *primer plano, despojada* de toda realidad y convertida en alegre motivo de *moda.*

1. *cáscara* quiere decir…
    a. exterior
    b. función
2. *se reintegra* quiere decir…
    a. se descompone
    b. se reúne
3. *merece* quiere decir…
    a. mata
    b. es digno de; tiene necesidad de
4. *misericordia* quiere decir…
    a. crueldad
    b. compasión, piedad
5. *latidos y temblores* quiere decir…
    a. palpitaciones y vibraciones
    b. comidas y medicinas

Capítulo 7

6. *deceso* quiere decir…

    a. muerte

    b. decencia

7. *engorrosa* quiere decir…

    a. gran

    b. molesta

8. *señalara* quiere decir…

    a. indicara

    b. destruyera

9. *alboroto* quiere decir…

    a. tumulto

    b. crítica

10. *sacerdotes* quiere decir…

    a. conservadores

    b. padres de la iglesia católica

11. *desvergüenza* quiere decir…

    a. descaro, insolencia

    b. miedo

12. *primer plano* quiere decir…

    a. foco de atención

    b. vista inicial

13. *despojada* quiere decir…

    a. cambiada

    b. quitada, robada

14. *de moda* quiere decir…

    a. popular

    b. de acciones

ACTIVIDAD C4   MENS SANA IN CORPORE SANO.
Trabajen en pareja o en grupos pequeños. ¿Cree que hay relación entre la salud física y el estado mental de un paciente? Después de leer cada oración, indique si cree que es una afirmación razonable o no. Razone su respuesta.

1. Hay una relación entre el cáncer y el estado de ánimo (espíritu mental, emocional).
2. La tristeza y la soledad facilitan la multiplicación de células fatídicas.
3. Cuando el enfermo está deprimido, bajan las defensas del cuerpo.
4. Si uno tiene buenas razones para vivir, su organismo lucha sin tregua (acuerdo de paz) contra el mal.
5. El amor tiene virtudes de Piedra Filosofal (piedra que según los alquimistas, había de realizar la transformación de los metales en oro; algo que realiza milagros y puede curar todos los males).
6. Es la obligación del médico decirles la verdad a los enfermos, para que tengan tiempo de acomodar (preparar) el alma y no se vayan pasmados (atontados) por la sorpresa de morirse.

ACTIVIDAD C5   LA ALDEA.
Una visión poética de un lugar puede despertar los sentidos del lector, para hacerle sentir lo que está en el ambiente, por ejemplo: **verlo, oírlo, olerlo**. En la siguiente descripción poética, ¿qué puede **ver, oír, y oler?** Trate de identificar las imágenes visuales, auditivas, y olfativas, y escríbalas bajo las categorías indicadas después de leer la descripción de La Colonia.

La Colonia era una extraña aldea[1] incrustada en un cerro[2] tropical, réplica de algún villorrio bávaro[3] del siglo diecinueve, un desvarío[4] arquitectónico de casas de madera pintada, relojes de cucú, macetas[5] de geranios y avisos con letras góticas, habitada por una raza de gente rubia con los mismos trajes tiroleses[6] y mejillas rubicundas[7] que sus bisabuelos trajeron al emigrar de la Selva Negra.

La cabaña de la pareja era similar a todas las demás, de madera oscura, con aleros[8] tallados[9] y ventanas con cortinas de encaje[10], al frente florecía un jardín bien cuidado y atrás se extendía un pequeño huerto de fresas. Corría una ventisca[11] fría que silbaba[12] entre los árboles...

---

1. pueblo   2. colina, altura   3. villa de Bavaria   4. desorden   5. tiestos para cultivar plantas   6. del Tirol, región de Europa Central   7. coloradas   8. parte del tejado que sale fuera   9. cortados   10. tela de labor fino; los velos de las novias son de encaje   11. nevada   12. hacía sonido de la "s"

	Veo	**Oigo**	**Huelo**
1.			
2.			
3.			

EN PLENA VISTA

"Vida interminable"
Isabel Allende

"Vida interminable" es uno de los *Cuentos de Eva Luna,* obra célebre de la chilena Isabel Allende. Entre sus otras narrativas más famosas figuran *Eva Luna* y *La casa de los espíritus.* Allende describe con ricas imágenes y fuerza impresionante las pasiones profundas de sus personajes. Conozcamos la vida apasionante de los Blaum y las asombrosas experiencias de Eva en "Vida interminable".

EL PROCESO DE LA LECTURA: LOS ELEMENTOS LÍRICOS

Originalmente, la palabra *lírica* estaba asociada a la *lira,* el instrumento musical de la antigüedad que se tocaba para acompañar lo que se llamaba la *poesía lírica.* Así pues, tradicionalmente, se asociaba lo lírico con la música o la canción; los poetas líricos de la antigüedad cantaban en público. Con el paso de tiempo, la poesía lírica dejó de estar tan estrictamente asociada al acompañamiento musical, pero aún reflejaba las variaciones de sonido y ritmo tan características de la música. Se podía definir una composición lírica como un poema de cualquier tipo que exhibía complejidad rítmica o elementos especiales del lenguaje como la rima o la entonación. *Lírico* pasó a significar *poético.*

Hubo también, en la historia de la lírica, otra tendencia muy fuerte: la canción del poeta lírico pasó a ser menos pública y más privada, más subjetiva. Hoy día, se define lo lírico como una expresión inspirada o penetrante de sentimientos o pensamientos personales, internos, subjetivos. Por eso, se puede decir que hay elementos líricos en obras escritas en prosa.

Por ejemplo, en *"Vida interminable",* por medio de descripciones de gran lirismo, Isabel Allende nos introduce en el mundo de la narradora Eva Luna, y de la pareja Roberto y Ana Blaum. Empleando ricas imágenes, con una perspectiva muy personal, Allende penetra el ambiente y el espíritu de los personajes.

Al principio del cuento, Eva Luna describe cómo sobreviven Ana y Roberto Blaum a su duro viaje de emigración. Nos hace sentir los efectos físicos del viaje; podemos "ver" el barco incrustado con plantas del mar y las caras envejecidas de los viajeros; podemos "oler" la humedad y la sal; podemos comprender la fuerza del amor entre Ana y Roberto, quienes luchan juntos contra las dificultades.

"Después de dar vueltas por varios mares, arribó a las costas del Caribe. Para entonces tenía el casco[1] como una colifor de conchas y líquenes[2], la humedad rezumaba[3] de su interior en un moquilleo[4] persistente, sus máquinas se habían vuelto verdes y todos los tripulantes[5] y pasajeros[6] —menos Ana y Roberto defendidos de la desesperanza[7] por la ilusión del amor— habían envejecido[8] doscientos años".

Luego, Eva continúa con una lírica descripción de la costa en la noche y del estado mental del capitán:

"El capitán, resignado a la idea de seguir deambulando[9] eternamente, hizo un alto[10] con su carcasa[11] de transatlántico en un recodo[12] de la bahía[13], frente a una playa de arenas fosforescentes y esbeltas palmeras[14] coronadas[15] de plumas, para que los marineros descendieran en la noche a cargar agua dulce para los depósitos[16]."

Cuando lea "Vida interminable", fíjese en los elementos líricos o poéticos en la expresión personal e íntima y el rico lenguaje de la escritora chilena. No olvide emplear la estrategia de leer la obra dos veces para lograr una comprensión inicial, y después una comprensión mayor.

Recuerde: Después de leer la obra por encima la primera vez, realice la Actividad C6, y después de leerla más despacio la segunda vez, realice la Actividad C7. Si quiere, puede repasar la estrategia **Leer dos veces** en la página 6, que precede a las actividades A6 y A7 del Capítulo 1.

---

1. parte exterior dura   2. criaturas marinas   3. salía el líquido   4. líquido que sale de la nariz   5. los que trabajan en el barco   6. viajeros   7. desilusión   8. se habían hecho viejos   9. caminando   10. una parada   11. armazón o "esqueleto" del barco   12. rincón   13. entrada del mar en la costa   14. árboles delgados   15. con coronas de plumas   16. recipientes para agua

Isabel Allende
"Vida interminable"

I

Hay toda clase de historias. Algunas nacen al ser contadas, su substancia es el lenguaje y antes de que alguien las ponga en palabras son apenas[1] una emoción, un capricho[2] de la mente, una imagen o una intangible reminiscencia. Otras vienen completas, como manzanas, y pueden repetirse hasta el infinito sin riesgo[3] de alterar su sentido. Existen unas tomadas de la realidad y procesadas por la inspiración, mientras otras nacen de un instante de inspiración y se convierten en realidad, al ser contadas. Y hay historias secretas que permanecen ocultas en las sombras[4] de la memoria, son como organismos vivos, les salen raíces[5], tentáculos[6], se llenan de adherencias[7] y parásitos y con el tiempo se transforman en materia de pesadillas[8]. A veces para exorcizar los demonios de un recuerdo es necesario contarlo como un cuento.

Ana y Roberto Blaum envejecieron juntos, tan unidos que con los años llegaron a parecer hermanos; ambos tenían la misma expresión de benevolente sorpresa, iguales arrugas[9], gestos de las manos, inclinación de los hombros, los dos estaban marcados por costumbres y anhelos[10] similares.

Habían compartido cada día durante la mayor parte de sus vidas y de tanto andar de la mano y dormir abrazados podían ponerse de acuerdo para encontrarse en el mismo sueño. No se habían separado nunca desde que se conocieron, medio siglo atrás. En esa época Roberto estudiaba medicina y ya tenía la pasión que determinó su existencia de lavar al mundo y redimir al prójimo[11], y Ana era una de esas jóvenes virginales capaces de embellecerlo[12] todo con su candor.

Se descubrieron a través de la música. Ella era violinista de una orquesta de cámara y él, que provenía de una familia de virtuo-

---

1. casi sólo   2. deseo irreflexivo   3. peligro   4. oscuridad   5. órganos de las plantas, clavados en la tierra   6. apéndices móviles de varios animales; sirven como órganos de tacto y prensión   7. unión anormal de dos partes del cuerpo   8. sueños malos   9. pliegues en la piel; pueden ser evidencia de la vejez   10. deseos   11. las demás personas, la humanidad   12. hacerlo más hermoso

...os y le gustaba tocar el piano, no se perdía [n]i un concierto. Distinguió sobre el escena[r]io a esa muchacha vestida de terciopelo[13] [n]egro y cuello[14] de encaje[15] que tocaba su [i]nstrumento con los ojos cerrados y se ena[m]oró de ella a la distancia. Pasaron meses [a]ntes de que se atreviera[16] a hablarle y cuan[d]o lo hizo bastaron cuatro [f]rases para que ambos [c]omprendieran que esta[b]an destinados a un vín[c]ulo[17] perfecto. La guerra [l]os sorprendió antes que [a]lcanzaran a casarse y, [c]omo millares de judíos [a]lucinados por el espanto [d]e las persecuciones, [t]uvieron que escapar de [E]uropa. Se embarcaron en un puerto de [H]olanda, sin más equipaje que la ropa pues[t]a, algunos libros de Roberto y el violín de [A]na. El buque anduvo dos años a la deriva, [s]in poder atracar en ningún muelle, porque [l]as naciones del hemisferio no quisieron [a]ceptar su cargamento de refugiados. [D]espués de dar vueltas por varios mares, [a]rribó a las costas del Caribe. Para entonces [t]enía el casco como una coliflor de conchas [y] líquenes, la humedad rezumaba de su [i]nterior en un moquilleo persistente, sus [m]áquinas se habían vuelto verdes y todos [l]os tripulantes y pasajeros —menos Ana y Roberto defendidos de la desesperanza por la ilusión del amor— habían envejecido doscientos años. El capitán, resignado a la idea de seguir deambulando eternamente, hizo un alto con su carcasa de transatlántico en un recodo de la bahía, frente a una playa de arenas fosforescentes y esbeltas palmeras coronadas de plumas, para que los marineros descendieran en la noche a cargar agua dulce para los depósitos. Pero hasta allí no más llegaron. Al amanecer del día siguiente fue imposible echar a andar las máquinas, corroídas[18] por el esfuerzo de moverse con una mezcla de agua salada[19] y pólvora[20], a falta de combustibles mejores.

A media mañana aparecieron en una lancha[21] las autoridades del puerto más cercano, un puñado[22] de mulatos[23] alegres con el uniforme desabrochado[24] y la mejor voluntad[25], que de acuerdo con el reglamento les ordenaron salir de sus aguas territoriales, pero al saber la triste suerte de los navegantes y el deplorable estado del buque le sugirieron al capitán que se quedaran unos días allí tomando el sol, a ver si de tanto darles rienda[26] los inconvenientes se arreglaban solos, como casi siempre ocurre.

> ...los habitantes de esa nave desdichada descendieron en los botes, pisaron las arenas cálidas de aquel país cuyo nombre apenas podían pronunciar,...

---

[1]3. tela suave velluda por una de sus caras   14. parte del vestido que rodea al cuello (unión de cabeza [y c]uerpo)   15. tela de labor muy fino; los velos de las novias son de encaje   16. se determinara a hacer [a]lgo peligroso   17. unión   18. comidas   19. con sal   20. sustancia pulverizada usada en las armas   [2]1. barco pequeño   22. pequeña cantidad. Literalmente, lo que cabe en una mano   23. gente con mezcla [d]e raíces negra y blanca   24. abierto   25. intención   26. darles libertad

Capítulo 7 **247**

Durante la noche todos los habitantes de esa nave[27] desdichada descendieron en los botes, pisaron las arenas cálidas de aquel país cuyo nombre apenas podían pronunciar, y se perdieron tierra adentro en la voluptuosa vegetación, dispuestos[28] a cortarse las barbas, despojarse de sus trapos[29] mohosos[30] y sacudirse[31] los vientos oceánicos que les habían curtido el alma[32].

Así comenzaron Ana y Roberto Blaum sus destinos de inmigrantes, primero trabajando de obreros para subsistir y más tarde, cuando aprendieron las reglas de esa sociedad voluble, echaron raíces y él pudo terminar los estudios de medicina interrumpidos por la guerra. Se alimentaban de banana y café y vivían en una pensión humilde, en un cuarto de dimensiones escasas, cuya ventana enmarcaba[33] un farol[34] de la calle. Por las noches Roberto aprovechaba esa luz para estudiar y Ana para coser[35]. Al terminar el trabajo él se sentaba a mirar las estrellas sobre los techos vecinos y ella le tocaba en su violín antiguas melodías, costumbre que conservaron como forma de cerrar el día. Años después, cuando el nombre de Blaum fue célebre, esos tiempos de pobreza se mencionaban como referencia romántica en los prólogos de los libros o en las entrevistas de los periódicos.

La suerte les cambió, pero ellos mantuvieron su actitud de extrema modestia, porque no lograron borrar[36] las huellas[37] de los sufrimientos pasados ni pudieron librarse de la sensación de precariedad[38] propia del exilio. Eran los dos de la misma estatura, de pupilas claras y huesos[39] fuertes. Roberto tenía aspecto de sabio, una melena[40] desordenada le coronaba las orejas, llevaba gruesos lentes[41] con marcos redondos de carey[42], usaba siempre un traje gris, que reemplazaba por otro igual cuando Ana renunciaba a seguir zurciendo[43] los puños[44], y se apoyaba en un bastón[45] de bambú que un amigo le trajo de la India. Era un hombre de pocas palabras, preciso al hablar como en todo lo demás, pero con un delicado sentido del humor que suavizaba[46] el peso de sus conocimientos. Sus alumnos habrían de recordarlo como el más bondadoso de los profesores. Ana poseía un temperamento alegre y confiado[47], era incapaz de imaginar

> La llevamos al hospital desangrándose a borbotones, sin que nadie alentara esperanza real de salvarla, pero tuvimos la buena suerte de que Roberto Blaum estaba allí...

---

27. barco 28. listos 29. ropas de malas condiciones 30. lleno de plantas pequeñas que crecen en la superficie de ciertos cuerpos orgánicos 31. quitarse algo moviéndose 32. hecho duro el espíritu 33. hacía de marco; dio vista a 34. tipo de lámpara de luz 35. hacer la ropa 36. quitar, eliminar 37. impresiones 38. inseguridad 39. lo que forma el esqueleto 40. pelo largo 41. anchos anteojos 42. materia hecha de la tortuga del mar 43. reparar cosiendo 44. pieza de la camisa alrededor de la muñeca (de la mano) 45. vara o palo para apoyarse al andar 46. disminuía 47. con confianza

la maldad ajena[48] y por eso resultaba inmune a ella. Roberto reconocía que su mujer estaba dotada de[49] un admirable sentido práctico y desde el principio delegó en ella las decisiones importantes y la administración del dinero. Ana cuidaba de su marido con mimos[50] de madre, le cortaba el cabello y las uñas[51], vigilaba su salud, su comida y su sueño, estaba siempre al alcance de su llamado. Tan indispensable les resultaba a ambos la compañía del otro, que Ana renunció a su vocación musical, porque la habría obligado a viajar con frecuencia, y sólo tocaba el violín en la intimidad de la casa. Tomó la costumbre de ir con Roberto en las noches a la morgue o a la biblioteca de la universidad donde él se quedaba investigando durante largas horas.

A los dos les gustaba la soledad y el silencio de los edificios cerrados.

II

Después regresaban caminando por las calles vacías hasta el barrio de pobres donde se encontraba su casa. Con el crecimiento descontrolado de la ciudad ese sector se convirtió en un nido[52] de traficantes, prostitutas y ladrones, donde ni los carros de la policía se atrevían a circular después de la puesta del sol, pero ellos lo cruzaban de madrugada sin ser molestados. Todo el mundo los conocía. No había dolencia[53] ni problema que no fueran consultados con Roberto y ningún niño había crecido allí sin probar las galletas[54] de Ana. A los extraños alguien se encargaba de explicarles desde un principio que por razones de sentimiento los viejos eran intocables. Agregaban[55] que los Blaum constituían un orgullo para la Nación, que el Presidente en persona había condecorado[56] a Roberto y que eran tan respetables, que ni siquiera la Guardia los molestaba cuando entraba al vecindario con sus máquinas de guerra, allanando[57] las casas una por una.

Yo los conocí al final de la década de los sesenta, cuando en su locura mi Madrina se abrió el cuello con una navaja[58]. La llevamos al hospital desangrándose[59] a borbotones[60], sin que nadie alentara esperanza real de salvarla, pero tuvimos la buena suerte de que Roberto Blaum estaba

> —¿Por qué no desconectas los tubos y le alivias los padecimientos a ese pobre infeliz? Es lo más piadoso que puedes hacer. Se va a morir de todos modos, tarde o temprano...

---

48. de otros   49. poseía   50. atención; cariño   51. la parte del cuerpo que cubre las puntas de los dedos
52. casa; literalmente, hogar de los pájaros   53. enfermedad; dolor   54. pastas dulces   55. añadían
56. le había dado una medalla de honor   57. conquistando   58. instrumento que corta   59. perdiendo sangre   60. mucho líquido

Capítulo 7

allí y procedió tranquilamente a coserle la cabeza en su lugar. Ante el asombro de los otros médicos, mi Madrina se repuso[61]. Pasé muchas horas sentada junto a su cama durante las semanas de convalecencia y hubo varias ocasiones de conversar con Roberto. Poco a poco iniciamos una sólida amistad. Los Blaum no tenían hijos y creo que les hacía falta, porque con el tiempo llegaron a tratarme como si yo lo fuera. Iba a verlos a menudo, rara vez de noche para no aventurarme sola en ese vecindario, ellos me agasajaban[62] con algún plato especial para el almuerzo. Me gustaba ayudar a Roberto en el jardín y a Ana en la cocina. A veces ella cogía su violín y me regalaba un par de horas de música. Me entregaron la llave de su casa y cuando viajaban yo les cuidaba al perro y les regaba[63] las plantas.

Los éxitos de Roberto Blaum habían empezado temprano, a pesar del atraso que la guerra impuso a su carrera. A una edad en que otros médicos se inician en los quirófanos[64], él ya había publicado algunos ensayos de mérito, pero su notoriedad comenzó con la publicación de su libro sobre el derecho a una muerte apacible[65].

...cuando el enfermo está deprimido bajan las defensas del cuerpo, en cambio si tiene buenas razones para vivir su organismo lucha sin tregua contra el mal.

No le tentaba la medicina privada, salvo cuando se trataba de algún amigo o vecino, y prefería practicar su oficio en los hospitales de indigentes[66], donde podía atender a un número mayor de enfermos y aprender cada día algo nuevo. Largos turnos en los pabellones[67] de moribundos[68] le inspiraron una compasión por esos cuerpos frágiles encadenados a las máquinas de vivir, con el suplicio[69] de agujas[70] y mangueras[71], a quienes la ciencia les negaba un final digno con el pretexto de que se debe mantener el aliento[72] a cualquier costo. Le dolía no poder ayudarlos a dejar este mundo y estar obligado, en cambio, a retenerlos contra su voluntad en sus camas agonizantes. En algunas ocasiones el tormento impuesto a uno de sus enfermos se le hacía tan insoportable, que no lograba apartarlo ni un instante de su mente. Ana debía despertarlo, porque gritaba dormido. En el refugio de las sábanas[73] él se abrazaba a su mujer, la cara hundida[74] en sus senos[75], desesperado.

—¿Por qué no desconectas los tubos y le alivias los padecimientos a ese pobre infeliz? Es lo más piadoso que puedes hacer. Se va a morir de todos modos, tarde o temprano...

---

61. recobró la salud 62. daban regalo 63. echaba agua 64. salas de operación 65. tranquila 66. pobres 67. secciones 68. que están muriendo 69. castigo 70. instrumento de metal muy fino para coser o dar inyecciones 71. tubos 72. respiración 73. ropa que cubre la cama 74. sumergida 75. pechos

—No puedo, Ana. La ley es muy clara, nadie tiene derecho a la vida de otro, pero para mí esto es un asunto de conciencia.

—Ya hemos pasado antes por esto y cada vez vuelves a sufrir los mismos remordimientos[76]. Nadie lo sabrá, será cosa de un par de minutos.

Si en alguna oportunidad Roberto lo hizo, sólo Ana lo supo. Su libro proponía que la muerte, con su ancestral carga de terrores, es sólo el abandono de una cáscara inservible, mientras el espíritu se reintegra en la energía única del cosmos. La agonía, como el nacimiento, es una etapa del viaje y merece la misma misericordia. No hay la menor virtud en prolongar los latidos y temblores de un cuerpo más allá del fin natural, y la labor del médico debe ser facilitar el deceso, en vez de contribuir a la engorrosa burocracia de la muerte. Pero tal decisión no podía depender sólo del discernimiento de los profesionales o la misericordia de los parientes, era necesario que la ley señalara un criterio.

La proposición de Blaum provocó un alboroto de sacerdotes, abogados y doctores. Pronto el asunto trascendió de los círculos científicos e invadió la calle, dividiendo las opiniones. Por primera vez alguien hablaba de ese tema, hasta entonces la muerte era un asunto silenciado, se apostaba a la inmortalidad, cada uno con la secreta esperanza de vivir para siempre. Mientras la discusión se mantuvo a un nivel filosófico, Roberto Blaum se presentó en todos los foros para sostener su alegato, pero cuando se convirtió en otra diversión de las masas, él se refugió en su trabajo, escandalizado ante la desvergüenza con que explotaron su teoría con fines comerciales. La muerte pasó a primer plano, despojada de toda realidad y convertida en alegre motivo de moda.

La prensa captó de inmediato las fantásticas posibilidades de esta teoría y puso en boca de Blaum cosas que él jamás había dicho.

Una parte de la prensa acusó a Blaum de promover la eutanasia y comparó sus ideas con las de los nazis, mientras otra parte lo aclamó como a un santo. Él ignoró el revuelo y continuó sus investigaciones y su labor en el hospital. Su libro se tradujo a varias lenguas y se difundió en otros países, donde el tema también provocó reacciones apasionadas. Su fotografía salía con frecuencia en las revistas de ciencia. Ese año le ofrecieron una cátedra en la Facultad de Medicina y pronto se convirtió en el profesor más solicitado por los estudiantes. No había ni asomo[77] de arrogancia en Roberto Blaum, tampoco el fanatismo[78] exultante de los administradores de las revelaciones divinas, sólo la apacible certeza[79] de los hombres estudiosos. Mientras mayor

---

76. sentimiento de culpa   77. muestra; indicio   78. acción extrema   79. seguridad

era la fama de Roberto, más recluida era la vida de los Blaum. El impacto de esa breve celebridad los asustó y acabaron por admitir a muy pocos en su círculo más íntimo.

III

La teoría de Roberto fue olvidada por el público con la misma rapidez con que se puso de moda. La ley no fue cambiada, ni siquiera se discutió el problema en el Congreso, pero en el ámbito académico y científico el prestigio del médico aumentó.

En los siguientes treinta años Blaum formó varias generaciones de cirujanos, descubrió nuevas drogas[80] y técnicas quirúrgicas y organizó un sistema de consultorios ambulantes[81], carromatos[82], barcos y avionetas[83] equipados con todo lo necesario para atender desde partos hasta epidemias diversas, que recorrían el territorio nacional llevando socorro[84] hasta las zonas más remotas, allá donde antes sólo los misioneros habían puesto los pies. Obtuvo incontables premios, fue Rector de la Universidad durante una década y Ministro de Salud durante dos semanas, tiempo que demoró[85] en juntar las pruebas de la corrupción administrativa y el despilfarro[86] de los recursos[87] y presentarlas al Presidente, quien no tuvo más alternativa que destituirlo, porque no se trataba de sacudir los cimientos del gobierno para darle gusto a un idealista. En esas décadas Blaum continuó las investigaciones con moribundos. Publicó varios artículos sobre la obligación de decir la verdad a los enfermos graves, para que tuvieran tiempo de acomodar el alma y no se fueran pasmados por la sorpresa de morirse, y sobre el respeto debido a los suicidas y las formas de poner fin a la propia vida sin dolores ni estridencias[88] inútiles.

El nombre de Blaum volvió a pronunciarse por las calles cuando fue publicado su último libro, que no sólo remeció[89] a la ciencia tradicional, sino que provocó una avalancha de ilusiones en todo el país. En su larga experiencia en hospitales Roberto había tratado a innumerables pacientes de cáncer y observó que mientras algunos eran derrotados[90] por la muerte, con el mismo tratamiento otros sobrevivían. En su libro, Roberto intentaba demostrar la relación entre el cáncer y el estado de ánimo, y aseguraba que la tristeza y la soledad facilitan la multiplicación de las células fatídicas, porque cuando el enfermo está deprimido bajan las defensas del cuerpo, en cambio si tiene buenas razones para vivir su organismo lucha sin tregua contra el mal. Explicaba que la cura, por lo tanto, no puede limitarse a la cirugía, la química o recursos de boticario, que atacan sólo las manifestaciones físicas, sino que debe contemplar sobre todo la condición del espíritu. El último capítulo sugería que la mejor disposición se encuentra en aquellos que cuen-

---

80. remedios 81. oficinas de médico móviles 82. vagones cubiertos 83. aviones pequeños 84. ayuda 85. tardó 86. desperdicio 87. elementos que constituyen la riqueza 88. exageraciones 89. agitó 90. conquistados

tan con una buena pareja o alguna otra forma de cariño, porque el amor tiene un efecto benéfico que ni las drogas más poderosas pueden superar.

La prensa captó de inmediato las fantásticas posibilidades de esta teoría y puso en boca de Blaum cosas que él jamás había dicho. Si antes la muerte causó un alboroto inusitado, en esta ocasión algo igualmente natural fue tratado como novedad. Le atribuyeron al amor virtudes de Piedra Filosofal y dijeron que podía curar todos los males. Todos hablaban del libro, pero muy pocos lo leyeron. La sencilla suposición de que el afecto puede ser bueno para la salud se complicó en la medida[91] en que todo el mundo quiso agregarle o quitarle algo, hasta que la idea original de Blaum se perdió en una maraña de absurdos, creando una confusión colosal en el público. No faltaron los pícaros[92] que intentaron sacarle provecho[93] al asunto, apoderándose del amor como si fuera un invento propio. Proliferaron nuevas sectas esotéricas, escuelas de psicología, cursos para principiantes, clubes para solitarios, píldoras de atracción infalible, perfumes devastadores y un sinfín de adivinos de pacotilla[94] que usaron sus barajas[95] y sus bolas de vidrio[96] para vender sentimientos de cuatro centavos. Apenas descubrieron que Ana y Roberto Blaum eran una pareja de ancianos conmovedores, que habían estado juntos mucho tiempo y que conservaban intactas la fortaleza del cuerpo, las facultades de la mente y la calidad de su amor, los convirtieron en ejemplos vivientes. Aparte de los científicos que analizaron el libro hasta la extenuación, los únicos que lo leyeron sin propósitos sensacionalistas fueron los enfermos de cáncer, sin embargo, para ellos la esperanza de una curación definitiva se convirtió en una burla atroz[97], porque en verdad nadie podía indicarles dónde hallar el amor, cómo obtenerlo y mucho menos la forma de preservarlo. Aunque tal vez la idea de Blaum no carecía de lógica, en la práctica resultaba inaplicable.

Roberto estaba consternado ante el tamaño[98] del escándalo, pero Ana le recordó lo ocurrido antes y lo convenció de que era cuestión de sentarse a esperar un poco, porque la bulla[99] no duraría mucho. Así ocurrió. Los Blaum no estaban en la ciudad cuando

> ...me enteré de que Roberto no escribió una sola línea. Durante todo ese tiempo se dedicó por entero a amar a su mujer, pero eso no logró desviar el curso de los acontecimientos.

---

91. en la cantidad   92. avispados; que cometen crímenes pequeños   93. recibir beneficio   94. charlatanes   95. conjunto de cartas o naipes   96. cristal   97. broma horrible que ridiculiza a alguien   98. dimensión   99. ruido

Capítulo 7

el clamor se desinfló. Roberto se había retirado de su trabajo en el hospital y en la universidad, pretextando que estaba cansado y que ya tenía edad para hacer una vida más tranquila. Pero no logró mantenerse ajeno[100] a su propia celebridad, su casa se veía invadida por enfermos suplicantes, periodistas, estudiantes, profesores, y curiosos que llegaban a toda hora. Me dijo que necesitaba silencio, porque pensaba escribir otro libro, y lo ayudé a buscar un lugar apartado donde refugiarse.

Encontramos una vivienda en La Colonia, una extraña aldea incrustada en un cerro tropical, réplica de algún villorio bávaro del siglo diecinueve, un desvarío arquitectónico de casas de madera pintada, relojes de cucú, macetas de geranios y avisos con letras góticas, habitada por una raza de gente rubia con los mismos trajes tiroleses y mejillas rubicundas que sus bisabuelos trajeron al emigrar de la Selva Negra. Aunque ya entonces La Colonia era la atracción turística que hoy es, Roberto pudo alquilar una propiedad aislada donde no llegaba el tráfico de los fines de semana. Me pidieron que me hiciera cargo de sus asuntos en la capital, yo colectaba el dinero de su jubilación[101], las cuentas y el correo. Al principio los visité con frecuencia, pero pronto me di cuenta que en mi presencia mantenían una cordialidad algo forzada, muy diferente a la bienvenida calurosa que antes me prodigaban. No pensé que se tratara de algo contra mí, ni mucho menos, siempre conté con su confianza y su estima, simplemente deduje que deseaban estar solos y preferí comunicarme con ellos por teléfono y por carta.

IV

Cuando Roberto Blaum me llamó por última vez, hacía un año que no los veía. Hablaba muy poco con él, pero mantenía largas conversaciones con Ana. Yo le daba noticias del mundo y ella me contaba de su pasado, que parecía irse tornando cada vez más vívido para ella, como si todos los recuerdos de antaño fueran parte de su presente en el silencio que ahora la rodeaba. A veces me hacía llegar por diversos medios galletas de avena[102] que horneaba[103] para mí y bolsitas de lavanda para perfumar los armarios. En los últimos meses me enviaba también delicados regalos: un pañuelo[104] que le dio su marido muchos años atrás, fotografías de su juventud, un prendedor[105] antiguo. Supongo que eso, más el deseo de mantenerme alejada[106] y el

> **Habían decidido morir juntos, porque ella estaba en la última fase de un cáncer y preferían viajar a otra etapa tomados de la mano, como siempre habían estado...**

---

100. aparte   101. acción de retirarse del trabajo   102. grano que se come como cereal o que es ingrediente de galletas   103. cocía en el horno   104. tela que sirve para limpiarse la nariz   105. alfiler para prender un sombrero, por ejemplo   106. distanciada

hecho de que Roberto eludiera[107] hablar del libro en preparación, debieron darme las claves[108], pero en verdad no imaginé lo que estaba sucediendo en aquella casa de las montañas. Más tarde, cuando leí el diario de Ana, me enteré de que Roberto no escribió una sola línea. Durante todo ese tiempo se dedicó por entero a amar a su mujer, pero eso no logró desviar[109] el curso de los acontecimientos[110].

En los fines de semana el viaje a La Colonia se convierte en un peregrinaje[111] de coches con los motores calientes que avanzan a vuelta de las ruedas[112], pero durante los otros días, sobre todo en la temporada de lluvias, es un paseo solitario por una ruta de curvas cerradas que corta las cimas de los cerros[113], entre abismos sorpresivos y bosques de cañas[114] y palmas. Esa tarde había nubes atrapadas entre las colinas y el paisaje parecía de algodón[115]. La lluvia había callado a los pájaros y no se oía más que el sonido del agua contra los cristales.

Al ascender refrescó el aire y sentí la tormenta suspendida en la niebla, como un clima de otra latitud. De pronto, en un recodo del camino apareció aquel villorrio de aspecto germano, con sus techos inclinados para soportar una nieve que jamás caería. Para llegar donde los Blaum había que atravesar todo el pueblo, que a esa hora parecía desierto. Su cabaña era similar a todas las demás, de madera oscura, con aleros tallados y ventanas con cortinas de encaje, al frente florecía un jardín bien cuidado y atrás se extendía un pequeño huerto de fresas. Corría una ventisca fría que silbaba entre los árboles, pero no vi humo[116] en la chimenea. El perro, que los había acompañado durante años, estaba echado en el porche y no se movió cuando lo llamé, levantó la cabeza y me miró sin mover la cola, como si no me reconociera, pero me siguió cuando abrí la puerta, que estaba sin llave, y crucé el umbral[117]. Estaba oscuro. Tanteé la pared buscando el interruptor y encendí las luces. Todo se veía en orden, había ramas frescas de eucalipto en los jarrones[118], que llenaban el aire de un olor limpio. Atravesé la sala de esa vivienda de alquiler, donde nada delataba[119] la presencia de los Blaum, salvo las pilas de libros y el violín, y me extrañó de que en año y medio mis amigos no hubieran implantado sus personalidades al lugar donde vivían.

Subí la escalera al ático, donde estaba el dormitorio principal, una pieza amplia, con altos techos de vigas rústicas, papel desteñido[120] en los muros y muebles ordinarios de vago estilo provenzal. Una lámpara de velador[121] alumbraba la cama, sobre la cual yacía Ana, con el vestido de seda azul y el collar de corales que tantas veces le vi usar.

---

107. evitara   108. indicios   109. consiguió cambiar el camino   110. sucesos, eventos   111. excursión   112. moviéndose las ruedas   113. picos   114. plantas de azúcar   115. materia textil que en forma de planta se parece a las nubes blancas   116. mezcla de partículas producidas por la combustión   117. el lugar de la puerta   118. vasijas grandes   119. manifestaba   120. sin color   121. lamparilla de alcoba

Tenía en la muerte la misma expresión de inocencia con que aparece en la fotografía de su boda, tomada mucho tiempo atrás, cuando el capitán del barco la casó con Roberto a setenta millas de la costa, esa tarde espléndida en que los peces voladores[122] salieron del mar para anunciarles a los refugiados que la tierra prometida estaba cerca. El perro que me había seguido, se encogió[123] en un rincón[124] gimiendo[125] suavemente.

Sobre la mesa de noche, junto a un bordado inconcluso y al diario de vida de Ana, encontré una nota de Roberto dirigida a mí, en la cual me pedía que me hiciera cargo de su perro y que los enterrara[126] en el mismo ataúd[127] en el cementerio de esa aldea de cuentos. Habían decidido morir juntos, porque ella estaba en la última fase de un cáncer y preferían viajar a otra etapa tomados de la mano, como siempre habían estado, para que en el instante fugaz en que el espíritu se desprende[128] no corrieran el riesgo de perderse en algún vericueto[129] del vasto universo.

Recorrí la casa en busca de Roberto. Lo encontré en una pequeña habitación detrás de la cocina, donde tenía su estudio, sentado ante un escritorio de madera clara, con la cabeza entre las manos, sollozando[130]. Sobre la mesa estaba la jeringa[131] con que inyectó el veneno[132] a su mujer, cargada con la dosis destinada para él. Le acaricié la nuca[133], levantó la vista y me miró largamente. Supongo que quiso evitarle a Ana los sufrimientos del final y preparó la partida de ambos de modo que nada alterara la serenidad de ese instante, limpió la casa, cortó ramas para los jarrones, vistió y peinó a su mujer y cuando estuvo todo dispuesto le colocó la inyección. Consolándola con la promesa de que pocos minutos después se reuniría con ella, se acostó a su lado y la abrazó hasta tener la certeza de que ya no vivía. Llenó de nuevo la jeringa, se subió la manga de la camisa y tanteó la vena, pero las cosas no resultaron como las había planeado. Entonces me llamó.

—No puedo hacerlo, Eva. Sólo a ti puedo pedírtelo... Por favor, ayúdame a morir.

---

122. peces que saltan del agua y parecen volar por el aire   123. se hizo más pequeño   124. ángulo entrante de dos paredes   125. llorando   126. pusiera debajo de la tierra   127. caja donde se mete el cadáver para enterrarlo   128. se separa   129. camino pequeño, estrecho y áspero   130. llorando con sonidos de dolor   131. instrumento para dar inyecciones   132. sustancia que destruye las funciones vitales   133. parte posterior del cuello, donde la cabeza se une al cuerpo

ACTIVIDAD C6 La primera vez, con pocos detalles.

Después de leer la obra por primera vez, escriba algunos detalles sobre la narradora Eva, y sobre Roberto Blaum y Ana Blaum. Después de leer por primera vez, ¿qué le impresiona de ellos? Escriba algo que le haya impresionado de lo que han dicho o hecho estos personajes.

1. Eva:

2. Roberto:

3. Ana:

ACTIVIDAD C7 La segunda vez, con más detalles.

Lea la obra por segunda vez; en esta ocasión lea más despacio para captar más detalles. Haga una pausa después de cada sección. Empleando palabras de la lectura, escriba algunos detalles más sobre los sentimientos o las acciones de Eva, Roberto y Ana.

Parte I

1. la razón de Eva para escribir el cuento:

2. la relación entre Roberto y Ana:

Parte II

3. cómo se conocieron Eva y los Blaum:

4. la relación entre Eva y los Blaum:

5. los sentimientos de Ana en cuanto a los moribundos:

6. los sentimientos de Roberto en cuanto a los moribundos:

Parte III

7. los sentimientos de Roberto en cuanto a la relación entre el cáncer y el estado de ánimo de un paciente:

8. la razón de la mudanza o cambio de residencia de Roberto y Ana:

9. la relación entre Eva y los Blaum en esa época de su vida:

Parte IV

10. las relaciones entre Eva y los Blaum durante el año en que no se veían:

11. lo que descubre Eva en la casa de los Blaum:

12. el estado, los sentimientos de Ana:

13. el estado, los sentimientos de Roberto:

Punto de mira: La lectura

Actividad C8 EL DIARIO DEL LECTOR. Ahora le toca a usted escribir sus comentarios sobre la lectura con la ayuda de su profesor(a) y la guía presentada en el Capítulo 1, Actividad A8.

Actividad C9 ¿QUÉ HA VISTO USTED? Trabaje con otro estudiante. Uno debe desempeñar el papel de Ana, y el otro, el papel de Roberto. Basándose en lo que han averiguado de ellos a través de la lectura, cada uno debe hacer un comentario breve sobre "su experiencia" (escribiendo y/o hablando en primera persona) relacionada con...

1. el largo viaje de dos años por el mar:
2. los primeros meses en el nuevo país:
3. la medicina:
4. el violín:
5. Eva:
6. la reputación de Roberto:
7. la casa en La Colonia:
8. los últimos días juntos:

Actividad C10 HONDA EMOCIÓN. Trabaje individualmente o en un grupo de tres personas. ¿Puede señalar en el cuento evidencias de emociones diferentes por parte de Eva, Roberto o Ana? En cada categoría, indique una circunstancia específica del cuento. Escriba cuándo siente Eva, Roberto o Ana:

1. tristeza:
2. frustración:
3. alegría:
4. amor profundo:
5. miedo:
6. esperanza:
7. dolor profundo:

UNA MIRADA ALREDEDOR

ACTIVIDAD C 11 ¿QUÉ PIENSA USTED? Comenten los siguientes temas o escriban sobre ellos. Su profesor(a) puede proponerles realizar uno de los ejercicios del Capítulo 1, Actividad A11, (página 23).

1. ¿Qué sugiere el título del cuento? ¿Cómo se puede relacionar las palabras *Vida interminable* con la vida de Ana y Roberto?

2. ¿Cómo consigue Isabel Allende presentar una visión tan íntima de la pareja? ¿Es importante el papel de Eva en la creación de una perspectiva tan personal?

3. ¿Cómo se enfrentan Roberto y Ana con los problemas y los dolores del mundo en que viven?

ACTIVIDAD C 12 TALLER DE TEATRO. Representen individualmente o en grupo las siguientes situaciones. ¿Cómo se portarían? ¿Qué harían? Siguiendo las indicaciones de la Actividad A12, Capítulo 1, su profesor(a) puede proponerles representar una improvisación o una dramatización ensayada previamente.

1. **Los inmigrantes:** una escena emocionante de la experiencia de unos inmigrantes

2. **Dos posturas:** un debate acalorado sobre la eutanasia

3. **La Balada de los Blaum:** una versión lírica de la historia de los Blaum (Puede ser una versión narrada, o, para los músicos de la clase... ¡una versión cantada!)

REPASO DEL GÉNERO

A través del *lenguaje del corazón,* los autores de las lecturas de este capítulo nos acercan a mundos de fuertes pasiones. Indique qué sentimientos aparecen expresados en los dos poemas y en los dos cuentos:

a. no aparece

b. aparece, pero no predomina

c. es un sentimiento predominante

Para poder participar en la discusión en clase, escriba alguno ejemplos concretos que respalden su opinión.

	"Ritos"	*"Cosas inolvidables"*	*"Mozart..."*	*"Vida interminable*
la alegría				
el amor				
la nostalgia				
la tristeza				
la frustración				
la esperanza				
la soledad				
el miedo				
el enojo				
¿otros?				

CAPÍTULO 8

PUBLICIDAD

ANUNCIO A	*"Un problema que no puede dejarnos fríos"*
ANUNCIO B	*"Pocket Modem/Fax: A la medida de los portátiles"*
ANUNCIO C	*"Archivar imágenes con Addvision"*
ANUNCIO CH	*"Conocer"*
ANUNCIO D	*"Oriente en El Corte Inglés"*

¿QUÉ ES LA PUBLICIDAD?

La publicidad es una forma de promoción o de propaganda de servicios o mercancías a la venta. Los anuncios que aparecen en los periódicos y las revistas son la publicidad escrita más común, aunque hay muchas otras formas de publicidad, como los folletos, las circulares y los boletines.

La publicidad que aparece en la prensa a menudo tiene dos componentes: el escrito y el icónico. El componente escrito anuncia el nombre y su calidad e incluye frecuentemente un eslogan, un lema fácil de recordar que sirve como cebo[1] para llamar la atención del público. El componente

Folletos turísticos y publicaciones sobre *hobbies* también son medios de publicidad.

---

1. técnicamente, se refiere al alimento que se da a un animal para atraerlo; por extensión, "algo que atrae"

icónico puede constar de una reproducción del producto, o de una imagen pictórica.

Para que un anuncio tenga éxito, las agencias de publicidad tratan de hacer atractivo el producto a los ojos del consumidor, empleando diversos mecanismos de persuasión.

Lea los siguientes lemas o eslóganes a modo de introducción. En ocasiones es difícil identificar un producto si no disponemos de más información escrita o icónica, no obstante intente adivinar cuál es el producto anunciado. Comente sus ideas con sus compañeros. Después, su profesor(a) puede decirles cuáles son los productos.

- "Seguro que te ganas su cariño"
- "Esta semana necesita *Dinero*"
- "Más que una cama, es un sueño"
- "Entra a formar parte del mejor equipo...y consigue el mejor tiempo"
- "La sonrisa del éxito"
- "El sabor sin más"
- "*¡McNífico!* Calientito, rico y sabroso"
- "Una inversión en plata y oro"
- "Para medir la intensidad de la vida"

En este capítulo, se examinan cinco anuncios que incluyen componentes escritos e icónicos. Preste atención a cómo combinan los diferentes elementos para lograr presentar el producto de una manera atractiva.

A PRIMERA VISTA

ACTIVIDAD 1 ¡TODOS LE PEDIRÁN LA HORA! Trabajen en grupos pequeños. Imaginen que son agentes de publicidad y tienen un contrato con una compañía que fabrica relojes para toda clase de gente. Necesita crear una serie de anuncios que apelen al gusto de los diversos grupos de población:

- relojes para niños y adolescentes
- relojes para amantes del deporte
- relojes para gente elegante y con compromisos sociales
- relojes para científicos y profesionales
- relojes para mujeres modernas

Cada grupo está encargado de crear dos o tres anuncios. A continuación siguen unas frases que la compañía quiere incluir en los anuncios. Discutan qué lema sería apropiado para cada anuncio. ¿Qué podrían sugerir las frases al público? Después de trabajar en grupo, reúnanse con toda la clase. Imaginen que los demás compañeros son los directores de la agencia. Su grupo debe presentar los eslóganes y poder defenderlos.

1. "Sumergible hasta 30 m"
2. "Para añadir a su colección de bisutería[1] oriental de pendientes[2], gargantillas[3], collares de fantasía[4], perlas..."
3. "La más avanzada línea de la ingeniería y arte"
4. "Una forma esencial, viril y armonizada"
5. "Extraordinario diseño en plata y oro rosa"
6. "Su sofisticado mecanismo, en una creación de edición limitada, es ejemplo de la más alta y pura tradición relojera suiza"
7. "Moderno, versátil, a buen precio"
8. "¡A jugar! ¡Llévatelo!"
9. "Modelos la risueña oveja, el pequeño osito y el fiero león"
10. "¡Todos te pedirán la hora!"

---

1. industria que produce objetos de adorno   2. aretes que se ponen en las orejas las mujeres   3. adornos para el cuello   4. joyería de imitación

ACTIVIDAD 2 USTED, EL CONSUMIDOR. ¿Qué tipo de anuncio atrae su atención? En algunos anuncios es una foto o un dibujo lo que le atrae. Otras veces es el producto mismo, el lema, o algunas características concretas como el precio, la fecha o la marca. Imagínese que quiere comprar un ordenador[1] y está leyendo los anuncios de la revista *Informática*. Marque con una **X** la importancia relativa que tiene para usted la siguiente información. Escriba la razón.

	me importa mucho	me importa poco	depende	mi razón
1. la marca				
2. el precio				
3. cuánto abulta (ocupa)				
4. las medidas (dimensiones) de la pantalla				
5. el brillo o la resolución de la imagen				
6. cómo su sistema avasalla (es superior a) los otros				
7. su retoño (difusión) en el mercado actual				
8. el que no emule (copie) a otros modelos				
9. los beneficios que obtiene el usuario (el que usa la máquina)				
10. el sistema de archivo de información en la base de datos				

---

1. computadora

ACTIVIDAD 3 UNA POSESIÓN IMPRESCINDIBLE. Trabaje individualmente y después en grupo de tres o cuatro. Bajo ciertas circunstancias, hay posesiones que son imprescindibles, es decir, absolutamente necesarias o indispensables. Piense ahora en qué cosa o posesión sería imprescindible para usted si:

1. estuviera en la Antártida con un frío inhumano:
2. estuviera en una zona de calor increíble:
3. fuera científico(a):
4. estuviera perdido(a) en el mar:
5. estuviera en el hospital:

Ahora, trabaje en un grupo de tres o cuatro personas. Escojan una de las circunstancias anteriores. Preparen un "equipo de supervivencia" con cinco o seis cosas que consideren imprescindibles para sobrevivir en el lugar seleccionado. ¡Claro que ustedes quieren estar "a la altura de las circunstancias"! Pueden escoger entre los objetos que anotaron anteriormente y también incluir algunos objetos más, siempre que sean completamente fiables (dignos de confianza). Al terminar, presenten ante la clase su equipo de supervivencia en forma de un anuncio.

ACTIVIDAD 4 EL ARTE DE PERSUADIR. Trabaje en un grupo de cinco personas para hacer esta actividad. ¿Cómo se puede persuadir a alguien de que compre un producto? Las tácticas de persuasión reflejan relaciones complejas entre factores psicológicos, sociales, y económicos. Imagine que es miembro de un comité publicitario. El producto que van a promocionar es un juego de té, una tetera de porcelana con seis tazas. Cada persona del grupo debe pensar en anunciar el producto desde una perspectiva diferente. Después comenten sus ideas.

Modelo:

- *destacar la función del producto:* El estudiante que escoge esta perspectiva podría inventar una oración como la siguiente: "Con este juego de té, se pueden servir fácilmente dos tazas de té a seis personas".

1. destacar la función del producto
2. destacar la elegancia del producto
3. amenazar o intimidar al público, diciéndole qué le ocurriría si no comprara el producto
4. destacar el precio del producto

5. destacar el producto como obra de arte
6. presentar como inferior la calidad de otros productos "comparables"
7. apelar a los sentimientos de superioridad del consumidor
8. apelar al sentido práctico del consumidor
9. apelar a las emociones del consumidor
10. destacar algo curioso o gracioso del producto

ACTIVIDAD 5 ¿QUÉ DEBO COMPRAR? Trabaje en un grupo de tres personas. Están en una tienda de artesanía oriental. ¡Hay tantas cosas! Todo está a su alcance, ¡pero será difícil decidir qué comprar! El(la) estudiante A es el(la) cliente(a) que necesita comprar un regalo para su mamá, quien es muy aficionada a la artesanía oriental. Al(a la) estudiante B no le gusta nada de lo que escoge su amigo(a). El(la) estudiante C es el(la) dependiente, quien trata de vender sus mercancías. El(la) cliente debe explicar exactamente lo que quiere.

Modelo:

CLIENTE: Creo que voy a comprar una de esas maravillosas *mantelerías bordadas* (conjuntos de manteles y servilletas para la mesa con mucha labor artística) con dibujos en seda (hecho de la tela producida por el gusano de seda) azul.

AMIGO(A): Pero, ¿no crees que son demasiado caras?

DEPENDIENTE: Tienen un buen precio. Es que son de extraordinaria calidad. El bordado es finísimo. Se lo aseguro: es el regalo perfecto.

Después de discutir todas las posibilidades, el(la) cliente A debe tomar una decisión.

1. un tibor (un vaso grande de barro o de porcelana oriental)
2. un jarrón (un jarro grande artístico)
3. una alfombra anudada (hecha a base de nudos o lazos apretados)
4. un biombo (una construcción decorativa que puede ser doblada o usada para dividir una habitación o para ocultar a una persona que cambia de ropa)
5. un arca (una caja de madera)
6. un taquillón (un armario)
7. un mantón (un pañuelo grande que sirve de adorno o chal) de seda

Al terminar la actividad, los grupos pueden reunirse y comparar las compras. ¿Qué se han comprado? ¿Qué no se han comprado? ¿Por qué?

EN PLENA VISTA

A. *"Un problema que no puede dejarnos fríos"*
B. *"Pocket Modem/Fax: A la medida de los portátiles"*
C. *"Archivar imágenes con Addvision"*
CH. *"Conocer"*
D. *"Oriente en El Corte Inglés"*

Cinco anuncios publicitarios

Las revistas y los periódicos del mundo hispano están llenos de publicidad. En este capítulo se examinan algunos anuncios que reflejan los temas del arte y de la ciencia en el mundo moderno.

EL PROCESO DE LA LECTURA: LAS RELACIONES SEMÁNTICAS

Cuando leemos, a menudo encontramos palabras cuyo significado desconocemos. En ocasiones es posible adivinar lo que quiere decir una palabra si podemos identificar su relación con otra u otras que ya conocemos; es decir, aun si no podemos determinar su significado exacto, podemos averiguar a qué familia de palabras pertenece y así continuar nuestra lectura sin que afecte mucho la comprensión del texto.

En los anuncios aparecen con frecuencia palabras relacionadas semánticamente. Es probable reconocer una palabra si se sabe a qué familia de palabras pertenece. Por ejemplo, en el anuncio "Oriente en El Corte Inglés", aparece la frase "Lámparas y muebles auxiliares únicos, como biombos, arcas, o taquillones". Si no conociera las palabras *biombos, arcas, taquillones,* ya sabría, por el contexto, que pertenecen a la familia de *muebles.*

También puede deducir el significado de una palabra mediante otras palabras que pertenecen a la misma familia. Por ejemplo, en el mismo anuncio se lee lo siguiente: "toda la bisutería femenina oriental: pendientes, gargantillas, collares de fantasía, perlas..." ¿Qué miembros de la familia de adornos femeninos puede identificar? ¿Pendientes? ¿Collares? Se puede deducir que *bisutería femenina oriental s*e refiere a los adornos o joyería y que *gargantillas t*ambién es algún adorno o joya.

Cuando lea los anuncios, preste atención a las relaciones semánticas entre las palabras para comprender mejor su significado. No olvide emplear la estrategia de leer la obra dos veces para lograr una comprensión inicial, y después una comprensión mayor. Recuerde: después de leer cada anuncio por encima la primera vez, realice la Actividad 6, y después de leerlo más despacio la segunda vez, realice la Actividad 7. Si quiere, puede repasar la estrategia **Leer dos veces** en la página 6, que precede a las actividades A6 y A7 del Capítulo 1.

Lectura A

Un problema que no puede dejarnos fríos.

Como física teórica, con un doctorado en Glaciología, la doctora Mónica Kristensen viene realizando numerosas investigaciones en la Antártida que tienen como objetivo encontrar respuestas a dos problemas absolutamente interrelacionados: la influencia de las variaciones de temperatura del mar y la atmósfera en los bancos de hielo antárticos, y a su vez, la incidencia de estos cambios drásticos de las placas de hielo en el clima del Polo. ¿Qué pasaría, por ejemplo, si los bancos de hielo antárticos estuvieran deshaciéndose bajo el agua?

Existen señales claras de que, hace 130.000 años, el nivel del mar subió seis o siete metros. ¿Podría volver a suceder lo mismo? "Algunas personas están preocupadas porque los hielos del Artico se están derritiendo," nos dice la doctora Kristensen. "Si el nivel del mar vuelve a subir seis o siete metros, probablemente será debido a que la placa occidental de hielo se está rompiendo. Es muy posible que su estabilidad se vea afectada por los cambios climáticos."

A pesar de todo, la doctora Kristensen sigue manteniendo una actitud positiva: "El paisaje de la Antártida es inmensamente bello. Soy feliz cuando estoy aquí."

En lo alto de la Meseta Polar, por encima de los 84° de latitud sur (y con temperaturas por debajo de los −40° C) la navegación por satélite deja de ser posible. Entonces, la navegación mediante sextante y estimación hace imprescindible un reloj que sea absolutamente fiable.

La doctora Mónica Kristensen asegura que "a pesar del frío y las grandes dificultades vividas," su Rolex Oyster estuvo siempre a la altura de las circunstancias.

ROLEX
of Geneva

- Después de leer por primera vez, haga la parte de la Actividad 6 que corresponde a este anuncio.
- Después de leer por segunda vez, haga la parte de la Actividad 7 que corresponde a este anuncio.

---

1. formaciones rígidas   2. desintegrándose   3. haciendo líquido   4. instrumento para medir ángulos y distancias

LECTURA B

INFORMÁTICA DE CAPRICHO
«POCKET MODEM/FAX»: A LA MEDIDA DE LOS PORTÁTILES

Dadas las reducidas dimensiones de un equipo portátil, los accesorios que acompañan a estas máquinas también tienen que ser pequeños y manejables.

El **Pocket Modem/Fax**, de MegaHertz, es un aparato con el que se puede enviar o recibir un fax, así como intercambiar datos con otros ordenadores remotos vía modem. El tamaño de este ingenio hace que se convierta en un complemento ideal, que apenas abulta lo que una agenda, pues sus medidas son 3,4 x 5,8 x 2,5 centímetros.

Su batería interna, que consiste en dos pilas de 1,5 voltios, concede al usuario una autonomía de cuatro horas y media.

Además, soporta las normas estándar del mercado en lo referente a conexiones vía modem y las operaciones de corrección de errores y comprensión de datos admiten comunicaciones a velocidades que pueden alcanzar hasta los 38.400 bps.

En lo que al fax se refiere, es compatible con la normativa del grupo III, lo que le permite enviar y recibir mensajes a una velocidad de 9.600 bps.

Su utilización es muy sencilla, ya que al tratarse de un modem/fax externo sólo hay que conectarlo al puerto serie del ordenador. Se suministra con el sistema operativo DOS y el entorno gráfico Windows, emulando modos terminal y fax grupo III.

Por si todo esto fuera poco, tiene una garantía de cinco años. / **JUANA GANDIA.**

Distribuidor: **New Link España.**
Precio: **145.000 pesetas.**

- Después de leer por primera vez, haga la parte de la Actividad 6 que corresponde a este anuncio.
- Después de leer por segunda vez, haga la parte de la Actividad 7 que corresponde a este anuncio.

---

1. librito en el que se apuntan cosas que han de hacer cada día   2. baudios por segundo

Capítulo 8

Lectura C

LO MAS INNOVADOR
ARCHIVAR IMAGENES CON «ADDVISION»

La mayoría de los programas informáticos proceden del otro lado del Atlántico. En España, que cuenta con muy pocos productos nacionales, casi todos los que se consumen vienen del exterior. Y, si se habla del mundo multimedia, los desarrollos son aún más escasos. La firma catalana ADD ha querido ser uno de esos fabricantes *raros* que hacen las cosas en casa. Su *retoño* se denomina **Addvisión** y permite capturar imágenes y archivarlas como si se tratase de registros de una base de datos.

La imagen se introduce en el ordenador a través de una máquina fotográfica o, si lo que se quiere guardar es algo impreso, por medio de un scanner. Una vez en el ordenador, la imagen se visualiza en la pantalla para su posterior modificación y/o archivo. La visualización del documento (escrito o gráfico) se presenta en tres formatos al ocupar un tercio, un octavo o toda la superficie de la pantalla. Se puede regular el tono, el brillo o la resolución de la imagen, adaptándolos a las necesidades del usuario. Este aparato trata las imágenes como si trabajara con datos, así, las operaciones de búsqueda de una información se realizan automáticamente mediante la referencia asignada a la imagen o documento.

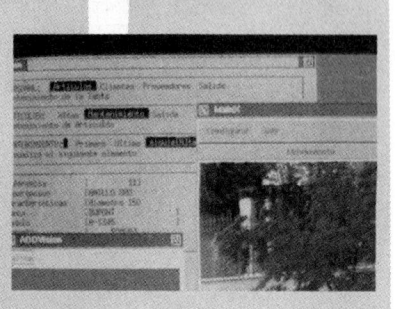

Es un producto basado en Informix y orientado a la digitalización, almacenamiento y visualización de imágenes. Operativo con el entorno Unix, es capaz de integrarse con lenguajes de Cuarta Generación y Bases de Datos Relacionales. / **J.G.**

Fabricante: **ADD Servicios Informáticos.**
Precio: **Placa y Software, alrededor de 500.000 pesetas.**

- Después de leer por primera vez, haga la parte de la Actividad 6 que corresponde a este anuncio.
- Después de leer por segunda vez, haga la parte de la Actividad 7 que corresponde a este anuncio.

---

1. una de las tres partes iguales en que se divide un todo   2. acción de introducir datos en la memoria de una computadora

Publicidad

LECTURA CH

¿Es posible que unos investigadores interroguen... ¡a ovejas! para descubrir cómo se reconoce un rostro?

CONOCER desentraña esta paradoja.

Y en CONOCER de enero también:

Adiós a los euromisiles
¿Por qué fueron instalados? ¿Qué suerte correrá ahora Europa en caso de ataque soviético?

Una máquina misteriosa: el Sol
Vivimos a sus expensas, pero no lo conocemos. Ahora surgen teorías asombrosas sobre su funcionamiento interno.

Llegan las parabólicas "planas"
Las ya populares antenas parabólicas para recepción de TV por satélite van a reducir su tamaño y se van a hacer más baratas, menos frágiles y planas.

La electrónica avasalla a la óptica
Los sistemas ópticos, tradicionales en fotografía, están dejando paso a las más sofisticadas técnicas electrónicas.

Bloqueo de genes nocivos
Ya es posible impedir el desarrollo de ciertos agentes patógenos enmascarando el proceso de expresión de sus genes nocivos.

Motor: ¿turbo o multiválvulas?
Para obtener más potencia en los motores hay muchos métodos. Ante el aparente ocaso de la era "turbo" nace la "multiválvula".

Ponga al día sus conocimientos lea **CONOCER**

YA ESTA EN SU QUIOSCO EL N.º DE ENERO

- Después de leer por primera vez, haga la parte de la Actividad 6 que corresponde a este anuncio.
- Después de leer por segunda vez, haga la parte de la Actividad 7 que corresponde a este anuncio.

---

1. averigua, descubre   2. opinión contraria a la común   3. perjudiciales   4. que causan enfermedades   5. decadencia

LECTURA D

Oriente en El Corte Inglés
LO TIENE TODO

La historia de la artesanía oriental se pierde en el tiempo. La porcelana se descubrió en China en el siglo VII a. C., mil años antes que en Europa, y hoy sigue siendo uno de los estandartes del Lejano Oriente junto a la seda, utilizada durante siglos como moneda de cambio. Pero, en realidad, cada artículo llegado de China, Hong Kong, Tailandia, Japón o Corea tiene un encanto especial, un atractivo diferente.

Durante los siglos XVII y XVIII las cortes europeas pusieron de moda las figuras chinas, incluso, algunas casas nobles contaban con su propia habitación oriental. No es para menos. La fascinación que producen estas lejanas maravillas sigue vigente y, por eso, **El Corte Inglés** las pone ahora al alcance de los hogares españoles. Tibores, jarrones, juegos de té y otras piezas decoradas a mano, muchas de ellas trabajadas con técnica cloisonné. Mantelerías bordadas y alfombras anudadas a mano. Lámparas y muebles auxiliares únicos como biombos, arcas o taquillones. Prendas de seda que juegan con el colorido y los bordados de pedrería, tan de moda hoy en Occidente, así como bolsos, cinturones, mantones de Manila y toda la bisutería femenina oriental: pendientes, gargantillas, collares de fantasía, perlas…

Hace ahora 700 años, Marco Polo se maravillaba con el exotismo del Lejano Oriente. Hoy, **El Corte Inglés** crea un espacio fascinante, un recorrido actual a través de culturas milenarias. Merece realmente la pena visitar Oriente en **El Corte Inglés**. Lo tiene todo.

- Después de leer por primera vez, haga la parte de la Actividad 6 que corresponde a este anuncio.
- Después de leer por segunda vez, haga la parte de la Actividad 7 que corresponde a este anuncio.

---

1. arte manual   2. insignias   3. en vigor   4. a disposición   5. ropas   6. piedras preciosas   7. camino   8. miles de años   9. es digno de visitar

ACTIVIDAD 6 LA PRIMERA VEZ, CON POCOS DETALLES.

Anuncio A: Después de leer "Un problema que no puede dejarnos fríos" por primera vez, complete la siguiente información. Es suficiente escribir frases breves.

1. la profesión de Mónica Kristensen:
2. dónde trabaja:
3. sobre qué trata su investigación:
4. cuál es su posesión indispensable:

Anuncio B: Después de leer el anuncio "Pocket Modem/Fax" por primera vez, complete la siguiente información. Es suficiente escribir frases breves.

5. dos elementos distintivos del producto:

Anuncio C: Después de leer el anuncio de Addvisión por primera vez, complete la siguiente información. Es suficiente escribir frases breves.

6. dónde está fabricado el producto:
7. qué permite hacer o qué puede hacer el producto:

Anuncio Ch: Después de leer el anuncio "Conocer" por primera vez, complete la siguiente información. Es suficiente escribir frases breves.

8. qué clase de revista es *Conocer:*
9. los campos o temas que tratan algunos de los artículos:

Anuncio D: Después de leer el anuncio de "El Corte Inglés" por primera vez, complete la siguiente información. Es suficiente escribir frases breves.

10. lo que hay en El Corte Inglés :
11. qué es El Corte Inglés:

ACTIVIDAD 7 LA SEGUNDA VEZ, CON MÁS DETALLES.

Anuncio A: Lea "Un problema que no puede dejarnos fríos" por segunda vez; en esta ocasión un poco más despacio para captar más detalles. Repase lo que ha escrito en la Actividad 6 y complete la siguiente información, empleando vocabulario del anuncio.

1. el problema que investiga Mónica Kristensen:
2. por qué le es absolutamente necesaria a Mónica la posesión que menciona:

Anuncio B: Lea el anuncio del Pocket Modem/Fax por segunda vez; en esta ocasión un poco más despacio para captar más detalles. Repase lo que ha escrito en la Actividad 6 y complete la siguiente información, empleando vocabulario del anuncio.

3. características del tamaño del producto:

4. información sobre cómo funciona el producto:

Anuncio C: Lea el anuncio de Addvisión por segunda vez; en esta ocasión un poco más despacio para captar más detalles. Repase lo que ha escrito en la Actividad 6 y complete la siguiente información, empleando vocabulario del anuncio.

5. cómo se archivan las imágenes:

Anuncio Ch: Lea el anuncio de *Conocer* por segunda vez; en esta ocasión un poco más despacio para captar más detalles. Repase lo que ha escrito en la Actividad 6 y complete la siguiente información, empleando vocabulario del anuncio.

6. algunas preguntas que contestan los artículos:

7. qué es una parabólica:

8. la relación entre la electrónica y la óptica:

Anuncio D: Lea el anuncio de El Corte Inglés por segunda vez; en esta ocasión un poco más despacio para captar más detalles. Repase lo que ha escrito en la Actividad 6 y complete la siguiente información, empleando vocabulario del anuncio.

9. los objetos decorativos para la casa que trata de vender el anuncio:

10. los artículos personales que trata de vender el anuncio:

Punto de mira: La lectura

Actividad 8 El diario del lector. Ahora le toca a usted escribir sus comentarios sobre la lectura con la ayuda de su profesor(a) y la guía presentada en el Capítulo 1, Actividad A8.

Actividad 9 Las relaciones semánticas. Trabaje individualmente o con otro(a) estudiante para buscar familias de palabras en los anuncios. Escoja dos de los cinco anuncios y vuelva a leerlos. Para cada uno, elabore una lista de palabras relacionadas con el mismo campo o tópico, es decir, que pertenecen a una familia de palabras. Después de escribir cada lista, póngale un nombre o un título a la familia. Compare sus listas con las de sus compañeros.

ACTIVIDAD 10 LOS LEMAS: BREVES E INTERESANTES. Trabaje individualmente o con otro(a) estudiante. Piense en qué técnicas emplean los anuncios para llamar la atención del consumidor. ¿Puede identificar los lemas o los eslóganes? ¿Consiguen despertar su interés?
Para cada anuncio, escriba:

1. el lema, o el eslogan (escriba todos los que haya)
2. dónde aparece el lema o eslogan en el anuncio
3. si es un elemento esencial en el anuncio

UNA MIRADA ALREDEDOR

ACTIVIDAD 11 ¿QUÉ PIENSA USTED? Comenten los siguientes temas o escriban sobre ellos. Su profesor(a) puede proponerles realizar uno de los ejercicios del Capítulo 1, Actividad A11, (página 23).
Para cada uno de los anuncios, conteste lo siguiente:

1. ¿Cómo evaluaría el anuncio? ¿Qué impresión crea el anuncio? ¿Cuál es el público al que está dirigido? Piense en elementos como la clase social o económica, la profesión, la educación, la edad. Defienda su respuesta citando datos concretos del anuncio.
2. ¿Despierta en usted una reacción positiva, negativa o neutral? ¿Por qué?
3. ¿Qué información quisiera obtener que no presenta el anuncio?

ACTIVIDAD 12 TALLER DE TEATRO. Representen individualmente o en grupo las siguientes situaciones. ¿Cómo se portarían? ¿Qué harían? Siguiendo las indicaciones de la Actividad A12, Capítulo 1, su profesor(a) puede proponerles representar una improvisación o una dramatización ensayada previamente.

1. **Siempre estoy a la altura de las circunstancias con mi...:** Un anuncio para una posesión imprescindible.

2. **¿Qué campaña publicitaria escogemos?:** Una compañía de (decidan el producto) busca una agencia de publicidad que pueda crear una nueva imagen para la compañía. Un ejecutivo escucha las presentaciones de varias agencias antes de tomar una decisión.

3. **¡No compren la Marca X!:** Un representante de una compañía rival de una de las cinco compañías presentadas en este capítulo (Rolex, Pocket Modem/Fax, Addvisión, Conocer, El Corte Inglés) trata de convencer al público para que compre su producto, y no el producto de la competencia.

Repaso del género

Recuerde que a menudo la publicidad escrita trata de persuadir mediante una combinación de componentes escritos e icónicos. En los anuncios que ha leído en este capítulo, ¿está más elaborado el texto o los elementos escritos o pictóricos? En la tabla que figura a continuación, escriba qué elementos cree usted que llaman más la atención. Escriba alguna evidencia concreta que respalde su opinión.

	Predomina el texto	**Predominan los íconos**	**Evidencia**
Rolex			
Pocket Modem/Fax			
Addvisión			
Conocer			
El Corte Inglés			

Ahora, escriba los anuncios de nuevo, empleando otros mecanismos persuasivos y destacando otros componentes distintos. Comente los resultados con sus compañeros de clase.

Perspectivas múltiples: El arte y la ciencia

Síntesis del tema: ¿Y ahora cómo ve el arte y la ciencia? Las lecturas de los Capítulos 7 y 8 son muy diversas: dos poemas y dos cuentos que expresan sentimientos y emociones y cinco anuncios de publicidad. Estas lecturas reflejan además los temas del arte o de la ciencia. A continuación sigue una lista de las lecturas y una tabla que resume las definiciones del arte y de la ciencia presentadas al principio de la Unidad 4. Repase brevemente dos de las lecturas, una de cada capítulo y después complete la tabla de definiciones.

1. "Ritos" (poema de Nicanor Parra)

2. "Cosas inolvidables" (poema de Carlos Sahagún)

3. "Mozart, K 124, para flauta y orquesta" (cuento de José Ferrer-Vidal)

4. "Vida interminable" (cuento de Isabel Allende)

5. "Un problema que no puede dejarnos fríos" (anuncio de Rolex)

6. "Pocket Modem/Fax…" (anuncio)

7. "Archivar imágenes con Addvision" (anuncio)

8. "Conocer" (anuncio)

9. "Oriente en El Corte Inglés" (anuncio)

	Lecturas	**Evidencia**

Definiciones posibles del arte

a. el arte como habilidad o talento

b. el arte como un método o un conjunto de reglas de una profesión

c. artes útiles

ch. bellas artes: la pintura, la escultura, la música

d. el arte como algo relacionado con la distracción y el placer estético

e. otra definición del arte

Definiciones posibles de la ciencia

f. la ciencia como el conocimiento o la sabiduría de algo

g. las ciencias exactas, como las matemáticas

h. las ciencias naturales, que estudian los reinos animal, vegetal o mineral

i. la ciencia como algo relacionado con lo práctico y lo racional

j. otra definición de la ciencia

Desde su punto de vista, ¿hay más elementos artísticos o científicos en las lecturas que ha escogido? Comenten en clase sus opiniones.

UNIDAD 5

PERSPECTIVAS DE LA MODERNIZACIÓN Y DE LA TRADICIÓN

ESTA UNIDAD PRESENTA DIVERSAS PERSPECTIVAS DE LA MODERNIZACIÓN Y DE LA TRADICIÓN. LA PALABRA MODERNIZACIÓN SE REFIERE A LA ACCIÓN O EL EFECTO DE DARLE A ALGUIEN O A ALGO UN CARÁCTER MODERNO, DE NUESTRA ÉPOCA (LA EDAD ACTUAL O LO QUE HA OCURRIDO RECIENTEMENTE). ¿QUÉ LE SUGIERE A USTED LA PALABRA MODERNIZACIÓN?

- **Escriba cinco palabras o frases sobre situaciones o circunstancias asociadas a la modernización:**

La palabra *tradición* se refiere a la transmisión oral o escrita de costumbres, noticias y creaciones artísticas colectivas, de generación en generación. ¿Qué le sugiere a usted la palabra *tradición*?

- **Escriba cinco palabras o frases sobre situaciones o circunstancias asociadas a la tradición:**

Ahora, compare sus anotaciones con las de sus compañeros de clase. ¿Qué tienen en común? ¿Qué diferencias hay? Comprueben si lo que han escrito coincide con las visiones de la modernización y de la tradición en los Capítulos 9 y 10.

CAPÍTULO 9

PRESENTACIÓN OBJETIVA

LECTURA A   *"Los niños influyen cada día más en los gastos y decisiones de sus padres"*   por Álvaro Rivas

LECTURA B   *"Aspirina: Todo un invento"*

¿QUÉ ES LA PRESENTACIÓN OBJETIVA?

Una presentación objetiva es un escrito en el que se exponen los datos y los hechos relacionados con un determinado tema, sin que haya indicio de las opiniones del autor. Trata principalmente de explicar y ofrecer al público información verificable.

El escritor de una obra objetiva necesita seleccionar datos y hechos, lo que implica cierta subjetividad, pero en el documento final no deja traslucir sus opiniones.

Un policía tomando datos acerca de un accidente de tránsito y relatando detalladamente los hechos.

Una presentación imparcial emplea varios recursos: el testimonio de los expertos, los estudios, las encuestas, las estadísticas, los datos comparativos, y los datos históricos.

En cada una de las siguientes oraciones, indique si le parece parte de una presentación objetiva o subjetiva. Si cree que es objetiva, indique cuáles de los recursos mencionados se emplean. Compare sus respuestas con las de sus compañeros.

1. Las estimaciones del Ministerio de Agricultura cifran en 10.000 hectáreas la superficie dedicada en España al cultivo ecológico, tierras que producen unas ventas anuales superiores a los 3.000 millones de pesetas.

2. Nuestra historia merece reflexión. No cabe duda de que los espectáculos cívico-políticos educan a las masas, dan ocasión de lucirse a los ministros, y exaltan el espíritu patriótico de los estudiantes.

3. Un test elaborado en la universidad de Minnesota permite saber si una pareja tiene por delante un futuro feliz o está condenada al fracaso.

4. La doctora Lidia Colón, pediatra y madre de dos niños en edad escolar, coincide con su colega y va más lejos añadiendo que "en ocasiones se producen trastornos psicológicos en los jóvenes".

5. En el informe publicado el 8 de marzo, elaborado a partir de entrevistas a 500 ejecutivos de ambos sexos, con edades entre los 25 y 60 años e ingresos muy variables, se pone de manifiesto que casi el 50 por ciento de estos profesionales se llevan algo de trabajo cuando se van de vacaciones.

6. Gracias al ordenador, invención extraordinaria, hoy se pueden determinar la actividad y el rendimiento de los principales músculos de un atleta para aprovechar al máximo sus entrenamientos.

Preste atención a los elementos que convierten las dos lecturas de este capítulo en escritos objetivos. La primera es un estudio acerca de la influencia de los niños modernos sobre sus padres; la segunda trata de la Aspirina.

LECTURA A

"Los niños influyen cada día más en los gastos y decisiones de sus padres" por Álvaro Rivas

A PRIMERA VISTA

ACTIVIDAD A1 LOS GASTOS FAMILIARES. Trabaje con otro(a) estudiante o en un grupo pequeño para comentar quiénes deciden los gastos en su familia. Seguramente toman algunas decisiones colectivamente y otras individualmente. Piense en los últimos tres o cuatro años. Para cada gasto, indique quiénes han participado en la toma de decisiones.

El gasto	Decisión individual	Decisión colectiva	Depende
	¿Quién la tomó?	¿Quiénes la tomaron?	Explicar

1. los coches
2. televisores, radios, estéreos, etc.
3. la ropa
4. la comida
5. las vacaciones
6. los muebles

Después de comentar la economía familiar, comparen las respuestas de los diferentes grupos. ¿Cómo se toman la mayor parte de las decisiones? ¿Qué tipo de gastos se decide colectivamente? ¿Qué miembros de la familia participan más en la toma de decisiones?

ACTIVIDAD A2 DATOS Y ESTADÍSTICAS. Los estudiantes deberán pasearse por la clase para conversar con sus compañeros. Ahora que ya tiene una idea de cómo se deciden los gastos familiares de los miembros de la clase, imagine que es usted un(a) investigador(a) que tiene que realizar un informe sobre los mismos. El siguiente proceso le será útil para recoger y presentar la información mediante datos concretos y estadísticas específicas.

1. Hacer una lista de todos los estudiantes de su clase.
2. Escoger uno de los gastos mencionados en la Actividad A1.

3. Preguntarle a cada estudiante si el gasto se decide

    a. individualmente

    b. colectivamente

    c. depende

4. Para cada categoría (a, b, c) hallar el total.

5. Para cada categoría, calcular un porcentaje sobre el número total de los estudiantes.

6. Presentar un informe breve de los datos y estadísticas.

    Puede hacerlo así:

    El _____ por ciento de los estudiantes ha indicado que la decisión de comprar un coche se toma individualmente.

    El _____ por ciento de los estudiantes ha indicado que la decisión de comprar un coche se toma colectivamente.

    El _____ por ciento de los estudiantes ha indicado que la decisión de comprar un coche depende de varios factores.

También puede indicar los resultados mediante un gráfico de barras. ¿Han logrado realizar una presentación objetiva de los datos? ¿Hay diferencias entre los resultados de los estudiantes que han investigado el mismo gasto?

ACTIVIDAD A3 EJEMPLOS ESPECÍFICOS. En la Actividad A1 conversaron informalmente sobre los gastos familiares y en la Actividad A2 realizaron una presentación objetiva del tema. Ahora, seleccionen un gasto para discutir en clase. Deben tener disponibles datos y ejemplos concretos para respaldar sus comentarios. Una persona moderará el debate y los participantes en el mismo deberán tomar notas de la información que los demás aporten, para poder hacer comentarios.

Modelo:

- Primero, el(la) moderador(a) pide ejemplos específicos de situaciones en las que la decisión de realizar este gasto se toma individualmente.

- Segundo, el(la) moderador(a) debe pedir ejemplos específicos de situaciones en las que la decisión de realizar este gasto se toma colectivamente.

- ¿En qué categoría hay más ejemplos?

ACTIVIDAD A4 NUESTRA UNIVERSIDAD. Escriba un breve informe objetivo sobre su universidad. Puede emplear algunos de los recursos mencionados en la introducción al capítulo: el testimonio de los expertos, los estudios, las encuestas, las estadísticas, los datos comparativos y los fondos históricos. Presente su informe en clase. Sus compañeros evaluarán si ha logrado hacer usted una presentación objetiva o si ha dejado traslucir sus opiniones.

ACTIVIDAD A5 LOS NIÑOS MODERNOS. Trabaje con otro(a) estudiante. Imagínese que son redactores de una revista y van a escribir dos artículos informativos y objetivos sobre los niños de hoy día. El redactor A comprende bien la perspectiva y en sus artículos presenta sólo los datos y los hechos. El redactor B insiste en tratar de presentar su perspectiva personal. Supongan que cada una de las siguientes oraciones es el comienzo de un párrafo. Indiquen ustedes si son objetivas o no. ¡Estén preparados para defender sus opiniones!

1. Muchos niños a partir de los 12 años de edad disponen de (pueden usar) su propia tarjeta de crédito.

2. Un porcentaje sorprendente de adolescentes puede jugar a la Bolsa (invertir su dinero comprando y vendiendo acciones de varias compañías).

3. Hay padres que descartan (no aceptan) el uso de tarjetas de crédito por los menores.

4. Muchos niños reciben una asignación o propina semanal o mensual para comprar golosinas (dulces), tebeos (tiras cómicas infantiles), u otros caprichos (deseos, muchas veces que pasan rápidamente).

5. El doctor Torres describe el caso del niño de 6 años que había creado dos programas en su ordenador cuando sus padres apenas habían aprendido a enchufar el aparato (establecer la conexión eléctrica).

6. También describe el caso del niño de 8 años que sisa (roba) lo que puede de la cartera de su madre si no recibe suficiente dinero.

7. Hay padres que se sienten culpables cuando no pueden dedicarles todo el tiempo que sus retoños (hijos jóvenes) requieren y por lo tanto dan rienda suelta (dan paso libre) a todas sus peticiones.

8. Los psicólogos llaman a este hecho de que los padres accedan (consienten) a todos los caprichos de los niños, una forma de chantaje (obtención de dinero o favores por medio de amenazas).

En plena vista

"Los niños influyen cada día más en los gastos y decisiones de sus padres"
Álvaro Rivas
El artículo nos informa que un número creciente de niños modernos se comportan como consejeros de la economía familiar. ¿Era similar la situación cuando usted era niño?

El proceso de la lectura: Los datos específicos

La acción de hojear una lectura, o de leer por encima un texto permite obtener una idea general de lo que trata y también puede ayudar a encontrar información más específica. Se puede obtener una idea general de lo que trata una lectura leyendo los títulos y las oraciones introductorias a los párrafos o secciones.

Para encontrar datos más específicos, como nombres, fechas o estadísticas, es necesario pasar por alto gran parte de la lectura. No se debe leer el texto completo si lo que pretende es encontrar rápidamente algún detalle, al igual que no se lee todo el diccionario o la guía telefónica para buscar una palabra o un nombre y un número.

Para la comprensión de los datos y los hechos, puede haber necesidad de sacar varios detalles concretos. Siga este proceso:

1. Al hojear el texto, visualice mentalmente las palabras o los números que busca.
2. Pase por alto lo demás.
3. Mire muy por encima el texto hasta encontrar las palabras o los números buscados.
4. Después de encontrarlos, lea la oración que incluye el dato buscado.

Ahora, siguiendo el mismo proceso, saque estos dos datos del siguiente párrafo:

a. cuántos ordenadores se han vendido en diciembre:
b. cuánto dinero se ha gastado en la publicidad:

¡Encuéntrelos lo más rápidamente posible!

"...Estas últimas Navidades lo han reflejado claramente: el ordenador, el vídeo e incluso la moda son los nuevos 'objetos del deseo' de los niños españoles. Sirva como ejemplo un dato: una empresa de electrónica que fabrica un modelo de ordenadores muy sencillo para niños asegura haber vendido durante el mes de diciembre alrededor de 30.000 unidades por toda España, aunque para ello ha tenido que destinar cien millones de pesetas en publicidad emitida por la televisión."

¿Cómo encontró los datos? Probablemente pasó por alto rápidamente casi la primera mitad del párrafo. ¿Pensó, tal vez, en las palabras *diciembre* y *publicidad* o buscó unos números? ¿Leyó luego las oraciones donde halló las palabras y los números?

Después de leer el siguiente artículo, tendrá que volver a hojear la lectura para sacar algunos hechos o datos. Pero antes, emplee la estrategia de leer el artículo dos veces para lograr una comprensión inicial, y después una comprensión mayor. Recuerde: después de leer por encima la primera vez, realice la Actividad A6, y después de leerlo más despacio la segunda vez, realice la Actividad A7. Si quiere, puede repasar la estrategia **Leer dos veces** en la página 6, que precede a las actividades A6 y A7 del Capítulo 1.

ÁLVARO RIVAS
"Los niños influyen cada día más en los gastos y decisiones de sus padres"

Recientes estudios realizados en Francia y otros países europeos demuestran que los niños deciden en gran parte los gastos familiares, desde el nuevo coche o el ordenador del padre hasta el lugar de vacaciones de la familia.

I

Aunque en España aún no existen estadísticas, los especialistas ya empiezan a comprobar que los niños españoles se comportan también como consejeros de la economía familiar.

Que un niño disponga de su propia tarjeta de crédito con sus ingresos, o que a los 12 años pueda jugar a la Bolsa es algo impensable actualmente en España. Sin embargo, estas dos situaciones pueden llegar a ser una realidad en poco tiempo. En Francia son varios los bancos que desde hace algunos años canalizan[1] las economías de niños y adolescentes con la creación de tarjetas de crédito y la apertura de cuentas corrientes, en uno de los casos incluso a partir de los 10 años de edad.

Los últimos datos que vienen del país vecino hablan de más de un millón de adolescentes que poseen y utilizan tarjetas de crédito. El aprendizaje del mundo de la economía y el consumo en los niños es tan

---
1. orientan en una dirección

avanzado en algunos países europeos que desde muy temprana edad los niños, mediante un sencillo juego, pueden perder o ganar pequeñas cantidades de dinero. Siempre a través de un agente de cambio y bolsa, por supuesto.

Los bancos y las cajas de ahorro españolas descartan, por el momento, la creación de tarjetas de crédito para los menores, pero este hecho también era impensable en Europa hace diez años. El Instituto del Consumo estima en más de 15.000 millones de pesetas al año el dinero que reciben los niños españoles de edades comprendidas entre los 8 y 14 años, una cifra que va poco a poco equiparándose[2] con la de sus colegas europeos. Este creciente interés de los niños por el dinero y su manejo se traduce, irremediablemente, en un aumento del consumo, con el consiguiente gasto familiar.

Cambio de gustos.—Atrás parecen haber quedado los tiempos en los que los niños se conformaban con el balón de reglamento[3] o la bicicleta —en el mejor de los casos— como sus máximos regalos, o la muñeca que habla para las niñas. Estas últimas Navidades lo han reflejado claramente: el ordenador, el vídeo e incluso la moda son los nuevos "objetos del deseo" de los niños españoles. Sirva como ejemplo un dato: una empresa de electrónica que fabrica un modelo de ordenadores muy sencillo para niños asegura haber vendido durante el mes de diciembre alrededor de 30.000 unidades por toda España, aunque para ello ha tenido que destinar cien millones de pesetas en publicidad emitida por la televisión.

El 95 por 100 de los niños españoles cree que no tiene "ni para pipas" con la "paga" que reciben.

"Los niños van al colegio, hacen sus deberes, ven la televisión, algunos duermen ocho horas al día y nada más —dice el pedagogo Senador Pallero—. No tienen tiempo para jugar, y eso les hace interesarse por ordenadores, motos, vaqueros, zapatillas deportivas de marca, y olvidarse de los juguetes."

II

Fuentes de consulta.—También señalan psicólogos y pedagogos que las campañas publicitarias están dirigidas subliminalmente a los niños, "aunque disfrazadas[4] con envases[5] de adultos". El ejemplo más claro, a juicio de estos expertos, lo constituyen los bloques publicitarios que se insertaban en el recientemente desaparecido espacio *Un, dos, tres...* de TVE, "un programa estrella en anuncios que iban dirigidos fundamentalmente a los niños", dice el psicólogo Casimiro Avila.

La publicidad, al estar dirigida en gran parte a los niños, ha hecho que sean ellos quienes mejor conozcan todos los productos y sus características técnicas. Los niños

---

2. comparándose   3. normal   4. enmascaradas, disimuladas   5. envoltorios

están más familiarizados con las nuevas tecnologías, y constituyen una importante fuente de consulta a la hora de elegir el próximo coche del padre, el ordenador que se utilizará en casa, la cadena de alta fidelidad en la que el cabeza de familia escuchará música clásica... e incluso el lugar de vacaciones que conviene más a la familia. "Son ellos quienes mejor conocen qué marca electrónica tiene el mejor ecualizador para el equipo de música y el mejor sistema de vídeo de los dos o tres que hay. Si yo no tengo tiempo, que me orienten mis hijos... Yo de esas cosas ya ni me preocupo", asegura José María Montero, un comerciante de la periferia[6] de Madrid. El propio director de imagen de la firma Amstrad en España, José María Martínez de Haro, pudo comprobar como su hijo de 8 años había creado dos programas en su ordenador cuando él apenas había aprendido a enchufar el aparato.

Una encuesta hecha por BVA en Francia refleja en este sentido que un 74 por 100 de los padres encuestados confiesan comprar el artículo que, después de un profundo análisis, han elegido sus hijos, mientras un 21 por 100 reconoce tener en cuenta su opinión. Sólo un 3 por 100 de los padres encuestados se mantiene impasible ante las opiniones de sus hijos en cuanto las compras a realizar. De este modo, los niños tienen gran poder adquisitivo indirecto. No tienen dinero para todos sus caprichos, pero buscan la compensación decidiendo sobre los bienes familiares.

"En este fenómeno podría decirse que son los padres los que pagan y los hijos los que compran. Se produce, además, una complicada relación, en la que los padres se interesan por temas infantiles, como las notas de sus hijos, el colegio o los juguetes, mientras que los hijos juegan a consejeros paternos y deciden los aparatos a comprar, las películas del vídeo y el coche de tracción a cuatro ruedas. Podría hablarse de un chantaje afectivo mutuo entre padres e hijos", explica el sicólogo Avilla.

Las campañas publicitarias están dirigidas a los niños, aunque disfrazadas con envases de adultos.

III

Más propinas.—Sin embargo, la alegría de los niños-adolescentes españoles, al saberse tan importantes a la hora de decidir en las compras de los padres, se ve apagada cuando se les habla de la asignación semanal o *propina* que reciben de sus padres. Un estudio hecho por el Gabinete de Orientación Escolar, Profesional y Personal de Madrid demuestra que el 95 por 100 de los jóvenes en edades comprendidas entre los 8 y los 16 años considera que con su asignación semanal no tienen "ni para pipas[7]".

---

6. afueras   7. pepitas comestibles de la flor girasol; para nada

Un niño español de 8 a 12 años viene a percibir, según este estudio, de cien a doscientas cincuenta pesetas de paga a la semana. Con unas cuatrocientas se tiene que conformar un chico de 12 a 14 años, mientras que los mayores en este grupo, los más potentados[8], pueden llegar a las 1.500 pesetas semanales en el mejor de los casos. Un 40 por 100 del grupo de estas edades asegura no tener una asignación semanal o mensual de sus padres. "A mí me dan según les pido", dice Rubén G., de 13 años, "y si no es suficiente, hago algún trabajito en casa o siso lo que puedo de la cartera de mi madre". Las habituales sisas al bolsillo paterno o materno siguen en alza[9], según el estudio, que también destaca que las niñas españolas reciben menos dinero de sus padres que sus hermanos, aunque extraoficialmente pueden sacar más ayudando en los trabajos caseros[10].

Caramelos, golosinas, juguetes, tebeos y libros constituyen los objetos en los que el niño gasta su asignación semanal. Tampoco da para mucho más. Y, desde luego, no tiene ni para empezar si quiere satisfacerse por sí mismo los nuevos gustos de los jóvenes de los ochenta. Música, cine, moda e informática han pasado recientemente a engrosar la lista de gastos que los niños españoles ocasionan a sus padres. Un niño español vestido a la moda —zapatillas deportivas de marca, vaqueros americanos y cazadora[11] o plumífero[12]— puede llevar puestas encima más de 20.000 pesetas en ropa. Cada disco nuevo de Madonna o de los Hombres G supera las mil pesetas, y el ordenador personal más sencillo está cerca de las 30.000.

Música, cine, moda e informática han pasado recientemente a engrosar la lista de gastos que los niños españoles ocasionan a sus padres.

Niños "a la moda".— La explosión del consumo en el niño no solamente ha abierto los ojos a las entidades bancarias, sino que también el mundo editorial quiere subirse al tren que ya está en marcha, y revistas internacionales como *Vogue* o *Marie Claire* tienen previsto sacar próximamente números mensuales dedicados exclusivamente a los niños.

La música y el cine han experimentado un curioso rejuvenecimiento y han dirigido sus mayores producciones hacia el público infantil. Películas como *ET, La guerra de las galaxias, El chip prodigioso* o los filmes de *Indiana Jones* han conseguido que un 20 por 100 del público español que acude a lo cines tenga menos de 20 años, según se desprende[13] de una encuesta realizada en mayo de 1987 para el informe *El cine europeo en Europa*. Los cuentos infantiles tradicionales empiezan a aburrir a los más pequeños, que se sienten mucho

---

8. ricos   9. aumento de precio   10. de casa   11. chaqueta corta y deportiva   12. chaqueta de esquí
13. se deduce, se infiere

Capítulo 9

más sorprendidos por los *clips* musicales de Madonna, en los que siempre procura incluir a varios adolescentes en los papeles principales.

"El comportamiento del chico ante la publicidad es de absoluta credibilidad hacia ella, sin incluir ningún tipo de crítica —dice el pedagogo Senador Pallero—. Cualquier imagen que ve el chico es real y no admite que pueda haber manipulación en ella." Para colmo[14], algunos especialistas apuntan un complejo de culpabilidad de los padres hacia sus hijos. Al no poder dedicarles todo el tiempo que sus retoños requieren de ellos, deciden dar rienda suelta a todas sus peticiones de gastos, y así librarse del complejo. Aunque, en la mayoría de los casos, suele ser más válida la teoría del padre que, cuando se le pregunta sobre si accede a todos los caprichos de sus hijos, responde: "Que a mis hijos no les falte lo que me faltó a mí a su edad, y ahora que puedo comprarlo..."

Un estudio realizado en España demuestra que las niñas siguen recibiendo menos dinero que los niños.

14. encima

ACTIVIDAD A6 LA PRIMERA VEZ, CON POCOS DETALLES.

Después de leer el reportaje por primera vez, trate de escribir algunos de los datos y hechos presentados.

1. los países de dónde son los niños descritos:

2. algunos poderes económicos que tienen los niños:

ACTIVIDAD A7 LA SEGUNDA VEZ, CON MÁS DETALLES.

Lea el reportaje por segunda vez; en esta ocasión lea más despacio para captar más detalles. Haga una pausa después de cada sección. Empleando palabras de la lectura, escriba algunos detalles sobre los niños y la economía familiar.

Parte I

1. una diferencia entre los niños franceses y los niños españoles:

2. los gustos y las preferencias de los niños españoles:

Parte II

3. la relación entre las campañas publicitarias y los niños:

4. las relaciones entre los padres y los hijos:

Parte III

5. el dinero que reciben los niños:

6. la atención que reciben los niños:

PUNTO DE MIRA: LA LECTURA

ACTIVIDAD A8 EL DIARIO DEL LECTOR. Ahora le toca a usted escribir sus comentarios sobre la lectura con la ayuda de su profesor(a) y la guía presentada en el Capítulo 1, Actividad A8.

ACTIVIDAD A9 ¿QUÉ HA VISTO USTED? El artículo presenta cifras de porcentajes y cantidades que han resultado de varios estudios y encuestas. Hojee la lectura para encontrar los siguientes datos.

Parte I

1. cuántos adolescentes franceses poseen o utilizan tarjetas de crédito:

2. la cantidad total de dinero que reciben los niños entre los 8 y los 4 años:

Parte II

3. el porcentaje de padres franceses que compra el artículo elegido por sus hijos:

4. el porcentaje de los padres franceses que considera las opiniones de sus hijos:

5. el porcentaje de padres franceses que se mantiene impasible ante las opiniones de sus hijos:

Parte III

6. el porcentaje de los jóvenes españoles de los 8 a los 16 años que considera que su asignación semanal no les da "ni para pipas":

7. el porcentaje de los niños españoles que no recibe una asignación semanal o mensual:

8. el porcentaje del público español que tiene menos de 20 años que acude a los cines:

ACTIVIDAD A10 ¿CÓMO OBTUVO EL REDACTOR LA INFORMACIÓN? ¿Qué preguntas cree que hizo el autor de la lectura para obtener los datos y los hechos? ¿Con quiénes cree que ha hablado? Trabaje con otro(a) estudiante e imagínense que son los coautores del artículo. Preparen una serie de 8 a 10 preguntas para obtener la información necesaria. Pueden estar dirigidas a un grupo determinado de personas: los franceses, los españoles, los niños, los padres, los expertos.

UNA MIRADA ALREDEDOR

ACTIVIDAD A11 ¿QUÉ PIENSA USTED? Comenten los siguientes temas o escriban sobre ellos. Su profesor(a) puede proponerles realizar uno de los ejercicios del Capítulo 1, Actividad A11 (página 23).

1. ¿En qué se parece su infancia a las situaciones que describe el artículo?

2. ¿En qué se diferencia su infancia de las situaciones que describe el artículo?

3. Además de las estadísticas que estudiaron en la Actividad A9, ¿qué otros recursos ha empleado el autor para presentar objetivamente los datos y los hechos? Ofrezca ejemplos concretos.

4. ¿Cree que el autor ha logrado escribir un artículo muy objetivo? Si cree que sí, dé varios ejemplos de lugares donde cree que el autor habría podido expresar su opinión pero no lo hizo. Si cree que no, dé varios ejemplos de lugares en los que el autor deja translucir su opinión personal.

ACTIVIDAD A12 TALLER DE TEATRO. Representen individualmente o en grupo las siguientes situaciones. ¿Cómo se portarían? ¿Qué harían? Siguiendo las indicaciones de la Actividad A12, Capítulo 1, su profesor(a) puede proponerles representar una improvisación o una dramatización ensayada previamente.

1. **El caso del niño moderno:** Dos sociólogos discuten objetivamente los hechos y los datos asociados con el caso de un niño de la década de los noventa.

2. **Los niños consumidores:** Dos analistas de la situación económica hablan de la importancia de los jóvenes como consumidores de los nuevos productos.

3. **Escuchar a los dos lados:** Un psicólogo escucha objetivamente lo que dicen los padres y los hijos sobre la asignación semanal que reciben los hijos.

LECTURA B

"Aspirina: todo un invento"

A PRIMERA VISTA

ACTIVIDAD B1 ¡QUÉ DOLOR DE CABEZA! Desafortunadamente, los seres humanos sufren de una multitud de dolencias: dolores de cabeza, fiebre, trastornos estomacales, inflamaciones, y muchas más. Hay gente que toma aspirinas por su capacidad analgésica de aliviar el dolor. ¿Toma usted aspirinas de vez en cuando? Indique en la tabla siguiente cómo trata usted de aliviar los dolores.

Cuando tengo:

	Tomo Aspirina (Indicar cuántos comprimidos)	Tomo otro medicamento	No tomo ningún medicamento	Además, yo... (Indicar qué más hace para aliviar el dolor)
1. dolor de cabeza				
2. trastornos estomacales				
3. neuralgias (dolores nerviosos agudos)				
4. reumatismo muscular o articular (de donde se unen los huesos, por ejemplo, del hombro y del brazo)				
5. gripe (enfermedad epidémica con diversas manifestaciones como dolor de cabeza, dolores musculares y de los huesos, fiebre, y escalofríos)				

Compare sus respuestas con las de sus compañeros. ¿Quiénes utilizan la aspirina como su medicamento preferido? ¿Qué otros medicamentos son populares? ¿Quiénes parecen evadir la ingestión de todos los medicamentos?

ACTIVIDAD B2 NUEVE DE CADA DIEZ ESTUDIANTES... Seguramente ha escuchado en la radio o en la televisión frases como "Nueve de cada diez doctores dicen..." o "Nueve de cada diez dentistas recomiendan...." Muchas veces no sabemos nada de los estudios ni de los resultados, pero se nos informa de las estadísticas generales sobre la pasta dentífrica, el chicle, y los medicamentos. Ahora que ustedes han descrito cómo alivian el dolor, podrían elaborar estadísticas más concretas. Para ello, haga lo siguiente:

1. Escoja uno de los dolores mencionados en la Actividad A1.
2. Pregúnteles a cinco estudiantes lo que hacen para aliviarlo.
3. Prepare los resultados para presentarlos en clase. Prepare por lo menos dos datos.

Modelo: *Para aliviar..., uno de cada cinco estudiantes toma... o Los resultados de un estudio muy reciente indican que cuatro de cada cinco estudiantes...*

ACTIVIDAD B3 ¿CÓMO FUNCIONA? La presentación objetiva de los datos y los hechos muchas veces ofrece una explicación detallada de cómo funciona algo o explicaciones sobre fenómenos científicos. Por ejemplo, una explicación de cómo un medicamento alivia un dolor puede incluir información sobre ciertas reacciones y sustancias químicas. Si tuviera que explicar qué es un objeto o un fenómeno de la naturaleza, ¿cómo lo haría?

Escoja entre los objetos o fenómenos que figuran a continuación y explíquelo en una o dos frases. No se preocupe si no conoce el vocabulario técnico. Trate de dar los detalles básicos. Use un diccionario para buscar las palabras claves.

1. una llave
2. un teléfono
3. un coche
4. un horno microondas
5. el jabón
6. el champú
7. un clip (un sujetapapeles)
8. una bombilla eléctrica
9. un radio
10. la cafeína
11. la lluvia
12. la nieve
13. la primavera
14. un eclipse

ACTIVIDAD B4 USO SIN ABUSO. Trabaje individualmente o en un grupo pequeño para hacer esta actividad. Muchos hallazgos de la ciencia y la medicina modernas pueden curarnos o ayudarnos a alcanzar (obtener) la salud. Pero estos descubrimientos pueden perder su vigencia (validez, utilidad) si la gente los utiliza de una manera equivocada. A continuación figuran cinco reglas para tomar Aspirina sin abusar. Después de leer cada regla, escriba una consecuencia de no seguir las recomendaciones. Si no está seguro(a) de las consecuencias, imagine cuáles podrían ser. ¡Después de leer el artículo "Aspirina: todo un invento", sabrá mucho más!

Uso sensato	**Consecuencia del abuso de la Aspirina**
1. No tomar la Aspirina con el estómago vacío.	
2. No esperar a que el dolor se instale definitivamente.	
3. Consultar al médico si se toma durante varios días.	
4. No excederse nunca de la dosis prescrita por el médico.	
5. No mezclar la Aspirina con el alcohol.	

ACTIVIDAD B5 ¿QUÉ SABE DE LA ASPIRINA? La Aspirina se conoce como el medicamento más difundido en el mundo. Diariamente se consumen más de dos millones de comprimidos. ¿Qué sabe usted de la popular tableta blanca? Escriba sus respuestas. Aun si no conoce la respuesta, proponga una respuesta lógica. Después de leer "Aspirina: todo un invento", tendrá la oportunidad de comprobar lo que ha escrito.

1. La Aspirina fue hallazgo (descubrimiento) de un químico de... (¿país? o ¿compañía?)
2. Poco después de haber sido introducida en el mercado, la publicidad destacaba (ponía énfasis en)... (¿cuáles de sus potentes efectos?)
3. La Aspirina tiene vigencia (validez, utilidad) porque... (¿para qué es útil?)
4. Se suministra (se da) la Aspirina a los pacientes que han sufrido ...
5. Para muchas personas, es mejor tomar el comprimido de Aspirina disuelto (condición que resulta de disolver algo) después de la comida porque...

Capítulo 9

En plena vista

> *"Aspirina: todo un invento"*
> El siguiente artículo presenta hechos y datos sobre un compuesto que ha cambiado la historia de la medicina —el ácido acetil salicílico— que todos conocemos como la Aspirina.

El proceso de la lectura: El lenguaje técnico

En una lectura que trata de un campo particular, se emplea un vocabulario especializado. Cada campo —las artes (la pintura, la escultura, la música, la arquitectura), las ciencias (la biología, la física, la medicina), los negocios (las empresas, la banca), la tecnología (las computadoras), los entretenimientos (los deportes, el cine)— tiene su propio lenguaje técnico. Para ayudar a los escritores y los lectores hay diccionarios especializados.

A veces el escritor presupone que el lector tiene experiencia en un campo particular. Si el lector no conoce o estudia el vocabulario especializado, no podrá comprender la lectura. Es posible que lectores cuya lengua nativa no sea el español comprendan una gran parte del lenguaje técnico porque los términos son cognados (palabras muy similares en la lengua nativa del lector). En ocasiones, el texto es comprensible porque provee definiciones o explicaciones del vocabulario técnico.

En el artículo "Aspirina: todo un invento" se presupone que el lector sabe algo de la ciencia, la aspirina, y la medicina, pero no es necesario que el lector sea un especialista en el tema. La lectura contiene muchos cognados y varias explicaciones de la terminología técnica. En la descripción de cómo actúa la Aspirina se explica el funcionamiento de varias partes del cuerpo y de los componentes químicos. Aun si no conoce el vocabulario especializado, obtendrá la información suficiente para comprender la importancia de la Aspirina. Por ejemplo, es posible que no conozca el término *hipotálamo*. En el artículo, se describe cuál es su función: "La regulación de la temperatura corporal es una función propia de una zona del cerebro que conocemos como *hipotálamo*."

Ahora ya sabe que:

1. el *hipotálamo* es una zona del cerebro.

2. el *hipotálamo* regula la temperatura del cuerpo.

En el anuncio y el artículo de este capítulo, aparecen muchos términos técnicos: *ácido acetil salicílico, agregante plaquetario, ciclo-oxigenosa, hemorragia, úlcera...* No olvide que muchos son cognados y que otros términos aparecen definidos en el texto. No olvide emplear la estrategia de leer dos veces para lograr una comprensión inicial, y después una comprensión mayor. Recuerde: después de leer el artículo por encima la primera vez, realice la Actividad B6, y después de leerlo más despacio la segunda vez, realice la Actividad B7. Si quiere, puede repasar la estrategia **Leer dos veces** en la página 6, que precede a las actividades A6 y A7 del Capítulo 1.

"Aspirina: Todo un invento"

Casi un siglo después de su descubrimiento, la Aspirina continúa en primera línea, por delante incluso de muchos de los más recientes y sofisticados avances de la farmacología. El hallazgo del doctor Hoffman, lejos de perder vigencia, continúa acumulando indicaciones.

A su legendaria aplicación como analgésico y antipirético[1], se añaden ahora sus beneficiosos efectos en la prevención del infarto de miocardio y otras enfermedades de nuestros tiempos. Nuevos y esperanzadores[2] resultados que se suman al currículum de este medicamento singular.

Las últimas investigaciones así lo confirman: la Aspirina evita en un 47% la aparición del infarto, reduce en un 10% la mortalidad de los pacientes si se suministra en las seis primeras horas después de un ataque cardíaco, y es sin duda el fármaco más eficaz para prevenir un segundo ataque. No es

El primer frasco de Aspirina en polvo que llegó a las farmacias. Las actuales tabletas eran todavía desconocidas.

de extrañar[3], por tanto, que, según los datos ofrecidos por el doctor Robert Peto, de la

---

1. contra la fiebre   2. que dan esperanza de algo mejor   3. ser sorprendente

¿Sabía que...?

- La Aspirina está contraindicada en los siguientes casos: hipersensibilidad a los salicilatos, úlcera gástrica y duodenal, hemofilia, lesión renal, y durante el último trimestre del embarazo.
- Diariamente se consumen en el mundo entero alrededor de 2.054.794 Aspirinas.
- Atendiendo al peso de las cantidades fabricadas y consumidas, el ácido acetil salicílico (AAS) es el medicamento más importante del mundo. En 1980 la producción mundial se elevó a 36 toneladas.
- Hace un cuarto de siglo, un periódico neoyorquino debatía la conveniencia de añadir AAS al agua potable de suministro urbano.
- En el mercado se pueden encontrar más de 60 preparados de AAS, pero muchos de ellos no son equivalentes a la genuina Aspirina fabricada por Bayer.
- En España se consumen alrededor de 700 millones de Aspirina al año.
- Aspirina es una marca registrada y protegida legalmente en más de setenta países.
- A las especialidades farmacéuticas de AAS: Aspirina, Aspirina C, Aspirina Infantil, Cafiaspirina, Adiro, etc., se han añadido recientemente dos nuevas modalidades: Aspirina Masticable y Tromalyt, especialmente indicado para la prevención del infarto.

Universidad de Oxford, durante la celebración el pasado mes de marzo de la última reunión del American College of Cardiology, en Europa el 90% de las personas que han sufrido un ataque cardíaco sean tratadas con Aspirina. El motivo principal estriba[4] en que el ácido acetil salicílico, componente básico de la Aspirina, es un eficaz antiagregante plaquetario[5], impidiendo, en definitiva la formación de coágulos[6] sanguíneos, lo que, unido a otros factores como estrés, tabaquismo[7], colesterol, hipertensión, etc., propicia la obstrucción de las arterias coronarias desencadenando[8] la enfermedad.

Para llegar a estas conclusiones, hace unos años 22.000 médicos estadounidenses se sometieron a la siguiente prueba: durante algún tiempo la mitad de ellos ingirieron 324 mg. (el equivalente a una Aspirina infantil diaria) en días alternos, mientras que el resto fue medicado con una sustancia placebo. Los resultados demostraron una reducción de infartos de un 50% dentro del grupo que había tomado Aspirina.

Una historia casual

Sin duda Felix Hoffman se habría enorgullecido de haber vivido para contemplar la importancia de su descubrimiento a lo largo del presente siglo. El joven químico alemán, empleado de los laboratorios Bayer, había comenzado a interesarse por los descubrimientos que, sobre los efectos analgésicos y antitérmicos[9] del salicilato de sodio, había

---

4. está basado 5. impide la unión de ciertos elementos celulares de la sangre 6. unión, solidificación de elementos de la sangre 7. adicción al tabaco 8. provocando 9. contra el calor

realizado cuarenta años antes el químico francés Charles Frederic Gerhardt. El padre de Hoffmann, gravemente afectado de artritis, paliaba[10] sus dolores con este compuesto, aun a costa de sufrir desagradables trastornos estomacales. El químico, junto con su colega Heinrich Dreser, desarrolló nuevas técnicas para preparar ácido acetil salicílico, que conservaba las propiedades del salicilato de sodio, aunque sin producir tantos dolores de estómago. Era el año 1897 y estos dos científicos se encontraban sin saberlo, ante un "invento" revolucionario. Dos años después el compuesto era registrado bajo la denominación comercial de Aspirina, que ellos mismos propusieron en base a que el nombre debería reflejar la derivación del ácido salicílico de la familia de plantas Spiraea (y por tanto la sílaba spir), y la vocal *a*[11], para designar el proceso de acetilación que convertía el ácido salicílico en ácido acetil salicílico. Lo único que se desconoce es la razón de las letras finales. Lo cierto es que, como más tarde la bautizaría Ortega y Gasset, había comenzado "La Era de la Aspirina".

> "La vida del hombre medio es hoy más fácil, cómoda y segura que la del más poderoso en otro tiempo. ¿Qué le importa no ser más rico que otros si el mundo lo es y le proporciona magníficos caminos, ferrocarriles, telégrafos, hoteles, seguridad corporal y Aspirina?"
> (José Ortega y Gasset, *La rebelión de las masas*. 1930)

Un año después de haber sido introducida en el mercado, un doctorado de la Universidad de Freiburg escribe la primera disertación sobre la Aspirina, destacando la gran rapidez del efecto analgésico en los pacientes afectados de neuralgias, reumatismo muscular, articular, etc. Esto, junto con su potente efecto antipirético hacen que la fama del fármaco se extienda rápidamente. Las publicaciones especializadas de la época recomiendan el nuevo producto para multitud de dolencias, en especial para las que producen inflamación de algún tipo y en casi todas las disciplinas médicas comienza a introducirse como antirreumático, analgésico y frebílugo.

Pronto su fabricación empezará a realizarse en grandes cantidades, variando, un año después de su puesta en el mercado, la presentación del preparado. El inicial polvo[12], difícilmente soluble en agua, pasó a ser el comprimido que ha sobrevivido hasta nuestros días, de cómoda utilización, y fácilmente disgregable[13] al contacto con cualquier líquido. Parece ser que fue el primer medicamento que apareció en el mercado en forma de comprimidos.

---

10. hacía menos fuertes   11. la letra *"a"*   12. sustancia sólida finamente pulverizada   13. separable

Uso sin abuso

Según la Aspirin Foundation estas son las diez reglas para utilizar la Aspirina sensatamente:

1. No tomarla con el estómago vacío.
2. No esperar a que el dolor se instale definitivamente, es mejor controlarlo en sus inicios.
3. Si necesita tomar Aspirina durante varios días, consulte a su médico.
4. No excederse nunca de la dosis prescrita por el médico.
5. Consulte también a su médico cuando el consumo de aspirinas le produzca molestias (náuseas, asma, etc.).
6. La Aspirina no debe mezclarse nunca con alcohol.
7. Su consumo puede interferir la acción de otros medicamentos por ejemplo los anticoagulantes.
8. Cuando necesite administrarla a un niño, lea cuidadosamente las instrucciones de dosificación. No olvide que existen formulaciones especialmente indicadas para ellos.
9. Los niños menores de un año no deben tomar Aspirinas.
10. No olvide nunca lo siguiente: aunque la Aspirina sea el fármaco de uso más generalizado, también es un poderoso agente. Es necesario tratarlo con cuidado.

La pequeña Aspirina no tardará en alcanzar la máxima popularidad. Durante las epidemias de gripe que azotan[14] Europa en los primeros años del siglo XX llegará en ayuda de millones de afectados. Su rápido efecto hace que la prensa le dedique calificativos como "medicamento milagroso" o "reina de los salicilatos". En marzo de 1924, un periódico alemán hacía las siguientes recomendaciones contra la gripe: "Meterse en cama con una bolsa de agua caliente en los pies, beber infusiones de manzanilla[15] y tomar tres comprimidos de Aspirina al día. De este modo, en la mayoría de los casos la recuperación es completa en escasos[16] días".

En pocos años su prestigio se extiende hasta los últimos rincones del planeta y, ante el éxito del preparado, diversos fabricantes intentan competir con el originario de la Bayer. Dos anécdotas que apoyan su espectacular difusión: durante la gripe asiática de finales de los cincuenta, la fábrica de Trenton, en Nueva Jersey, tuvo que trabajar durante día y noche para poder hacer frente a la demanda. Actualmente, en Estados Unidos, la Aspirina es también el medicamento más difundido, tanto que hay hoteleros norteamericanos que ofrecen un completo desayuno en el que, además de café, zumo de naranja, tostadas y mantequilla, incluyen un sobrecito con comprimidos de Aspirina.

¿CÓMO ACTÚA LA ASPIRINA?

La principal forma de actuación de la Aspirina tiene que ver con un importante

---

14. golpean   15. camomila   16. pocos

grupo de sustancia hormonal que se encuentra en muchos órganos y tejidos del cuerpo: las prostaglandinas. Éstas se dividen en cuatro grupos distintos, cada uno de los cuales tiene una misión distinta en el organismo: unas ayudan a mantener la sangre en su estado fluido; otras, sin embargo, parecen antagonizar esta acción y facilitar la formación de coágulos; otro grupo parece tener mucha importancia en el mecanismo del dolor; algunas producen contracciones en la musculatura abdominal... La función de la Aspirina consiste en inhibir la síntesis o elaboración de las prostaglandinas. Concretamente bloquea una enzima (la ciclooxigenasa), lo que puede explicar su facultad para aliviar algunos dolores, en particular cuando se producen daños en el tejido[17] por la formación de prostaglandinas y la liberación de una sustancia llamada bradiquinina, la cual, en asociación con las prostaglandinas, está directamente implicada en los procesos dolorosos.

En cuanto a su facultad como antitérmico los especialistas parecen tener más dudas sobre el mecanismo de acción. La regulación de la temperatura corporal es una función propia de una zona del cerebro que conocemos como hipotálamo. Pues bien, parece ser que la Aspirina "convence" al hipotálamo para que emita mensajes que dilaten[18] los vasos sanguíneos de la piel cuando aumenta la temperatura. Así se produce perdida de calor corporal, lo que reduce la fiebre. Una de las propiedades que parece tener abierta una mayor vía a la investigación es la que la cataloga como antiagregante plaquetario.

Dentro de la circulación sanguínea existe cierto equilibrio entre dos diferentes prostaglandinas: una de ellas, llamada prostaciclina, se produce en las paredes de los vasos sanguíneos y se encarga de mantener la sangre con consistencia fluida y dilatar los vasos. La otra, denominada tromboxano A2, que liberan las plaquetas, ejerce la acción contraria, potenciando la viscosidad de la sangre. La acción de la Aspirina parece centrarse en inhibir la prostaglandina perjudicial, el tromboxano A2, aunque de paso también inhibe la otra prostaglandina, la prostaciclina. De ahí su eficacia en la prevención de ataques cardíacos y apoplejias, puesto que el ácido acetil

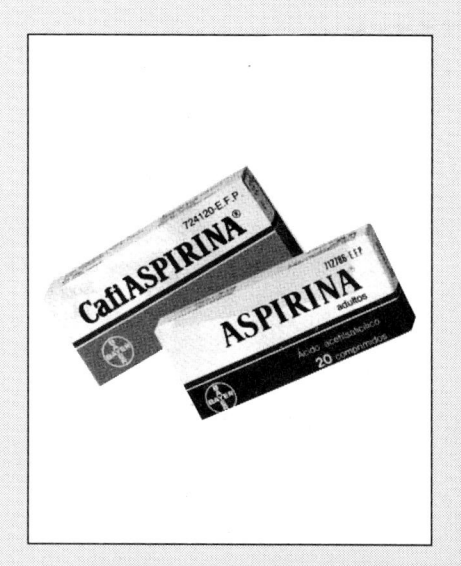

Documento de marca de Aspirina. Año 1899.

---

17. combinaciones de elementos anatómicos   18. extiendan

salicílico (AAS) parece ser una de las armas más eficaces para retrasar[19], e incluso evitar, la formación de coágulos provocados por la arterioesclerosis en el sistema vascular arterial. Por esta misma virtud de antiagregante plaquetario, la Aspirina es muy utilizada para prevenir los ataques cerebrales, la mayoría de los cuales se producen por coágulos o trombos que obstruyen la luz de los vasos sanguíneos, impidiendo el normal riego cerebral. Estos trastornos de la irrigación cerebral ocupan uno de los primeros puestos en las estadísticas de mortalidad de las personas mayores.

La Aspirina ha demostrado también su eficacia en la terapéutica de las enfermedades reumáticas. Bajo el término reumatismo se agrupan diversas dolencias que afectan al aparato de sostén[20] y movimiento del cuerpo, y que se traducen en dolor, hipersensibilidad a la presión, y rigidez en músculos y articulaciones. Sus causas no son del todo conocidas, pero lo cierto es que mucha gente se ve afectada por esta enfermedad, que a menudo, se convierte en crónica. Aproximadamente uno de cada tres europeos sufre trastornos reumáticos en alguna medida, de los cuales entre un 80 y un 90% toman Aspirina para combatir su afección. La razón estriba en que el AAS, gracias a su acción antiinflamatoria y analgésica, permite mantener una adecuada funcionalidad de las articulaciones y la musculatura.

Está demostrado que la Aspirina ayuda a prevenir el infarto de miocardio. En Europa, el 90% de los pacientes que lo han sufrido son tratados con este medicamento.

LOS EFECTOS SECUNDARIOS: ¡CUIDADO CON EL ESTÓMAGO!

Frecuentemente se ha acusado a la Aspirina de ser la causante de hemorragias y úlceras gástricas, aunque, según sus fabricantes, no existe certeza de que el medicamento sea siempre el culpable. Pero lo cierto es que puede causar trastornos estomacales en algunas personas, así como otros efectos secundarios.

Muchas personas no toleran la Aspirina y sufren acidez, náuseas, molestias, e incluso vómitos, cuando la ingieren. En algunos casos estos problemas pueden reducirse tomando el comprimido disuelto después de las comidas, o acompañándolo de algún líquido azucarado, o un vaso de leche. En otras ocasiones, normalmente cuando el estómago es especialmente sensible, estas precauciones no son suficientes y entonces lo más aconsejable es sustituirla por otro medicamento que contenga paracetamol. Muchas veces los vómitos se producen en pacientes que han de someterse a dosis altas

---

19. retardar   20. acción de sostener o apoyar

de Aspirina. Por ejemplo en el caso del tratamiento de la artritis reumatoide.

El efecto irritante de la Aspirina sobre las paredes del estómago puede producir cierta erosión de la capa superficial, con el resultado de una pequeña hemorragia, que en ocasiones pasa incluso inadvertida. En cuanto a las hemorragias que pueden ser consideradas como graves, según un estudio realizado en Massachusetts, su consumo ocasional no puede considerarse como causa de hemorragias graves. Sin embargo, en el caso del consumo habitual (4 ó 5 tabletas a la semana) sí podría considerarse como motivo de posibles hemorragias. Las estadísticas del citado estudio concluyeron que podrían producirse unos 15 casos por cada 100.000 usuarios.

Otro posible efecto secundario es la aparición de úlcera de estómago. Ni qué decir tiene que en el caso de los pacientes que ya la poseen está absolutamente contraindicado el consumo de este medicamento. Según el mismo estudio realizado en Massachusetts, el uso ocasional de Aspirina representa una causa muy poco frecuente de aparición de úlcera de estómago; mientras que, por el contrario el consumo habitual (4 ó 5 tabletas por semana) puede producir aproximadamente 10 casos de úlcera por cada 100.000 personas.

A una de cada 500 personas la Aspirina le puede producir una reacción alérgica, mientras que otras personas se quejan de haber sufrido un ataque asmático, otras desarrollan síntomas de la fiebre de heno[21], etc. En cualquier caso estas reacciones suelen ser aisladas.

De todas formas, la Aspirina, no por popular ha de ser infravalorada. Ante cualquier imprevisto lo mejor como siempre, es consultar con el médico.

> **A una de cada 500 personas la Aspirina le puede producir una reacción alérgica...**

---

21. condición alérgica: variedad de asma producida en ciertas personas por el polen.

Capítulo 9

ACTIVIDAD B6 LA PRIMERA VEZ, CON POCOS DETALLES. Después de leer "Aspirina: todo un invento" por primera vez, escriba la siguiente información sobre el artículo. Es suficiente escribir frases breves.

1. el origen de la Aspirina:

2. algunos de los primeros potentes efectos de la Aspirina descubiertos:

3. cómo ayuda la Aspirina a los pacientes cardíacos:

4. algunos de los efectos secundarios (negativos) posibles:

Ahora, compare estas respuestas que acaba de escribir con lo que anotó en la Actividad B5. ¿Fueron acertadas sus predicciones? Marque con una **X** la respuesta apropiada.

	Sí	**En parte**	**No**
1. Su origen			
2. Sus efectos potentes, su validez			
3. Sus efectos sobre los pacientes con enfermedades cardíacas			
4. Sus efectos secundarios			

ACTIVIDAD B7 LA SEGUNDA VEZ, CON MÁS DETALLES. Lea "Aspirina: todo un invento" por segunda vez; en esta ocasión lea más despacio para captar más detalles. Haga una pausa después de cada sección. Empleando palabras de la lectura, complete la siguiente información sobre la Aspirina.

Introducción

1. datos o estadísticas sobre los efectos de la Aspirina en los pacientes cardíacos:

Una historia casual

2. datos sobre cómo recibió la Aspirina su nombre:

3. datos sobre la fabricación de la Aspirina:

¿Cómo actúa la Aspirina?

4. datos sobre las facultades de la Aspirina como antitérmico:

Los efectos secundarios: ¡Cuidado con el estómago!

5. datos o estadísticas sobre las personas que no toleran la Aspirina:

Punto de mira: La lectura

Actividad B8 EL DIARIO DEL LECTOR. Ahora le toca a usted escribir sus comentarios sobre la lectura con la ayuda de su profesor(a) y la guía presentada en el Capítulo 1, Actividad A8.

Actividad B9 ¿QUÉ HA VISTO USTED? Con otros dos o tres compañeros, escoja una de las frases que aparecen a continuación. Escriban razones que respalden la cita, empleando definiciones, evidencias y lenguaje técnico de la lectura.

Introducción

1. La Aspirina es un eficaz antiagregante plaquetario.

Una historia casual

2. La Aspirina se llama "medicamento milagroso" o "reina de los salicilatos".

¿Cómo actúa la Aspirina?

3. La función de la Aspirina consiste en inhibir la síntesis o elaboración de las prostaglandinas.

Los efectos secundarios: ¡Cuidado con el estómago!

4. Muchas personas no toleran la Aspirina y sufren acidez, náuseas, molestias, e incluso vómitos, cuando la ingieren.

Actividad B10 HAY QUE ESTAR INFORMADOS. Trabajen en grupos de tres o cuatro estudiantes para hacer esta actividad. Imagínense que son empleados de una oficina de servicios públicos en una gran ciudad. La oficina distribuye información útil a varios sectores de la población: ancianos, adultos, jóvenes, adolescentes, y niños. Organicen los datos recogidos en las actividades B6, B7, y B9 y preparen un informe breve pero detallado sobre la Aspirina, dirigido a uno de estos grupos de población. Todos los estudiantes deben colaborar en la presentación del informe. Su profesor(a) puede pedirles realizar una versión escrita u oral.

Una mirada alrededor

Actividad B 11 ¿Qué piensa usted? Comenten los siguientes temas o escriban sobre ellos. Su profesor(a) puede proponerles realizar uno de los ejercicios del Capítulo 1, Actividad A11, (página 23).

1. ¿Para qué público cree usted que está escrito "Aspirina: todo un invento"? Basándose en la información presentada en el artículo, trate de describir las características sociales e intelectuales de los lectores del mismo.

2. Si tuviera que comunicar la información del artículo sobre la Aspirina a unos jóvenes de 12 ó 15 años, ¿cómo lo haría? Haga un breve resumen de los puntos que considera esenciales.

3. ¿Qué otros recursos ha empleado el autor para presentar objetivamente los datos y los hechos? Ofrezca ejemplos concretos.

4. ¿Cree que el autor ha logrado escribir un artículo objetivo? Si cree que sí, dé varios ejemplos de momentos en los que habría podido expresar su opinión pero no lo hizo. Si cree que no, dé varios ejemplos de momentos en que se transluce la opinión personal del autor.

Actividad B 12 Taller de teatro. Representen individualmente o en grupo las siguientes situaciones. ¿Cómo se portarían? ¿Qué harían? Siguiendo las indicaciones de la Actividad A12, Capítulo 1, su profesor(a) puede proponerles representar una improvisación o una dramatización ensayada previamente.

1. **¡Qué hallazgo!:** Un día en el laboratorio de Felix Hoffman.

2. **¿Droga milagro? ¡Qué va!:** Los representantes de una compañía farmacéutica se defienden contra un grupo de consumidores que solicitan más información sobre los peligros de uno de sus productos.

3. **La Aspirina y yo...:** Dos individuos cuentan su extraordinaria experiencia (positiva o negativa) con la Aspirina.

Repaso del género

Recuerde que una obra que presenta objetivamente los datos y los hechos puede emplear varios recursos para lograr su propósito de informar de una manera imparcial. Repase las dos lecturas de este capítulo, y en la tabla que figura a continuación, indique con una **X** cuál de los dos reportajes emplea con más frecuencia un recurso determinado. Indique aproximadamente cuántas veces se emplea el recurso.

¿Se ha empleado?	**"Los niños..."**	**"Aspirina..."**	**Número de veces**
testimonio de los expertos			
estudios			
encuestas			
estadísticas			
datos comparativos			
datos históricos			

¿Cree que uno de los artículos presenta los datos y los hechos más objetivamente que el otro? Razone su respuesta.

CAPÍTULO 10

ENSAYO

LECTURA A *"¿Qué nos hace perezosos?"* por Gonzalo Casino

LECTURA B *"De verdad, ¿estamos adaptados a esta vida de locos?"* por Elvira F. Martín

¿QUÉ ES EL ENSAYO?

Un ensayo es un escrito que ofrece una vista subjetiva de un tópico.

Mientras que una presentación objetiva de los datos y los hechos se propone explicar sin persuadir, el(la) autor(a) de un ensayo de opinión presenta la información de tal manera que respalde su opinión. El(la) autor(a) puede emplear argumentos racionales o emocionales. Desde luego, algunos asuntos como el aborto y la pena capital están cargados de controversia, y aunque los argumentos para apoyarlos o condenarlos apelan a la razón, es difícil evitar que el lector se acerque al tema de una forma subjetiva. Un argumento es un razonamiento que se emplea para demostrar una afirmación inicial.

La lógica clasifica los argumentos como deductivos e inductivos. Un argumento deductivo prueba decisivamente y sin duda la afirmación inicial. Muchos argumentos matemáticos son deductivos porque la conclusión se deriva irrevocablemente del argumento. Un argumento inductivo ofrece alguna prueba que hace posible la conclusión. Puede utilizar algunos de los recursos empleados en los escritos objetivos —el testimonio de los expertos, los estudios, las encuestas, las estadísticas, los datos comparativos, y los datos históricos— pero trata de exponerlos de una manera convincente para hacer creíble la conclusión. Las lecturas de este capítulo contienen argumentos inductivos. El título de cada una hace una pregunta a la que el autor responde después de exponer sus argumentos. Proponga una respuesta posible para cada pregunta. Después, dé algún razonamiento para apoyar cada conclusión.

    a. *¿Qué nos hace perezosos?*

       una respuesta posible:

       un razonamiento:

    b. *De verdad, ¿estamos adaptados a esta vida de locos?*

       una respuesta posible:

       un razonamiento:

Compare sus sugerencias con las de sus compañeros. Después de leer los dos artículos, pueden comparar sus predicciones con las afirmaciones del autor.

LECTURA A

"¿Qué nos hace perezosos?" por Gonzalo Casino

A PRIMERA VISTA

ACTIVIDAD A1 ¿SOMOS TODOS PEREZOSOS?

Trabajen individualmente o en grupos pequeños para hacer esta actividad. Tradicionalmente, la *pereza,* también llamada *holgazanería* o *haraganería,* se ha considerado un vicio o un defecto humano asociado con la inacción, la lentitud, y el no trabajar. Pero casi todos somos perezosos, holgazanes, o haraganes, al menos de vez en cuando, ¿no? ¡Diga la verdad! ¿Es usted más perezoso(a) que trabajador(a)?

1. Describa algunas ocasiones en las que se da usted a la pereza:
2. ¿Conoce a alguna persona muy perezosa? Descríbala:
3. Incluso las personas muy trabajadoras, en ocasiones se entregan a la pereza. ¿Puede dar algún ejemplo concreto?

Compare sus notas con las de sus compañeros, y elaboren una lista de las características de los holgazanes.

La playa, un lugar ideal para los "perezosos".

ACTIVIDAD A2 EXCUSAS DE UN PEREZOSO HONESTO.

Hay muchos motivos por los que una persona no cumple con sus obligaciones. A veces sus motivos son justificados; en otras ocasiones se trata de excusas muy débiles. Que las excusas sean aceptables o no depende de los individuos y de las circunstancias. Imagínese las siguientes situaciones. Responda a cada pregunta como si fuera una persona perezosa pero muy honesta. ¡Confiese su pereza y esté dispuesto a aceptar las consecuencias!

1. Su profesor de inglés le pregunta: "Hoy es martes. Acabamos de tener un fin de semana largo. ¿Por qué no me entrega su ensayo?"
2. El presidente del club social le pregunta: "La reunión va a comenzar dentro de apenas media hora. ¿No iba a comprar los refrescos y la comida y tenerlo todo preparado antes de que llegara la gente?"
3. El capitán de su equipo de baloncesto le comenta: "Nadie sabía que había sido suspendido el entrenamiento de anoche. Usted era el responsable de llamar a los miembros del equipo y comunicarles el mensaje."
4. Un(a) compañero(a) de clase con quien trabaja en un proyecto le dice: "Hice mi parte, y no comprendo por qué no has terminado la tuya."

5. El director de la oficina en que trabaja le reprocha: "Le dimos una tarea importante en esta encuesta y debería haber estado terminada esta tarde. ¿Por qué no está lista, ni siquiera en parte?"
6. Su compañero de cuarto, al volver a su apartamento después de tres días y al ver todo desarreglado le dice: "¿Qué ha pasado? Sabes que cuando decidimos vivir juntos, prometimos mantener siempre limpio y arreglado el apartamento."

ACTIVIDAD A3 ¿ES DEFENDIBLE LA PEREZA? Trabaje con otro(a) estudiante para hacer esta actividad. Representen las situaciones de la Actividad 3. Primero, uno de ustedes debe tomar los papeles de las personas que han pedido las explicaciones. Lea lo que dice cada uno, y escuche la excusa de su compañero "perezoso pero honesto". Después de escuchar, evalúe la explicación.

a. ¿apela a la razón?
b. ¿apela a las emociones?
c. ¿menciona a la autoridad?
ch. ¿ofrece ejemplos concretos?
d. ¿presenta una comparación o una analogía con otra circunstancia?
e. ¿es verosímil o probable lo que dice?

Primero, usando la siguiente tabla para organizar su evaluación, indique las letras de los criterios que sean aplicables:

Situación	Criterios
1. ensayo	_____
2. reunión del club	_____
3. entretenimiento	_____
4. proyecto de clase	_____
5. tarea de la oficina	_____
6. limpieza del apartamento	_____

Después, decida si aceptaría o no su explicación y por qué. Puede responder empezando con una frase como:

- Acepto lo que dices porque...
- No acepto lo que dices porque...
- Es imposible aceptar tu explicación porque...
- Comprendo tu explicación porque...
- Intercambien papeles.

ACTIVIDAD A4 CAUSAS Y EFECTOS. Lea las siguientes frases que describen a gente holgazana, y sugiera cuál podría ser la causa o el efecto de la situación.

Modelo: *La llegada del invierno cogió desprevenido al campesino.*

    LA CAUSA: El campesino no había almacenado suficiente comida durante los meses de menos frío.

    EL EFECTO: El hombre no tenía bastante comida para sobrevivir al invierno.

1. La llegada del invierno cogió desprovista (no preparada) a la familia.
2. El muchacho no recibió recompensa (pago) sino castigo (pena impuesta por un delito o una falta).
3. No trabajó para procurarse (obtener para sí mismo) alimento.
4. Ese estudiante está pensando en las musarañas (no presta atención).
5. Después de terminar la copiosa (abundante) cena, dos invitados echaron una breve cabezada (se echaron la breve siesta).
6. La evidencia del culto desmedido (desmesurado) del joven a todo lo lúdico (lo relacionado con el juego), especialmente los juegos de azar (fortuna), es que va al casino todos los días.
7. Mariana aspira a prescindir (evadir, escaparse) del trabajo, y prefiere hacer lo que le da la gana (lo que quiere hacer).

ACTIVIDAD A5 ¿ES LA PEREZA UN PECADO? Trabaje con otro estudiante. Imagínense que uno de ustedes condena la pereza como un pecado, es decir, una transgresión de una ley divina, o de una ley religiosa. El otro busca reivindicar o defender la pereza, o por lo menos, no condenarla. Busquen en las siguientes oraciones a las personas que compartan su punto de vista.

Modelo:

El estudiante A lee en voz alta una frase:

"Susana dice, —Donde vivo yo, el trabajo tiene primacía moral, basada en la tradición cristiana que bendice el trabajo y ve la holgazanería como un pecado."

El estudiante B explica con sus propias palabras lo que ha oído. Por ejemplo, puede decir: "Susana dice que el trabajo es lo principal, debido a la tradición cristiana que celebra el trabajo y considera la pereza como algo malo."

Los dos deben determinar si Susana condena la pereza, si la defiende o si trata de comprenderla: "Susana condena la pereza."

JUAN: Soy de una familia trabajadora, y no vamos a la zaga (detrás) en cuanto a la exaltación de la laboriosidad.

MIGUEL: Ante el mucho encono (odio) con que se rechaza (no se acepta) y desprestigia (desacredita) la pereza, sospecho que la naturaleza humana tiende a (se mueve hacia) ella tanto o más que al trabajo.

SARA: Por más que se pretenda (se intente) despachar (enviar) a la pereza por la puerta, ésta se vuelve a colar de rondón (entrar sin aviso) por la ventana.

MARÍA: Además de las necesidades naturales de reposo (descanso) nocturno, el hombre precisa concederse cada día un tiempo para el relajamiento físico y mental.

ANA: El sistema empuja (impele) a trabajar para producir más, pero a la vez necesita disponer de cierto tiempo libre orientado a consumir los bienes producidos.

ESTEBAN: Al parado (inactivo) se lo considera poco menos que un pillo o un estafador (individuo perezoso, deshonesto, tal vez ladrón).

EN PLENA VISTA

"¿Qué nos hace perezosos?"
Gonzalo Casino
¿Cuál es la idea tradicional de la pereza? ¿Hay otra manera de verla?
El autor de este artículo de la revista *Conocer la vida y el universo* presenta
varias opiniones relacionadas con la pregunta *¿Qué nos hace perezosos?*
y ofrece su propia conclusión.

EL PROCESO DE LA LECTURA: EL PROPÓSITO DEL AUTOR

El autor de un escrito organiza y presenta sus ideas a sus lectores de acuerdo con un propósito principal, el cual puede ser:

- Informar
- Buscar información
- Persuadir o convencer
- Divertir o entretener
- Provocar una emoción: miedo, tristeza, enojo
- Instar a la acción
- Establecer o mantener las relaciones humanas

En una obra se puede reflejar una combinación de propósitos, por ejemplo:

- Informar y persuadir
- Informar y divertir
- Divertir y conmover
- Persuadir y conmover
- Conmover y mantener una relación.

En los ensayos generalmente la meta central es persuadir, pues el autor estructura los argumentos de manera que justifiquen su opinión. Pero el autor puede tener otros propósitos, como por ejemplo divertir, informar, o conmover.

Al leer "¿Qué nos hace perezosos?", trate de identificar los propósitos del autor. ¿El artículo persuade, informa, divierte, conmueve? ¿Cuál parece ser la meta principal? No olvide emplear la estrategia de leer la obra dos veces para lograr una comprensión inicial, y después una comprensión mayor. Recuerde: después de leer el ensayo por encima la primera vez, realice la Actividad A6, y después de leerlo más despacio la segunda vez, realice Actividad A7. Si quiere, puede repasar la estrategia **Leer dos veces e**n la página 6, que precede a las actividades A6 y A7 del Capítulo 1.

Gonzalo Casino
"Qué nos hace perezosos"

Frente a la idea tradicional de la pereza como la madre de todos los vicios, se está abriendo paso tímidamente un concepto más positivo, emparentado con el ocio activo y con todo lo lúdico. Porque la pereza parece ser, más que un abandono de las obligaciones, una necesidad natural del hombre para atender sus deseos insatisfechos y dar rienda suelta[1] a su creatividad, desentendiéndose por un tiempo de las imposiciones laborales.

MÁS QUE UN VICIO ES UNA NECESIDAD NATURAL DEL HOMBRE

En la fábula clásica de la hormiga[2] y la cigarra[3], estos dos insectos personifican las virtudes del trabajo y los vicios de la holgazanería, respectivamente. La laboriosa hormiga acumula alimentos durante el verano para no pasar hambre en el invierno, mientras la haragana cigarra se tumba[4] al sol sin otra ocupación que tocar su música. Cuando la llegada de la estación fría coge prevenida a la hormiga y desprovista a la cigarra, se evidencia la enseñanza moral de este cuento, que no es otra que el trabajo tiene su recompensa y la pereza, su castigo.

En la lista de las principales necesidades humanas elaborada por el psicólogo A. Poffenberger en 1932 el descanso y la comodidad ocupan el cuarto lugar...

Esta fábula ejemplifica la primacía moral que ha venido teniendo el trabajo sobre el ocio perezoso en el mundo occidental. En las zonas de mayor influencia del cristianismo, no se ha hecho sino bendecir el trabajo y condenar la pereza como un pecado: "Contra la pereza, diligencia", proclama la Iglesia católica. En Oriente, los japoneses tampoco van a la zaga en cuanto a la exaltación de la laboriosidad.

Con estos imperativos culturales, no es de extrañar que la pereza haya sido considerada tradicionalmente como la madre de todos los vicios. Y aún hoy, cuando la cultura del ocio emerge sobre la del trabajo, "indiscutiblemente se sigue primando más

---

1. dar libre curso 2. insecto "trabajador" 3. insecto "perezoso" —produce un ruido estridente y monótono 4. se tiende

el trabajo en nuestra sociedad. El parado está desprestigiado, se le considera poco menos que un pillo y un estafador", asegura el psiquiatra y escritor Enrique González Duro.

Pero, ante este encono con que se rechaza y desprestigia la pereza, cabe, cuando menos, la sospecha de que la naturaleza humana tiende a ella tanto o más que al trabajo. En la lista de las principales necesidades humanas elaborada por el psicólogo A. Poffenberger en 1932 el descanso y la comodidad ocupan el cuarto lugar, sólo por detrás de las necesidades básicas de beber, comer y tener relaciones sexuales; pero por delante de la evitación del peligro, la afirmación de uno mismo y la paternidad-maternidad. La mayoría de los estudiosos de la mente humana se mueven hoy en estas coordenadas[5].

Y es que por más que se pretenda despachar a la pereza por la puerta, ésta se vuelve a colar de rondón por la ventana, porque más que un vicio parece ser una ineludible necesidad. Recientemente, la zoóloga canadiense Joan Herbers, que ha dirigido un estudio sobre la distribución del tiempo en el mundo animal, ha señalado que la pereza "es una característica universal del reino animal; lejos de ser un defecto, es perfectamente natural". Para esta zoóloga, el hombre no sería una excepción, aunque cabría[6] hacer algunas matizaciones[7].

En general, los animales trabajan para procurarse alimento, reproducirse y satisfacer un puñado[8] más de deseos instintivos. La pereza en el reino animal hay que entenderla, pues, como un estado de reposo transitorio en el que tienen sus necesidades instintivas cubiertas. El tiempo dedicado a lo que podría llamarse ocio animal es muy variable y depende, entre otras cosas, de cuánto les ocupe la caza de la presa[9] o el cortejo[10].

El caso paradigmático[11] de animal gandul[12] es un mamífero arborícola[13] y desdentado[14] cuyo nombre es precisamente el de perezoso. Distribuidos por las selvas suramericanas, los perezosos consiguen dedicar más de 17 horas al sueño y alguna otra más al descanso gracias a su reducida musculatura, sus lentísimos movimientos y su baja temperatura corporal. Para su perezosa vida, les basta y les sobra con procurarse una dieta de hojas pobre en calorías.

> ...la pereza en el hombre no significa inactividad. Hay que reivindicar la pereza en el sentido de hacer lo que uno quiera, como una forma de oposición a las obligaciones impuestas y compulsivas.

---

5. elementos necesarios 6. se podrían 7. comentarios 8. pocos 9. víctima 10. enamoramiento
11. ejemplar 12. perezoso 13. que vive en los árboles 14. sin dientes

Aunque algunos representantes del género humano puedan incluso superar a estos mamíferos, el concepto de pereza y los motivos que conducen a una persona a una aparente inactividad son bien distintos.

Como advierte José Luis Pinillos, catedrático emérito de psicología de la Universidad Complutense de Madrid, "pretender reducir la motivación humana al nivel animal es más grotesco todavía que interpretar antropomórficamente[15] las necesidades de los animales".

"A diferencia del animal, el hombre tiene imaginación y es un ser creativo, por lo que no se puede hablar de pereza en idéntico sentido", sostiene González Duro. "Además, la pereza en el hombre no significa inactividad. Hay que reivindicar la pereza en el sentido de hacer lo que uno quiera, como una forma de oposición a las obligaciones impuestas y compulsivas."

Aparte de las necesidades naturales de descanso nocturno, el hombre precisa concederse cada día un tiempo para el relajamiento físico y mental, aunque siquiera sea para "pensar en las musarañas", que viene a ser lo mismo que concentrarse en el propio mundo interior. En muchos casos, algunos síntomas de pereza pueden interpretarse como una reacción del organismo a las necesidades insatisfechas de reposo.

Como han demostrado algunos estudios, la perezosa costumbre de la siesta responde a la necesidad fisiológica de reposar la comida, sobre todo si ésta ha sido copiosa. Una breve cabezada de apenas media hora resulta ser beneficiosa no sólo para el estado de ánimo, sino también para la prevención del infarto[16], al disminuir el gasto cardíaco y la tensión arterial.

La pereza creativa no sólo no implica inactividad, sino que permite consagrarse a aquellas actividades que más gratas le resultan a uno, desde el deporte a la creación artística, pasando por otras mil y una apetencias.

La pasión por los juegos de azar podría ser interpretada como un deseo de dar rienda suelta a la pereza. Por mucho que se diga que esconde una mera aspiración a prescindir del trabajo, más bien parece una vía rápida para conseguir hacer lo que a uno le dé la gana, aunque sólo sea satisfacer sus necesidades creadas de consumo.

"Cuando a uno le toca la lotería, es raro que deje de trabajar. Eso sólo son fantasías, ilusiones con las que se fantasea", afirma González Duro.

Como ejemplo, cita una encuesta que se realizó entre algunas personas que habían recibido premios de las quinielas[17]: todos menos uno seguían trabajando, ya que no se habían dedicado a especular con el dinero ganado, actividad que, por otra parte, también representa un cierto tipo de trabajo.

---

15. humanamente   16. ataque cardíaco   17. loterías

Del mismo modo, las ganas tantas veces expresadas por aquellas personas próximas a jubilarse[18] se tornan en añoranza[19] de su actividad laboral una vez que ésta ya ha cesado. "Muchos jubilados reconocen que no saben qué hacer y que, si no hacen algo, se aburren", comenta este psiquiatra.

Y es que entregarse a la pereza no parece una tarea fácil, pues requiere una sabia administración del tiempo de ocio. Como ya advirtió en sus Pensamientos el filósofo francés Pascal, "nada es más insoportable para el hombre que mantenerse en un reposo absoluto, sin pasiones, sin quehacer[20], sin diversiones y sin aplicación. Entonces siente su nulidad[21], su abandono, su insuficiencia, su dependencia, su impotencia y su vacío[22]."

Sin embargo, biológicamente hay una cierta imposibilidad de no hacer nada y ni siquiera de no pensar en nada. Eso no es más que una pura apariencia, pues siempre se estará haciendo otra cosa o pensando en otra cosa. Porque el cerebro, que en definitiva es en lo que consistimos, está siempre activo. Ni en los momentos de máximo reposo dejamos de utilizar siquiera alguna parte de este órgano noble. Como se aprecia con las modernas técnicas electrofisiológicas, nunca hay zonas silenciosas, sin actividad.

De alguna forma, esta permanente actividad cerebral le servía al matemático francés Henri Poincaré para dar con la solución a algún difícil problema. Según él mismo ha reconocido, tras trabajar largo tiempo en su resolución, durante unos días se distraía con otras actividades o, sencillamente, se entregaba a la pereza; y, al volver a enfrentarse con el problema, encontraba soluciones y puntos de vista que en un principio no había descubierto.

La pereza creativa no sólo no implica inactividad, sino que permite consagrarse[23] a aquellas actividades que más gratas le resultan a uno, desde el deporte a la creación artística, pasando por otras mil y una apetencias. Lo que ocurre actualmente, según González Duro, es que "en las sociedades capitalistas, incluso el ocio está cada vez más dirigido hacia el consumo y planificado por la televisión".

"Mucha gente, si le quitas la televisión y el ocio consumista, no sabe qué hacer", añade. Porque el sistema, según este psiquiatra, empuja a trabajar para producir más, pero a la vez promueve un tiempo libre orientado a consumir los bienes producidos. Incluso gran parte de las vacaciones tienen mucho de ocio planificado y adocenado, con salidas masivas hacia unos cuantos focos de atracción.

> **La pereza mal entendida sería la de aquel que, por ejemplo, consume su tiempo libre sin hacer otra cosa que mirar la llamada caja tonta...**

---

18. retirarse, dejar de trabajar   19. nostalgia   20. tarea   21. insignificancia   22. sentimiento de no ser nada   23. dedicarse

El resultado es que aunque aparentemente aumente el tiempo libre, en realidad cada vez hay menos, pues todo él parece ocupado de antemano. Incluso un cierto tipo de tecnología presuntamente desarrollada para facilitar el trabajo, como los ordenadores o los teléfonos portátiles, contribuyen a prolongar el trabajo fuera de las horas de oficina. Con lo que el saludable ejercicio de la pereza se dificulta todavía más.

Cuando en un caso extremo la ciudad de Nueva York sufrió un apagón[24] de 24 horas seguidas que dejó a sus habitantes sin corriente eléctrica y, por tanto, sin televisión, éstos se vieron frente a frente con el vacío que presenta el auténtico tiempo libre. Meses después se pudo comprobar que esta experiencia trajo como consecuencia un aumento significativo de la natalidad.

Frente al tiempo libre planificado, González Duro reivindica lo que él denomina "tiempo libre de libre disposición", que sería el marco adecuado para abandonarse al puro ocio y al juego, pues "todo lo lúdico es una actividad perezosa". Vistas así las cosas, "la pereza se convierte en un auténtico ejercicio de creatividad, pues consiste en hacer lo que a uno le dé la gana y no lo que le propongan".

La pereza mal entendida seria la de aquel que, por ejemplo, consume su tiempo libre sin hacer otra cosa que mirar la llamada caja tonta[25], cuando "las opciones que ofrece la televisión son muy limitadas, por mucho *zapping* que se haga", según González Duro.

Los peligros del culto desmedido al trabajo —y a su anverso[26]: el ocio planificado— están bien claros, según este psiquiatra: "la alienación, la incomunicación, la depresión cuando no se consigue la meta pretendida[27], el sucedáneo[28] de felicidad que dan los objetos de consumo y, en general, los trastornos[29] neuróticos". La pereza creativa, en cambio, tiene más que ver con "esas necesidades básicas del individuo, que son el amor, la comunicación, el afecto".

No hay, pues, que interpretar al pie de la letra[30] las palabras del filósofo y novelista francés Rousseau cuando afirmó que "rico o pobre, poderoso o débil, todo ciudadano ocioso es un pillo". Porque, a la luz de este emergente ideal de pereza, podría resultar, más bien, todo lo contrario.

---

24. extinción de luz   25. televisión   26. otra cara   27. buscada   28. sustituto   29. problemas
30. literalmente

ACTIVIDAD A6 LA PRIMERA VEZ, CON POCOS DETALLES. Después de leer el ensayo por primera vez, describa brevemente:

1. la idea tradicional de la pereza descrita en el artículo:

2. otro concepto de la pereza, diferente del concepto tradicional:

3. la opinión del autor del artículo sobre lo que es la pereza:

ACTIVIDAD A7 LA SEGUNDA VEZ, CON MÁS DETALLES. Lea el ensayo por segunda vez; en esta ocasión lea más despacio para captar más detalles. Haga una pausa después de cada sección. Empleando palabras de la lectura, escriba tantos detalles como pueda sobre:

1. la procedencia del concepto tradicional de la pereza:

2. los estudios modernos de los que procede la nueva concepción de la pereza:

3. las actividades o "síntomas" que indican que el ser humano necesita más descanso:

4. las circunstancias o prácticas modernas que impiden la pereza:

5. la pereza ideal:

Punto de mira: La lectura

ACTIVIDAD A8 EL DIARIO DEL LECTOR. Ahora le toca a usted escribir sus comentarios sobre la lectura con la ayuda de su profesor(a) y la guía presentada en el Capítulo 1, Actividad A8.

ACTIVIDAD A9 ¿QUÉ HA VISTO USTED? ¿Qué se propone comunicar el autor? Trabaje individualmente o en grupos pequeños para comentar qué intenta comunicar el autor. En la sección "El proceso de la lectura", se indicó una lista de metas posibles de un ensayo: informar, buscar información, persuadir o convencer, divertir o entretener, conmover, instar a la acción, establecer o mantener las relaciones humanas.

1. ¿Cuál es el propósito principal del autor de este ensayo? Escriba varias citas de la lectura que respalden su respuesta.

2. Además del propósito principal, ¿tiene el autor otras finalidades? ¿Cuáles? Razone su respuesta, incluyendo citas del autor.

ACTIVIDAD A10 MESA REDONDA. Trabaje en un grupo de cinco o seis estudiantes. Imagínense que participan en un debate sobre la pereza. Cada estudiante del grupo va a desempeñar el papel de uno de los personajes mencionados en la lectura. Repasen lo que dicen o piensan de la pereza estos personajes y después, expongan en el debate sus opiniones y argumentos (en primera persona).

1. Gonzalo Casino, el autor
2. Un representante de la iglesia católica
3. A. Poffenberger, psicólogo
4. Enrique González Duro, el psiquiatra y escritor
5. Joan Herbers, zoóloga canadiense
6. José Luis Pinillos, catedrático emérito de Psicología de la Universidad complutense de Madrid
7. Pascal, filósofo francés
8. Henri Poncairé, matemático francés
9. Rousseau, filósofo y novelista francés

UNA MIRADA ALREDEDOR

ACTIVIDAD A11 ¿QUÉ PIENSA USTED? Comenten los siguientes temas o escriban sobre ellos. Su profesor(a) puede proponerles realizar uno de los ejercicios del Capítulo 1, Actividad A11, (página 23).

1. ¿Presenta el autor su opinión de una manera convincente? ¿Cómo? ¿O por qué no? Describa la estructuración y el contenido de sus argumentos.

2. Explique la definición de la pereza como "un auténtico ejercicio de creatividad". ¿Qué quiere decir, según la lectura, y según lo que usted entiende? ¿Acepta la definición ofrecida en la lectura? Razone su respuesta.

3. ¿Es todavía útil la definición tradicional de la pereza? ¿Qué nos enseña y para qué sirve?

ACTIVIDAD A12 TALLER DE TEATRO. Representen individualmente o en grupo las siguientes situaciones. ¿Cómo se portarían? ¿Qué harían? Siguiendo las indicaciones de la Actividad A12, Capítulo 1, su profesor(a) puede proponerles representar una improvisación o una dramatización ensayada previamente.

1. **¡Qué persona más perezosa!:** una dramatización de un holgazán y de las reacciones que provoca en sus jefes o familiares.

2. **Un debate con Rousseau, una voz de la tradición que critica la pereza:** Rousseau visita el siglo veinte para defender su opinión: "rico o pobre, poderoso o débil, todo ciudadano ocioso es un pillo."

3. **Una vida ideal:** Dos amigos describen o muestran cómo la pereza cabría en su visión de una vida ideal.

LECTURA B

"De verdad, ¿estamos adaptados a esta vida de locos?"
por Elvira F. Martín

A PRIMERA VISTA

ACTIVIDAD B1 ¿LLEVA USTED UNA VIDA DE LOCOS? Conteste las siguientes preguntas. Generalmente, ¿qué día de la semana está más ocupado(a)? ¿Por qué? ¿Qué hace ese día que no haga los otros? Piense en una ocasión reciente en que haya estado ocupadísimo(a), con muchas actividades y obligaciones. ¿Corría de un lado a otro "como un(a) loco(a)"? Escriba, hora por hora, o minuto a minuto, cómo pasó el día. En la columna A, indique las actividades. En la columna B, indique cómo se sentía durante la actividad: su estado físico o mental. Use el esquema siguiente:

A	**B**
Actividades	Estado físico o mental
A las _____ (indicar la hora), me desperté.	Me sentía _____.
A las _____.	
A las _____.	
Por fin, a las _____ me acosté.	Al fin del día, me sentí _____

Ahora, trabaje con otra persona de clase. Compare sus notas. ¿Cuáles son las diferencias más notables entre los dos días? ¿Cuáles son las semejanzas más notables? En su opinión, ¿quién tuvo el día "más loco"?
Razone sus respuestas. Compartan con el resto de la clase los puntos centrales de su discusión.

ACTIVIDAD B2 CÓMO COMBATIR EL ESTRÉS. Realicen esta actividad en un grupo de tres o cuatro estudiantes. Repasen lo que anotaron en la Actividad B1 para describir su ocupado día. Comente con sus compañeros las siguientes cuestiones:

1. ¿Sintió el estrés durante el día?

2. ¿Especialmente cuándo?

3. ¿Pudo aliviarlo?

4. ¿Cómo? (¿O por qué no?)

5. Si todos mis días fueran como ése...

¿Qué le parecen las maneras que tienen sus compañeros de combatir el estrés?

ACTIVIDAD B3 ¿A QUÉ SE ATRIBUYE? Realice esta actividad individualmente o en parejas. Uno de ustedes es un investigador(a) que estudia los males que sufren los hombres y mujeres del mundo moderno. Para cada situación, ofrezca una explicación posible. Como se trata de un motivo posible, es conveniente emplear el tiempo subjuntivo.

Modelo: *Juana sufre de migrañas y depresión.*

   Respuestas posibles: Tal vez *trabaje* demasiado.

   Es posible que no *descanse* ni *duerma* bastante.

   Es probable que no to*me l*as medicinas que necesita.

Las palabras escritas en letra cursiva forman parte del vocabulario de la lectura "De verdad, ¿estamos adaptados a esta vida de locos?" Su uso puede representar un empleo menos común, pero semejante al del contexto presentado en la lectura.

1. Carmela sufre de *jaquecas* (dolores de cabeza) y *ciclotimias* (psicosis maníaco depresiva).

2. Muchas de las personas de este *atestado* (lleno de gente) barrio han contraído el *temido* (que causa miedo) virus.

3. Varios empleados no pueden *aguantar* (tolerar) el *surmenage* (exceso de trabajo, de cansancio) y están muy deprimidos.

4. El hombre obeso no ha aprendido a *medirse* (moderarse). No sigue su *libre albedrío* (no es capaz de obrar o hacer algo por reflexión y elección) y no es capaz de seguir el *régimen* (reglamento que se observa en el modo de vivir, por ejemplo una dieta) que le ha recomendado su doctor.

5. Una epidemia ha *arrasado* (arruinado) una gran parte de la población y se ha *disparado* (ha ido aumentando con gran velocidad) el número de muertos.

6. Después de su *infarto* (ataque cardíaco), el banquero *suprime* (quita) casi toda la grasa de su dieta y trata de bajar de una vez por todas la *tasa* (medida, "cantidad") de colesterol. Compara su progreso con el de sus amigos y otros *allegados* (próximos).

7. Las *exigencias* (requisitos, necesidades) académicas y varias *desdichas* (infelicidades) causan que Guillermo tenga dificultades. Adaptarse al entorno (ambiente) que ha creado se le empieza a hacer *cuesta arriba* (muy difícil).

8. Los *estragos* (daños) en la salud de Bárbara se *agudizan* (se hacen más vivos y penetrantes). Entre las personas de su generación es evidencia de que cada vez se empieza antes, con menos de doce años, a quemar *sin reparo* (remedio) *alquitrán* (sustancia resinosa, de olor fuerte y sabor amargo) y nicotina.

9. Eva ha notado que le han *surgido* (emergido) *trastornos* (problemas, turbaciones) de estómago y otras do*lencias* (dolores, enfermedades). Va de *consulta en consulta* (a muchos médicos) con sus *patologías* (enfermedades).

10. *Escabullirse* (escaparse) de la modernidad no es tan fácil.

Capítulo 10

ACTIVIDAD B4 ¡Estoy a dieta! Trabaje individualmente o en un grupo pequeño para realizar esta actividad. Todos sabemos que hay muchísimas vías para mejorar la salud, bajar de peso, abandonar los vicios, y cambiar el estilo de vida. A continuación sigue una lista de sugerencias. Indique si seguiría usted o no el consejo y explique el porqué.

1. Para evitar los atascos, no use el coche un día por semana.

2. Para encontrar un régimen para bajar de peso, cómprese una revista como las que se venden en los quioscos de los aeropuertos o las estaciones de tren.

3. Para seguir una dieta espartana (severa, que se dice de la ciudad antigua Esparta de Grecia), visite un hipermercado y busque en los anaqueles donde está la comida macrobiótica.

4. Para mantener un ambiente libre de los efectos del tabaco —la nicotina, el alquitrán, el plomo (metal gris denso y de efectos venenosos), y otros contaminantes— trate de espantar (dar miedo, alejar) a todas las personas que fumen cerca de usted.

5. Para combatir las amenazas del cáncer, "engánchese" (alístese, asóciese con entusiasmo) a un grupo de ecologistas que trabaje para mejorar el medioambiente.

6. Para evitar el insomnio, sométase a (seguir) los cánones (reglas) del yoga o la meditación trascendental.

Compare sus respuestas con las de sus compañeros.

ACTIVIDAD B5 Acusaciones. Trabaje con otro(a) estudiante para realizar esta actividad. Van a leer las acusaciones de unos ecologistas contra una compañía que, según ellos, ha contaminado el medio ambiente. Indiquen si la acusación se expresa de una manera:

a. muy subjetiva, con fuerte evidencia de la perspectiva de los acusadores

b. bastante subjetiva, con alguna evidencia de la perspectiva de los acusadores

c. bastante objetiva, con énfasis sobre los datos y los hechos, y sin muchas evidencias de la opinión de los acusadores.

Si escogen a o b señalen unas palabras o frases concretas que respalden su selección.

1. Ustedes se agazapan (se esconden, se ocultan; están, pero como en secreto) como enemigos, y dejan salir los contaminantes de la fábrica los domingos por la noche.

2. Ustedes nunca confiesan sinceramente sus fallos (errores).

3. El Gobierno acaba de pasar factura (registro) en materias de construcción de la compañía, y han encontrado que el amianto (mineral que resiste poderosamente la acción del fuego) fue empleado profusamente. Los empleados que trabajan en el ambiente donde está presente el amianto se exponen diariamente a enfermar de cáncer.

4. La gente que vive al lado de la fábrica sufre mucho. Las partículas se posan en sus moquetas (alfombras) y sábanas (tela con que se cubre la cama), como es el caso de diminutos ácaros (criaturas microscópicas que pueden transmitir al hombre, por su picadura, el virus) responsables de numerosas alergias. Su cotidianeidad (vida diaria) se hace más peligrosa día tras día.

EN PLENA VISTA

"De verdad, ¿Estamos adaptados a esta vida de locos?"
Elvira F. Martín

¿Cómo es nuestra vida en el mundo moderno? Según la autora, somos como clientes de un gran restaurante, y hay de todo y para todos... ¿Pero qué encontramos en el menú? ¡Enfermedades a la carta[1] cocinadas en la olla[2] del progreso! ¿Cuáles son? Y de verdad, ¿estamos adaptados a esta vida de locos?

EL PROCESO DE LA LECTURA: LOS ARGUMENTOS

¿Cómo están presentadas las opiniones en una lectura? Al leer un escrito en que el autor presenta sus opiniones, un lector perspicaz debe tratar de comprender la construcción del argumento o razonamiento.

A veces un ensayo comienza con el punto menos discutible para ganarse la aceptación inicial del público o no causar una reacción negativa. Luego, poco a poco, siguen los puntos más discutibles, una vez que el lector está en mejor disposición para aceptarlos.

---

1. *a la carte,* para recibir individualmente, una a la vez 2. vasija para cocinar

Otras veces un ensayo de opinión comienza con el punto más discutible para presentar con fuerza inmediata y directa el argumento. Luego, siguen los puntos menos discutibles como ejemplos adicionales.

En los ensayos de opinión bien construidos, además de los recursos objetivos y subjetivos ya mencionados —testimonio de los expertos, estudios, encuestas, estadísticas, datos comparativos, y datos históricos— se emplean otras técnicas para reforzar los argumentos, como, por ejemplo:

- a. El uso de expresiones como **hay que ver…, hay que reconocer…, hay que hacer…,** para señalar al lector la necesidad de aceptar un punto ya apoyado por muchas otras personas.

- b. El uso de **nosotros** y otras formas de la primera persona plural para incluir al lector en el grupo de los que comparten las opiniones expuestas en el ensayo.

- c. El uso de palabras que trazan la enumeración de los ejemplos: **primero, segundo, por fin.**

- ch. El uso de palabras que marcan el contraste entre los ejemplos: **en cambio, por otro lado, no obstante, sin embargo.**

- d. La colocación de opiniones en medio de los detalles informativos.

Cuando lea "De verdad, ¿estamos adaptados a esta vida de locos?", trate de enfocarse en la presentación de los argumentos. ¿Cómo está presentado el argumento? ¿Cuáles de las técnicas mencionadas encuentra en el artículo? No olvide emplear la estrategia de leer la obra dos veces para lograr una comprensión inicial, y después una comprensión mayor.

Recuerde: después de leer el ensayo por encima la primera vez, realice la Actividad B6, y después de leerlo más despacio la segunda vez, realice la Actividad B7. Si quiere, puede repasar la estrategia **Leer dos veces** en la página 6, que precede a las actividades A6 y A7 del Capítulo 1.

Elvira F. Martín
"De verdad, ¿estamos adaptados a esta vida de locos?"

I

Hay que ver lo que ha cambiado el mundo desde que el hombre lo pisó por primera vez. En unos pocos miles de años hemos pasado de la caza[1] al hipermercado; del paseo silvestre[2] al metro y los atascos; de las tribus dispersas a las ciudades atestadas de gente. A medida que unas dificultades se han superado, otras nuevas han aparecido; se han vencido enfermedades y epidemias que arrasaban poblaciones enteras y la esperanza de vida del hombre moderno crece sin parar. Sin embargo, el progreso también tiene un precio que se paga en salud y adaptarnos al entorno que hemos creado se nos empieza a hacer cuesta arriba.

Nuestra cultura de las prisas está resultando ser un perfecto caldo de cultivo para el desarrollo de nuevas patologías y ya nadie está a salvo de contraer cualquier extraña dolencia, a menudo derivada del estrés, para el que todavía no existe más tratamiento que un cambio radical en el sistema de vida. Pero pedir eso es pedir la luna y todos los enfermos de modernidad arrastran como pueden su desdicha de consulta en consulta. Dietas desequilibradas, estrés y aire contaminado son los culpables. Hoy, cosas tan simples como comer, dormir y respirar bien se están convirtiendo casi en una utopía..

> **Nuestra cultura de las prisas está resultando ser un perfecto caldo de cultivo para el desarrollo de nuevas patologías...**

Nadie está libre de caer en las redes del estrés

Si de pronto nos sorprendemos agarrando[3] con frenesí el teléfono o el bolígrafo, moviendo rítmica e incontroladamente las piernas o ya nos duelen las mandíbulas[4] de tanto apretarlas[5], ¡atención! el estrés comienza a instalarse en nuestra vida. La tensión nerviosa sostenida, el estrés o el *surmenage,* que dicen nuestros vecinos franceses, es una enfermedad redonda, causa y consecuencia de otras patologías, y sumamente difícil de erradicar. "El estrés atrapa a la gente —explica el psiquiatra Rafael Caba Catalán— porque produce resultados y el estresado aguanta el tipo para seguir obteniéndolos". Así, resulta que la enfermedad va creciendo al ritmo que marcan los tiempos y los cánones de vida socialmente establecidos. Y avanza arrasando jaquecas,

---

1. la acción de perseguir algo (un animal) 2. natural, de la selva o del campo 3. tomando con la mano firmemente 4. la parte del cuerpo que forma la estructura de la boca, en la que están los dientes 5. oprimirlas con fuerza

migrañas, dolores de oídos, crisis de angustia, ciclotimias y una constante sensación de alerta, de espera de algo abstracto que, evidentemente, nunca aparece. Hay que controlarlo todo, hay que aprovechar el tiempo, estar en dos sitios a la vez...en fin, una locura. Según Rafael Caba Catalán "el problema deriva de haber obligado al individuo a seguir un arquetipo colectivo y no individual y la solución sería aprender a medir, a renunciar y, sobre todo, mucho albedrío".

Mientras tanto, la incidencia del estrés entre la población femenina, cada vez más sometida a las exigencias de la vida moderna, se ha duplicado en muy poco tiempo, generando enfermedades digestivas que antes eran patrimonio exclusivo del hombre.

Los edificios modernos están enfermos y ponen enfermos a sus ocupantes.

II
LA OBSESIÓN POR LAS DIETAS ES OTRA EPIDEMIA

Las llamadas enfermedades de la civilización van también acompañadas de mucha hipocondría y confusión, por el bombardeo constante de información al que estamos sometidos. Las dietas y regímenes florecen todas las primaveras en quioscos y librerías, prometiendo milagros a esos seres culpables de exceso de peso y seguras víctimas del temido colesterol.

Hay que hacer régimen y hay que hacer ejercicio; aunque ello signifique quedarse sin defensas y arrastrarse por las esquinas con una depresión de caballo y una contractura[6] en las vértebras, de tanto darle al squash y a la lechuga. De boca a oído se transmiten recetas mágicas para bajar de una vez por todas la tasa de colesterol, que si el vino tinto, que si la grasa de oca[7], y devolver su elasticidad a las arterias para evitar el temido infarto; se suprime casi todo y se compara periódicamente la propia tasa con la de amigos y conocidos más allegados. Pero nada, da lo mismo, y nuestros índices se disparan sin que, en apariencia, nada ni nadie se muestren capaces de hacerlos descender.

Al final, y con las prisas, nadie sabe qué comer y todos dudan de estar realmente bien nutridos. Es entonces cuando, ante la duda y el cansancio, se recurre a los famosos complejos vitamínicos, a los que muchos se entregan ciegamente. Y es que los alimentos refinados, las comidas rápi-

---

6. encogimiento, reducción de tamaño   7. ganso; ave parecida al pollo o al pato

das y sin horarios, las dietas espartanas y la fragilidad de las vitaminas ante las condiciones ambientales, han hecho surgir cócteles polivitaminados, alimentos enriquecidos con vitaminas sintéticas, champús, cremas y todo lo que podamos imaginar colocado en los anaqueles de un supermercado. Toda una moda que se adelanta a las propias investigaciones científicas y promete la energía necesaria para hacer frente a la vida del hombre moderno.

Regímenes incapaces de parar el avance de nuestros males

Consumir *"light"*, "sin" o "anti" nos asegura el estar guapos, sanos y felices. Pero, a pesar de tan sugerentes promesas, las cifras se disparan y siguen siendo las enfermedades producidas por malos hábitos adquiridos las que ocupan el ranking de la mala salud: cáncer y cardiovasculares.

El tabaco, el sedentarismo y la mala alimentación tienen la culpa. En nuestro país, por ejemplo, alrededor del 45 por ciento del total de la mortalidad es causa directa de los fallos en el aparato circulatorio. Ya sabemos que los excesos son malos para todo.

Pero da igual. Seguimos leyendo las estadísticas como si fuéramos de otro planeta y nos hacemos los locos delante de las campañas de prevención sanitaria, esgrimiendo[8] el hispánico "que me quiten lo bailao[9]". Y así resulta que cada vez se empieza antes, con menos de quince años, a quemar sin reparo alquitrán y nicotina.

El tabaquismo está matando cada año a tres millones de personas en el mundo y a 44.000 en nuestro país. Pero si las campañas no sirven, lo que sí suelen dar resultado son las prohibiciones y el rechazo social ante el fenómeno. En España, dentro de poco, fumar estará tan mal visto que las intenciones del fumador quedarán paralizadas ante cientos de miradas recriminatorias; algo que ya sucede en el resto de Europa occidental y Norteamérica.

> ...protagonistas de la sociedad actual, también causan estragos en la salud y cada vez es más habitual que los problemas de índole moral "salgan" por cualquier lado...

III
Las vías de escape más usadas no sirven

En cuanto al alcohol y otras drogas, tales como sedantes y somníferos, anfetaminas, productos energéticos y otros elementos autodestructores, su consumo, directamente relacionado con la vida que vivimos, también va en aumento. Hemos cambiado el vino de toda la vida por alcohol duro y, al igual que sucedía con

---

8. usando   9. "que me hagan olvidar lo vivido"

el tabaco, las edades para empezar a "alternar" también se han reducido de manera alarmante. Los efectos de todos estos aditivos son destructores, no cabe duda, desde trastornos de la conducta y la personalidad hasta enfermedades degenerativas, como el cáncer.

Pero, el estrés manda y para combatir el insomnio y estar fresco por la mañana, por ejemplo, lo más fácil es tomarse un sedante por la noche y un energizante al despertar. O para facilitar la comunicación con nuestros semejantes y espantar la soledad y la insatisfacción lo más rápido es tomarse unas copas. Lo más fácil y lo más peligroso.

La incomunicación y la soledad, protagonistas de la sociedad actual, también causan estragos en la salud y cada vez es más habitual que los problemas de índole moral "salgan" por cualquier lado; son las somatizaciones[10] y van desde dolores de cabeza hasta deficiencias en el sistema inmunitario.

En el otro extremo están los aprensivos que viven sin vivir en ellos y que, después de abandonar radicalmente todos los vicios, se "enganchan" a una especie de mística de la salud. Productos de herbodietética, consultas con naturópatas, meditación trascendental y huidas esporádicas al campo. Pero allí también se agazapan nuestros enemigos; alergias a causa del polen y aguas mal depuradas que pueden contener residuos químicos y hasta nucleares.

> **Tal y como van las cosas, en el siglo XXI todos estaremos neuróticos o deprimidos, como poco.**

Cuidado con los enemigos; ninguno resulta pequeño

Pero escabullirse de la modernidad no es tan fácil. Además de la tensión y la ansiedad causados por el ritmo y la presión laboral, hay que enfrentarse a todos los gérmenes (aspergillus, legionella...) que escupen[11] sobre nuestras cabezas los acondicionadores de aire.

El 30 por ciento de los edificios modernos, en los cuales pasamos los habitantes de las ciudades hasta más de tres cuartas partes de nuestras vidas, están enfermos y ponen enfermos a sus ocupantes: gripes devastadoras, dolores de cabeza, ojos irritados, congestión nasal y sensación de malestar general. Y eso por no hablar de la conocida aluminosis[12], tan de moda en Barcelona y Madrid o de la contaminación por plomo o amianto, materiales altamente tóxicos y que fueron empleados profusamente en la construcción en las últimas décadas, que ahora están pasando factura.

---

10. transformaciones de los estados mentales en síntomas orgánicos   11. arrojan fuera de la boca
12. una forma de contaminación que tiene que ver con el aluminio

En el trabajo, en la calle y hasta en la propia casa vivimos amenazados por enemigos invisibles. Habitan en nuestras moquetas y entre las sábanas, como es el caso de diminutos ácaros, responsables de numerosas alergias, que se dan grandes banquetes con los restos de nuestra piel.

UNOS MALES QUE AFECTARÁN A LA MAYORÍA DE LOS HABITANTES

Flotan en el aire, como el plomo o el azufre[13] de las emisiones de los tubos de escape y nos rodean silenciosamente, como los débiles campos magnéticos producidos por el secador de pelo, la televisión o la humilde cafetera eléctrica.

Tal y como van las cosas, en el siglo XXI todos estaremos neuróticos o deprimidos, como poco. La enfermedad psiquiátrica se ha convertido ya en "psiquiátrica y derivados"; cada vez se conoce mejor la relación entre neurología consciente e inconsciente y cada vez se aíslan mejor las neurósis clásicas de las nuevas, o sea, las producidas por el estrés. Nuestra cotidianeidad es esencialmente neurótica y la tendencia se agudiza cada día más. No obstante, habrá que confiar en los avances de la medicina y, sobre todo, en nuestra proverbial capacidad de adaptación al medio.

---

13. metaloide sólido, de color amarillo, que abunda en forma de sulfuros o de sulfatos

---

ACTIVIDAD B6 LA PRIMERA VEZ, CON POCOS DETALLES. Después de leer el ensayo por primera vez, escriba una definición breve de lo que es una "vida de locos", como se describe en la lectura.

1. Según el artículo, nuestra vida moderna se define como "loca" porque...

2. Indique cómo contesta el artículo la pregunta que hace el título, *"De verdad, ¿estamos adaptados a esta vida de locos?":*

ACTIVIDAD B7 LA SEGUNDA VEZ, CON MÁS DETALLES. Lea el ensayo por segunda vez; en esta ocasión lea más despacio para captar más detalles. Haga una pausa después de cada sección. Empleando palabras de la lectura, escriba tantos detalles como pueda sobre:

1. las dolencias o patologías que sufre la gente moderna:

2. las dietas y regímenes que han aparecido y las "promesas" que ofrecen:

3. otros males de la vida moderna que amenazan a la gente:

PUNTO DE MIRA: LA LECTURA

ACTIVIDAD B8 EL DIARIO DEL LECTOR. Ahora le toca a usted escribir sus comentarios sobre la lectura con la ayuda de su profesor(a) y la guía presentada en el Capítulo 1, Actividad A8.

ACTIVIDAD B9 ¿CÓMO ESTÁ CONSTRUIDO EL ARGUMENTO? Trabaje individualmente o en grupo para realizar esta actividad. En la Actividad B6, indicó brevemente cómo contesta el artículo la pregunta *"De verdad, ¿estamos adaptados a esta vida de locos?"* En la Actividad B7, escribió algunos detalles del argumento: los nombres de las enfermedades, los regímenes y las dietas, y otros males que nos amenazan. Ahora, profundice en cómo está construido el argumento de la lectura.

Para desarrollar el argumento, la autora incluye:

    a. el testimonio de un experto

    b. estadísticas

    c. opiniones

Escriba, empleando palabras de la lectura:

1. el nombre del experto:

2. su profesión:

3. cómo define el experto el problema y su causa:

4. las estadísticas que se incluyen en el artículo:

5. frases que comunican las opiniones de la autora: lo que critica o lo que apoya (citarlas directamente):

ACTIVIDAD B10 HAGA LO QUE DIGO... Realice esta actividad individualmente o en parejas. ¿Sería posible llevar una vida menos loca? Repase las listas de enfermedades, regímenes, dietas, y otros males que escribió en la Actividad B7. Escoja cinco palabras de la lista y escriba cinco frases en las que sugiera cómo sería posible cambiar de vida y llevar una vida menos loca.

Por ejemplo, si escribiera la palabra *alcohol* en una de las listas, podría proponer esta hipótesis:

Si la gente tomara menos alcohol, no sufriría tanto de trastornos del estómago o de la conducta.

Después de componer las cinco frases, léaselas a los compañeros de clase. ¿Qué enfermedades, regímenes, u otros males parecen preocuparles más?

UNA MIRADA ALREDEDOR

ACTIVIDAD B11 ¿QUÉ PIENSA USTED? Comenten los siguientes temas o escriban sobre ellos. Su profesor(a) puede proponerles realizar uno de los ejercicios del Capítulo 1, Actividad A11, (página 23).

1. ¿Dice el artículo que la gente moderna no está tratando lo suficiente de cambiar esta vida de locos? Razone su respuesta.

2. Al describir las dolencias, prácticas, y peligros de la vida moderna, ¿intenta asustarnos la autora? ¿Cuáles son sus advertencias? En su opinión, ¿hay urgencia en su mensaje?

3. Hay un refrán que dice, "Quien mucho corre, pronto para". ¿Es éste el mensaje del artículo? Razone su respuesta.

ACTIVIDAD B12 TALLER DE TEATRO. Representen individualmente o en grupo las siguientes situaciones. ¿Cómo se portarían? ¿Qué harían? Siguiendo las indicaciones de la Actividad A12, Capítulo 1, su profesor(a) puede proponerles representar una improvisación o una dramatización ensayada previamente.

1. **Si siguen ustedes mi régimen...:** Un(a) vendedor(a) de una dieta o de un régimen innovador trata de vendérselo a un público escéptico.

2. **¡Nunca jamás!:** Un(a) abogado(a) que representa un grupo de ecologistas le echa la culpa a una compañía que ha contaminado el medio ambiente.

3. **¡Están exagerando las cosas!:** Los representantes de una compañía se defienden en nombre del progreso.

Repaso del género

Recuerde que en los ensayos el escritor expresa sus sentimientos personales mediante una serie de argumentos. Las premisas o afirmaciones del argumento son la prueba o las razones que se presentan para llegar a una conclusión. Repase las dos lecturas de este capítulo, y en la tabla que figura a continuación, indique con una **X** cuál de los artículos le parece ejemplificar con más fuerza las características señaladas. ¡Escriba algunos argumentos para respaldar su conclusión!

	"¿Qué nos hace perezosos?"	"De verdad, ¿estamos adaptados...?"	Afirmaciones
1. se dirige más a la lógica o a la razón.			
2. se dirige más a las emociones.			
3. menciona las opiniones de los expertos.			
4. ofrece más ejemplos concretos.			
5. presenta más comparaciones o analogías con otras circunstancias.			
6. Se encuentran más expresiones como "hay que ver...," "hay que reconocer...," "hay que hacer...," para convencer al lector.			
7. emplean más las formas de la primera persona plural como "nosotros" para incluir al lector en la perspectiva del ensayo.			
8. Se ve más el uso de palabras que trazan la enumeración de los ejemplos: "primero", "segundo", "por fin".			

¿Le parece que se presenta con más fuerza el argumento en un ensayo que en otro? Razone su respuesta.

PERSPECTIVAS MÚLTIPLES: LA MODERNIZACIÓN Y LA TRADICIÓN

Síntesis del tema: ¿Y ahora qué idea se ha formado de los conceptos de la modernización y tradición? En la Unidad 5, las cuatro selecciones reflejan los conceptos de la modernización y la tradición. Elabore una lista de palabras asociadas a las perspectivas presentadas. En su opinión, ¿qué perspectiva de la modernización y la tradición reflejan estas palabras: positiva, negativa, una mezcla, u objetiva o neutral? Debe poder defender su selección mencionando detalles concretos de las lecturas.

	La modernización	**La tradición**	**Perspectiva**
1. "Los niños influyen cada día más en los gastos y decisiones de sus padres"			
2. "Aspirina: todo un invento"			
3. "¿Qué nos hace perezosos?"			
4. "De verdad, ¿estamos adaptados a esta vida de locos?"			

¿Recuerda las palabras que escribió en la introducción a la Unidad 5? ¿Ha descrito con algunas de estas mismas palabras las perspectivas presentadas en las lecturas? ¿Cuáles? ¿Qué refleja su propia perspectiva de la modernización y la tradición? ¿Sentimientos positivos, negativos, una mezcla, o neutrales? Razone su respuesta.

TEXT CREDITS

Capítulo 1: Retrato: *No moleste, calle y pague, señora* by Lidia Falcón. Reprinted by permission of the author. / *El padre* by José Ruibal. Reprinted from *"El mono piadoso" y seis piezas de café-teatro*, Escelicer, S.A., 1972. / *Cela, mi padre* by Camilo José Cela Conde. Reprinted by permission of Ediciones Temas de Hoy, S. A. / **Capítulo 2: Entrevista:** "Entrevista con Elena Poniatowska" by Beth Miller and Alfonso González. Reprinted from *XXVI Autores del México actual,* B. Costa Amic Editor, 1978. / "Montserrat Caballé: Sobre sí misma y su arte" by Ana Diosdado. Reprinted by permission of *ABC*. / "El académico de la fotografía" by José Luis de Vilallonga. Reprinted by permission of Ediciones Panorama, S.A. / **Capítulo 3: Descripción de lugar:** Selections from *Arráncame la vida* by Ángeles Mastretta. Reprinted by permission of Mercedes Casanova Agencia Literaria. / *El hombre que se comieron los papeles* by Roberto Castillo. Reprinted by permission of Editorial Guayamuras, S.A. / **Capítulo 4: Cómo dar instrucciones:** *Papiroflexia: El arte de hacer figuras de papel* by Javier Tapia Rodríguez. Reprinted by permission of the author. / "Todo sobre la bici." Reprinted from *Natura,* July 1992. / "El botones sacarino" by F. Ibáñez. Reprinted by permission of *El País*. / **Capítulo 5: Periodismo:** "Una banda roba 760 millones en el aeropuerto de Ibiza" by Margarita Landi. Reprinted by permission of *El País*. / "La herencia" by Margarita Landi. Reprinted by permission of *El Caso*. / "La misión de Jaime Jaramillo" by Gustavo Gorriti. Reprinted by permission of the author and from *Selecciones del Reader's Digest*. / **Capítulo 6: Narración:** *El muchacho y el abuelito* and *El que se llevó el venado*, from *Cuentos: Tales from the Hispanic Southwest* by José Griego y Maestas and Rudolfo Anaya, 1980. Reprinted by permission of the Museum of New Mexico Press. / *Fin* by Edgar Neville. Reprinted by permission of Domingo Plazas. / **Capítulo 7: El lenguaje del corazón:** "Ritos" by Nicanor Parra. Reprinted by permission of New Directions Publishing Corporation. / "Cosas inolvidables" by Carlos Sahagún. Reprinted from *Antología de la poesía española,* ed. J. Enrique Martínez, 1989, Editorial Castalia, 1989. / "Mozart, K 124, para flauta y orquesta" by Jorge Ferrer-Vidal. Reprinted by permission of the author and Editorial Castalia, S.A. / "Vida interminable" by Isabel Allende. Reprinted from *Cuentos de Eva Luna*, Plaza y Janés Editores, 1989. / **Capítulo 8: Publicidad:** "Un problema que no puede dejarnos fríos". Reprinted from *¡Hola!,* número especial, "España 92", Relojes Rolex de España, S.A. / "Pocket Modem/Fax: A la medida de los portátiles" and "Archivar imágenes con Addvision". Reprinted from *El Mundo,* June 26-July 2, 1992. / "Conocer". Advertisement for *"Conocer",* reprinted from *Tiempo,* January 18-24, 1988. / "Oriente en *El Corte Inglés"*, from *Cambio 16,* September 14, 1992. Reprinted by permission of *Cambio 16*. / **Capítulo 9: Presentación objetiva:** "Los niños influyen cada día más en los gastos y decisiones de sus padres" by Álvaro Rivas, from *Tiempo,* January 18-24, 1988. Reprinted by permission of *Tiempo*. / "Aspirina: todo un invento", from *Telva,* December 1991. Reprinted by permission of *Telva*. / **Capítulo 10: Ensayo:** "Qué nos hace perezosos" by Gonzalo Casino. Reprinted by permission of *Conocer*. / "De verdad, ¿estamos adaptados a esta vida de locos?" by Elvira F. Martín. Reprinted by permission of *Natura*.

PHOTO CREDITS

p. 2: Stock Boston; **p. 25:** Elizabeth Crews, Stock Boston; **p. 51:** Bob Daemmrich, Stock Boston; **p. 69:** Mcelhern, UPI/Bettmann; **p. 88:** Peter Menzel, Stock Boston; **p. 113:** Chip and Rosa María Peterson; **p 154:** Mikael Helsing, The Image Works; **p. 219:** Francisco J. Rangel; **p. 280:** Reuters/Bettmann; **p. 311:** Yvonne Freund, Photo Researchers, Inc.; **p. 330:** Hugh Rogers/Monkmeyer Press